Innovationskompetenz im demografischen Wandel

Thomas Langhoff · Manfred Bornewasser ·
Eckhard Heidling · Bernd Kriegesmann ·
Michael Falkenstein
(Hrsg.)

Innovationskompetenz im demografischen Wandel

Konzepte und Lösungen für die
unternehmerische Praxis

Herausgeber
Professor Dr. Thomas Langhoff
Prospektiv Gesellschaft für betriebliche
Zukunftsgestaltungen mbH
Dortmund, Deutschland

Dr. Eckhard Heidling
Institut für Sozialwissenschaftliche
Forschung e.V. (ISF München)
München, Deutschland

Professor Dr. Michael Falkenstein
Leibniz-Institut für Arbeitsforschung
an der TU Dortmund (IfADo)
Dortmund, Deutschland

Professor Dr. Manfred Bornewasser
Lehrstuhl für Sozialpsychologie,
Arbeits- und Organisationspsychologie,
Universität Greifswald,
Greifswald, Deutschland

Professor Dr. Bernd Kriegesmann
Institut für angewandte Innovations-
forschung e.V. (iAi Bochum)
Bochum, Deutschland

Die dieser Publikation zugrunde liegenden Vorhaben wurden mit Mitteln des Bundesministeriums für Bildung und Forschung (derobino FKZ: 01HH11007 - 01HH11010; IBU FKZ: 01HH11004 - 11006; InnoFaktor FKZ: 01HH11014, 01HH12001; INNOKAT FKZ: 01HH11001 - 11003; KreaRe FKZ: 01HH11011-12) sowie mit Mitteln des Europäischen Sozialfonds gefördert. Die Verantwortung für den Inhalt dieser Veröffentlichung liegt bei den Autoren.

ISBN 978-3-658-09158-3
DOI 10.1007/978-3-658-09159-0

ISBN 978-3-658-09159-0 (eBook)

Die Deutsche Nationalbibliothek verzeichnet diese Publikation in der Deutschen Nationalbibliografie; detaillierte bibliografische Daten sind im Internet über http://dnb.d-nb.de abrufbar.

Springer Gabler
© Springer Fachmedien Wiesbaden 2015

Lektorat: Ulrike M. Vetter

Gedruckt auf säurefreiem und chlorfrei gebleichtem Papier

Springer Gabler ist Teil der Fachverlagsgruppe Springer Science+Business Media.
www.springer-gabler.de

Vorwort

Das Bundesministerium für Bildung und Forschung (BMBF) hat auf der Grundlage des BMBF-Programms „Arbeiten – Lernen – Kompetenzen entwickeln. Innovationsfähigkeit in einer modernen Arbeitswelt" Vorhaben zur Forschung und Entwicklung auf dem Gebiet „Innovationsfähigkeit im demografischen Wandel" gefördert. Dabei ging es auch darum, die Innovationsfähigkeit in einer alternden und zahlenmäßig schrumpfenden Gesellschaft zu erhalten und durch die Verknüpfung von Arbeitsgestaltung mit Kompetenz-, Personal- und Organisationsentwicklung zu stärken.

Mit dieser Ausrichtung setzte sich die Fokusgruppe „Altersheterogene Innovationsteams als Erfolgsfaktor des demografischen Wandels" auseinander. In enger Kooperation von Wissenschaft und Wirtschaft sind in den Verbundprojekten der Fokusgruppe wichtige wissenschaftliche Erkenntnisse ermittelt sowie praxistaugliche Lösungen erarbeitet worden. Die Ergebnisse der beteiligten ArbeitsforscherInnen und UnternehmensvertreterInnen sind in diesem Band zusammengefasst. Ziel der Projekte ist der Erhalt und die Förderung der Innovationsfähigkeit der Beschäftigten, um damit die Wettbewerbsfähigkeit der Unternehmen und den Standort Deutschland zu stärken. Die Arbeiten der beteiligten Autoren sind auch wichtige Beiträge zur Forschungsagenda der Bundesregierung für den demografischen Wandel „Das Alter hat Zukunft" und zur Demografiestrategie der Bundesregierung „Jedes Alter zählt".

Die Projekte belegen eindeutig, dass das lange diskutierte Defizitmodell des Alterns nicht tragfähig ist, es wurde zu Recht längst abgelöst durch das Kompetenzmodell des Alterns. Individuen können sich durch die Anpassungs- und Änderungsfähigkeit an altersbedingte Beeinträchtigungen, veränderte Situationen und neue Voraussetzungen jederzeit anpassen, und diese Anpassung ist nicht zwangsläufig mit einer kontinuierlichen Abnahme der Leistungsfähigkeit verbunden, sondern ist gekennzeichnet durch ein hohes Potenzial an Lernfähigkeit und die zunehmende Ausprägung von Schlüsselkompetenzen. Damit ist auch sichtbar gemacht worden, dass der demografische Wandel keine Beschäftigtengruppen wie beispielsweise Ältere ausschließen darf und dass gerade deren Teilhabe wichtig ist.

Die Projekte haben auch ein neues Orientierungswissen generiert, das belegt, wie wichtig es ist, im Kontext der Innovationsfähigkeit verstärkt den Fokus auf den gesamten Erwerbsverlauf zu legen und wie lernförderliche Erwerbsbiografien, das Miteinander unterschiedlicher Generationen und eine innovationsstärkende Unternehmenskultur zu gestalten sind.

Allen, die am Erfolg der geförderten Verbundprojekte und der Fokusgruppe mitgewirkt haben, möchte ich danken. Den Autorinnen und Autoren danke ich für die gelungene Aufbereitung der Projektaktivitäten und Projektergebnisse. Die vorliegende Arbeit verdient eine breite Leserschaft von denen, die aktiv mit der Innovationsfähigkeit im demografischen Wandels befasst sind: UnternehmerInnen, Führungskräfte, Betriebsräte, PersonalmanagerInnen, ArbeitsforscherInnen und ArbeitswissenschaftlerInnen sowie VertreterInnen von Arbeitgeberverbänden und Gewerkschaften und anderer intermediärer Institutionen.

Ilona Kopp
Projektträger im DLR
Arbeitsgestaltung und Dienstleistungen

Inhaltsverzeichnis

Abbildungsverzeichnis

Tabellenverzeichnis

Die Bedeutung von Innovationskompetenz im demografischen Wandel als Voraussetzung zur Innovationsfähigkeit von Unternehmen

Thomas Langhoff

Die Hightech-Strategie 2020 für Deutschland (BMBF 2010) geht davon aus, dass sich der globale Wissenswettlauf weiter beschleunigen und der internationale Wettbewerb um Talente, Technologien und Marktführerschaft weiter zunehmen wird. Deutschland darf in seinen Anstrengungen nicht nachlassen, seine Innovationsfähigkeit zu erhalten und zu fördern, um zukunftsfähige Leitmärkte zu prägen und damit auch Wachstum und Beschäftigung zu erhalten.

Das F&E-Programm „Arbeiten – Lernen – Kompetenzen entwickeln. Innovationsfähigkeit in einer modernen Arbeitswelt" (BMBF 2007) leistet hierzu einen Beitrag, der vor allem Erkenntnislücken schließen und Veränderungsprozesse in Gang setzen soll. Unter Innovationsfähigkeit wird in diesem Programm nicht mehr der vornehmlich auf technische und technologische Merkmale ausgerichtete Begriff verstanden, sondern die Verknüpfung von technologischen Entwicklungen mit Personal-, Organisations- und Kompetenzentwicklungen. Dieses Innovationsverständnis rückt den Menschen im sozialen Gefüge und als Produzent von Innovationen in den Vordergrund. Er ist es letztlich, der die Umsetzung von technologischen Entwicklungen in praxistaugliche Lösungen generiert und damit die Innovationsdynamik in Gang hält. Um Entwicklungen wie bspw. Cyber-Physical-Systems oder das Internet der Dinge wirtschaftlich zu nutzen, braucht es die Nutzung der Kompetenzen der Mitarbeiterinnen und Mitarbeiter[1] in den Unternehmen, die Möglichkeit, neues Wissen und Können zu erlernen, also eine Lernkultur und Gestaltung und Organisation der Arbeit, die dies auch ermöglicht.

Darüber hinaus sind der Erhalt und die Förderung von Innovationsfähigkeit eingebettet in sogenannte Megatrends, die als Gesamtkontext in Innovationsprozessen wirksam

---

[1] Im Sprachstil der Beiträge sollen sich Männer und Frauen ausdrücklich gleichermaßen repräsentiert fühlen. Allein aus Gründen der besseren Lesbarkeit wird im Folgenden die maskuline Form (z. B. Mitarbeiter) verwendet, wenn nicht beide Geschlechter genannt werden.

werden. Megatrends sind langfristige und übergreifende Transformationsprozesse. Nach Z-punkt (2008) unterscheiden sie sich von anderen Trends dadurch, dass

- Megatrends über einen Zeitraum von Jahrzehnten beobachtbar sind. Für die Gegenwart existieren bereits quantitative, empirisch eindeutige Indikatoren. Sie können mit hoher Wahrscheinlichkeit noch über mindestens 15 Jahre in die Zukunft projiziert werden.
- Megatrends umfassend wirken, ihr Geltungsbereich erstreckt sich weit über Landesgrenzen hinaus. Dabei bewirken sie mehrdimensionale Umwälzungen aller gesellschaftlichen Teilsysteme – politisch, sozial und wirtschaftlich. Ihre spezifischen Ausprägungen unterscheiden sich von Region zu Region.
- Megatrends tiefgreifend auf alle Akteursgruppen wirken – Regierungen, Individuen und ihr Konsumverhalten, auch auf Unternehmen und ihre Strategien.

Einer der wirksamsten Megatrends ist der demografische Wandel (Langhoff, 2009). Er zeigt sich im Rückgang der Bevölkerung bei gleichzeitigem Anstieg des durchschnittlichen Lebensalters. Die Kohorten der Älteren nehmen an Umfang zu, gleichzeitig nimmt der Umfang der Alterskohorten der Jüngeren ab und in der Kombination beider Faktoren kommt es zu einem verstärkten Fachkräftemangel, der letztlich – so die Annahme – in einer Reduzierung der Innovationsfähigkeit von Unternehmen mündet (Verworn, 2009; Bullinger, Buck & Schmidt, 2003; Herfurth, Kohli & Zimmermann, 2003).

Das BMBF greift diesen Megatrend in seinem Förderschwerpunkt „Innovationsfähigkeit im demografischen Wandel" auf. Es soll der Blick vor allem auf die Chancen des demografischen Wandels für Innovationen gelegt werden. Dafür sind Erkenntnislücken zu schließen, Stereotype abzubauen und Konzepte der Kompetenz- und Personalentwicklung sowie der Organisationsgestaltung zu entwickeln und zu erproben.

Die mit der Schrumpfung des Erwerbspersonenpotenzials und der zunehmenden Verknappung jüngerer Erwerbspersonen einhergehende Verlängerung der Lebensarbeitszeit bietet Chancen, Innovationspotenziale Älterer systematisch zu erkennen, zu bewerten bzw. zu messen und für eine wirtschaftliche Prosperität zu nutzen. Dies verändert herkömmliche Erwerbsbiografien bzw. Lebensverläufe und verstärkt das Konzept des lebenslangen Lernens und die Integration des kontinuierlichen Lernens im Arbeitsprozess.

Entgegen der demografischen Entwicklung, die zumindest für die nächsten 20 Jahre bestens prognostizierbar ist, ist man sich über die Innovationsfähigkeit alternder Belegschaften allerdings unklar. Aus betrieblicher Sicht wird die zunehmende Alterung der Belegschaften häufig noch als Risiko gesehen. Dem ist eine differenzierte, forschungsbasierte Betrachtung gegenüberzustellen, die nicht von einer verallgemeinernden Defizit-Hypothese des Alters ausgeht. Die Altersentwicklung wird als kontinuierlicher, lebenslanger Prozess verstanden, bei dem die biologischen Altersphasen nicht exakt durch gewisse Zuwächse und Verluste definiert werden können. Vielmehr werden sowohl altersabhängige als auch altersunabhängige Faktoren der Entwicklung betrachtet, die in verschiedenen Lebensbereichen und Verhaltensebenen unterschiedlich ausgeprägt sein können. So kommt es dazu, dass das Altern nicht einen kontinuierlichen Prozess der Leistungsab-nahme darstellt, sondern es werden die Entwicklung beeinflussende Faktoren als multi-direktional verstanden (Baltes, Mittelstraß & Staudinger, 1994). Damit wird deutlich, dass die gesamte Lebensspanne von einem Wechselspiel zwischen Auf- und Abbauprozessen bzw. zwischen Gewinn und Verlust begleitet wird. Hierbei spielen nicht nur biologische Faktoren eine Rolle, sondern es wird zwischen intra- und interindividuellen Unterschie-den hinsichtlich der Lebensbedingungen und Erfahrungen sowie zwischen sozialen und kulturellen Faktoren differenziert (Baltes, 1990). Auf Basis dieser Betrachtungen ist *das* Kompetenzmodell (des Alterns) formuliert worden. Das Kompetenzmodell konstatiert, dass sich das Individuum durch die Anpassungs- und Änderungsfähigkeit an altersbe-dingte Beeinträchtigungen, veränderte Situationen und neue Voraussetzungen anpassen kann und es somit nicht zwangsläufig zu einer kontinuierlichen Abnahme der Leistungs-fähigkeit kommen muss (Baltes & Baltes, 1994).

Zwar schließt das Kompetenzmodell altersbedingte und altersspezifische Defizite nicht aus, allerdings wird hierbei zwischen verschiedenen Bereichen (z. B. kognitive Fähigkei-ten, soziale Kompetenzen etc.) unterschieden. So können zwar Verluste z. B. im Bereich der Verarbeitungsgeschwindigkeit oder der Kapazität des Arbeitsgedächtnisses gemes-sen werden, jedoch sind es gerade ältere Menschen, die hinsichtlich einer Vielzahl von Schlüsselkompetenzen wie z. B. kommunikative und soziale Fähigkeiten ein hohes Poten-zial aufweisen (Prezewowsky, 2007). Hinzu kommt die Erkenntnis, dass die Lernfähigkeit nicht schlechter als bei jüngeren Menschen ist. Nach Prezewowsky (2007) sei das Kom-petenzmodell des Alterns aus wissenschaftlicher Sicht gültig und stelle daher die Basis für die Betrachtung betrieblicher Alterungsprozesse im Rahmen der Arbeit dar. Auch in der betrieblichen Praxis werde der Alternsprozess zunehmend differenzierter betrachtet, wenngleich sich die Sichtweise im Sinne der Lebensspannenpsychologie noch nicht flä-chendeckend durchsetzen könne und Vorurteile gegenüber der Leistungsfähigkeit Älterer im Sinne des Defizitmodells noch immer weitverbreitet seien (vgl. Tab. 1.1).

Überblickt man den Stand der Forschung aus der Gerontologie, der Soziologie, der Arbeitsmedizin und der Arbeitswissenschaft, so bleibt festzuhalten, dass es falsch wäre, die Innovationskompetenz oder auch die Kreativität Älterer durch isolierte Messungen indi-vidueller Leistung oder Belastungsfähigkeit darzustellen. Laut Bornewasser et al. (2011) zeigen einzelne empirische Untersuchungen, dass Menschen nahezu jedweden Alters eine Innovationsfähigkeit aufweisen, die mittels geeigneter Methoden und arbeitsorga-nisatorischer Maßnahmen in einem größeren Umfang mobilisier- und nutzbar gemacht werden könne, als dies bisher in Unternehmen realisiert werde. Entscheidend sei dabei in der Regel nicht das Lebensalter eines Mitarbeiters, sondern der materielle und soziale Arbeitskontext.

Viele Faktoren beeinflussen die Innovationskompetenz (Älterer): die konkreten Tätigkeiten mit ihren mentalen und körperlichen Anforderungen, Handlungsspielraum, Arbeitsumgebungsbedingungen, der Grad der Trainiertheit menschlicher Informations-verarbeitungssysteme, berufliche Erfahrung und vor allem Rolle und Funktion in koope-rativen und vernetzten Strukturen.

Tab. 1.1 Gegenüberstellung des früheren Ansatzes des Defizitmodells vom Altern mit dem heute gültigen Kompetenzmodell des Alterns

Defizitmodell des Alterns	Kompetenzmodell des Alterns
– Bis 70er Jahre des 20. Jahrhunderts	– Von 90er Jahre des 20. Jahrhunderts bis heute
– Altern als defizitärer Verlauf	– Altern als ein Abschnitt des lebenslangen Entwicklungsprozesses
– Gekennzeichnet durch Verluste, Mängel und Defizite	– Gekennzeichnet durch ein Wechselspiel von Gewinnen und Verlusten
– Biologischen Faktoren	– Multifaktoriell (biologische, intra- und interindividuelle, soziale und kulturelle Faktoren)
– Verallgemeinerung der Ergebnisse	– Differenzierung der Ergebnisse

Hierzu konstatieren Falkenstein et al. (2011), dass eine empirisch fundierte und systematische Analyse der Bedingungen und Möglichkeiten erfolgreichen Alterns in Arbeitsbezügen derzeit noch ausstehe (Clement et al., 2004). Dies gilt auch für die Klärung der Frage, welche Konsequenzen der demografische Wandel für die Arbeit in organisatorischen Teilstrukturen von Unternehmen (wie Gruppen, Abteilungen etc.) haben kann. So ist als Folge verschiedener politischer Maßnahmen zur Entlastung der sozialen Sicherungssysteme (Heraufsetzung des Renteneintrittsalters einerseits, früherer Einstieg in das Berufsleben andererseits) zu erwarten, dass die Altersheterogenität innerhalb der Erwerbsbevölkerung sowie in organisatorischen Teilstrukturen zunehmen wird. Die hiermit verbundenen Wirkungen haben in der Forschung bislang nur wenig Beachtung gefunden (Wegge et al., 2008; Wegge & Schmidt, 2009), da viele Unternehmen noch immer auf „Verjüngungsstrategien" setzen und zunehmend Schwierigkeiten haben, anforderungsreiche Arbeitsplätze durch qualifizierte Facharbeiter zu besetzen. Das betrifft insbesondere KMU, die in der Regel über kein Expertenwissen zum Umgang mit alternden Belegschaften verfügen. Stimmen aus der Praxis sehen in dieser Entwicklung ein ernstes Problem (Gebert, 2004).

Derzeit fehlen belastbare Forschungsergebnisse, die speziell das Innovationspotenzial älterer Arbeitnehmer in KMU und größeren Unternehmen genau bewerten bzw. auf Basis belastbarer Daten abschätzen können, welches Innovationspotenzial unter Nutzung der vorhandenen Ressourcen der älteren Arbeitnehmer in den Betrieben überhaupt vorhanden ist und durch entsprechende Interventionen noch mobilisiert werden kann. Schließlich mangelt es an erprobten Ansätzen der Steigerung und Entwicklung der Innovationspotenziale älterer Arbeitnehmer. Die wenigen Ansätze sind zudem auf der Ebene älterer Arbeitnehmer als Einzelpersonen angesiedelt und vernachlässigen die übergeordneten Aggregationsebenen von Arbeitsgruppen und größerer organisatorischer Betriebseinheiten.

1.1 Erkenntnisse zur Veränderung kognitiver Funktionen ab dem mittleren Erwachsenenalter und ihr Einfluss auf Innovationskompetenz

Fluide kognitive Funktionen, wie Arbeitsgedächtnis, Unterdrückung irrelevanter Informationen, flexibler Wechsel zwischen Aufgaben und Handlungsplanung stellen Grundbausteine für Lernen und Innovation dar. Vielfach ist eine Verschlechterung dieser Funktionen ab dem mittleren Erwachsenenalter beobachtbar (West, 1996; Baltes & Lindenberger, 1997; Madden et al., 1999; Craik & Salthouse, 2000; Kray & Lindenberger, 2000; Raz, 2000). Der Status von kognitiven fluiden Funktionen im Alter variiert jedoch interindividuell erheblich (Hultsch et al., 2004), was auf die bereits o. g. Vielzahl von Einflussfaktoren zurückzuführen ist.

Negativ wirken sich langjährige Arbeitsbedingungen aus, die mit einem Mangel an geistig anreichernden Arbeitsanforderungen über die Lebensarbeitszeit einhergehen, d. h., dass an vielen Arbeitsplätzen mit repetitiver Arbeit fluide Funktionen kaum oder nicht gefordert und damit kaum gefördert werden. Beispielsweise wird das Arbeitsgedächtnis bei hoch standardisierten Arbeiten kaum beansprucht, da alle Tätigkeitsschritte vorhersehbar sind und stets in der gleichen Weise wiederkehren. Derartige Arbeit kann zu Beeinträchtigungen fluider Funktionen führen, was die Lernfähigkeit hemmt und das Innovationspotenzial schrumpfen lässt, während anspruchsvolle und flexible Tätigkeiten diese Defizite weitgehend kompensieren können (Andel et al., 2005; Bosma et al., 2003; Marquié et al., 2010; Li et al., 2002; Potter et al., 2008; Rowe & Kahn, 1998; Schooler & Maulatu, 2001; Singh-Manoux et al., 2003). Mit zunehmendem *Alter führt monotone und einseitige Tätigkeit zu einer Verstärkung des kognitiven Abbaus,* was sich ebenfalls mit neurowissenschaftlichen Methoden spezifizieren und quantifizieren lässt (Gajewski et al., 2010b; Wild-Wall et al., 2009).

Stress ist ein weiterer wichtiger Einflussfaktor auf fluide Funktionen. Zeitdruck, schlechte Arbeitsatmosphäre oder Angst um den Arbeitsplatz sind mächtige Quellen von Stress, die fluide Funktionen und damit auch die Innovationskompetenz beeinträchtigen. Ebenfalls führen die erheblich gestiegenen Anforderungen an die älteren Beschäftigten aufgrund von strukturellen Innovationen und fortschreitender Computerisierung der Arbeitsabläufe zum akuten Stress infolge von Dissonanz zwischen den nachlassenden kognitiven Fähigkeiten und den hohen kognitiven Anforderungen (Siegrist, 1996, 2005). Es ist weitgehend nachgewiesen, dass durch dauerhaften Stress der Cortisol- und Adrenalinspiegel im Blut chronisch erhöht sind und diese eine Abnahme der kognitiven Leistungsfähigkeit zur Folge haben (Gianaros et al., 2007; VonDras et al., 2005).

1.2   Die Bedeutung von Erfahrungswissen und erfahrungsgeleitetem Arbeitshandeln für die Innovationsarbeit

Heidling et al. (2011) fassen eine Reihe theoretischer und empirischer Untersuchungen zusammen, die zeigen, „in welcher Weise trotz fortschreitender Technisierung und Verwissenschaftlichung von Arbeit neben wissenschaftlich begründetem Fachwissen ein *besonderes Erfahrungswissen unverzichtbar* ist (vgl. als Überblick Böhle et al., 2004a; 2004b; Fischer, 2000). Dieses Erfahrungswissen beruhe nicht auf einem in der Vergangenheit angesammelten „Erfahrungsschatz", sondern sei ein Wissen, das auf „Erfahrung machen" und somit einer besonderen Verbindung von Wissen und praktischem Handeln beruhe, so Böhle (2009b). Erfahrungswissen ist eingebunden in ein erfahrungsgeleitetes Handeln, das eine andere Struktur und Logik als ein planmäßig-rationales Handeln aufweist. Grundlegende Merkmale sind ein entdeckend-exploratives Vorgehen, komplexe spürende Wahrnehmungen, assoziatives Denken und eine persönliche, emotionale Beziehung zum Gegenstand der Arbeit (vgl. zusammenfassend Böhle, 2009a). Das in das erfahrungsgeleitete Handeln eingebundene Erfahrungswissen ist vor allem ein „implizites" Wissen (Neuweg, 2005). Im Rahmen des Wissensmanagements wird versucht, dieses implizite Erfahrungswissen in ein explizites Wissen zu transformieren (z. B. Nonaka & Takeuchi, 1997). Forschungen zu „embodied mind" und „embodied intelligence" (Mainzer, 2003; Lenzen, 2002) verweisen demgegenüber auf Grenzen einer solchen Transformation. In dieser Perspektive ist implizites Erfahrungswissen zwar nicht in ein explizites Wissen transformierbar, kann jedoch zwischen Personen ausgetauscht werden (Porschen, 2008). Darüber hinaus ist dieses Erfahrungswissen zwar nicht wie explizites Wissen lehrbar, gleichwohl aber lernbar. Es entsteht nicht von selbst, sondern erfordert die Entwicklung und Förderung von Kompetenzen für ein erfahrungsgeleitetes Handeln (Bauer, Böhle et al., 2006).

Eine besondere Leistung dieses Erfahrungswissens und erfahrungsgeleiteten Handelns besteht in der Bewältigung von Unwägbarkeiten und Unplanbarkeiten. Hierzu liegen eine Reihe empirischer Untersuchungen in unterschiedlichen Arbeitsbereichen – von der Metallbearbeitung und der Prozesssteuerung bis hin zur Pflege und anderen Dienstleistungen – vor (Böhle & Rose, 1992; Pfeiffer, 2007; Weishaupt, 2006). Die Rolle des Erfahrungswissens und des erfahrungsgeleiteten Handelns bei Innovationsprozessen wurde demgegenüber bisher erst ansatzweise untersucht. Die hierzu vorliegenden Ergebnisse bestätigen jedoch nachdrücklich einen zentralen Stellenwert des erfahrungsgeleiteten Handelns bei Innovationsarbeit (Böhle & Bürgermeister, 2011; Bolte, 2000; Schullerer & Bolte, 2007).

1.3   Der Umgang mit dem Unplanbaren als Stärke älterer Arbeitnehmer in Innovationsprozessen

Die Abkehr von einer verallgemeinernden Defizit-Hypothese des Alters und die Hinwendung zu einer differenzierten Sichtweise der Bewertung von Stärken und Schwächen älterer

Arbeitnehmer wurde bereits hervorgehoben (siehe hierzu auch Wolff et al., 2001: 21 f., 44 f.). Heidling et al. (2011) konstatieren, dass die oft genannten Schwäche wie verringerte Geschwindigkeit der Informationsverarbeitung und Prägnanz psychomotorischer Funktionen, Umstellungsschwierigkeiten in neuartigen kognitiven Situationen und abnehmender Differenzierungsgrad der Wahrnehmung besondere Stärken wie ein über Gesellschaft und Kultur vermitteltes allgemeines Wissen, bereichsspezifisches Faktenwissen (gewusst was) und Strategiewissen (gewusst wie) sowie gut geordnete und leicht abrufbare Wissenssysteme gegenüberstünden (Kruse & Rudinger, 1997; Kruse, 2000: 75 f.; Grewer et al., 2007). Psychologische Beiträge zur Beurteilung der Leistungsfähigkeit im mittleren und höheren Erwachsenenalter (Kruse, 2000) zeigen, dass Expertise in der „kognitiven Pragmatik" alterskorrelierte Verluste kompensiert. Weitere Untersuchungen zur Leistungsfähigkeit im Alter zeigen, dass Leistungspotenziale im Prozess des Alterns sogar durch ganzheitliche Arbeits- und Organisationskonzepte gesteigert werden können (Ilmarinen, 2000: 95 f.). Untersuchungen zur Arbeit mit hoch automatisierten Produktionsanlagen weisen auf besondere Fähigkeiten älterer Beschäftigter hin und stellen vor allem den Umgang mit Unwägbarkeiten heraus (Rose, 1993).

Dass eine *besondere Stärke älterer Beschäftigter im Umgang mit dem Unplanbaren* besteht, wird auch durch eine Untersuchung zur Arbeitssituation von Führungskräften 50plus belegt. Auf die Frage, welche Faktoren für den eigenen beruflichen Erfolg ausschlaggebend sind, rangiert die Antwort „Flexibilität in unvorhergesehenen Situationen" nach „meine Arbeit macht mir Freude" und „interessanter Arbeitsinhalt und Aufgaben" an oberster Stelle (Holzapfel-Engelhardt, 2010: 198). Weitere Untersuchungen zum erfahrungsorientierten Lernen zeigen, dass mit zunehmendem Lebensalter der Erwerb von neuem Erfahrungswissen nicht abnehmen muss, sondern bei einem Anstieg des Strukturierungs- und Vernetzungsgrads im Prozess des Erfahrungslernens sogar zunehmen kann (vgl. Humpl, 2004: 84). Generell sind Erfahrung, Kreativität und Produktivität keineswegs nur Potenziale der jüngeren, sondern gerade der älteren Mitarbeiter im Unternehmen (Weser & Volkholz, 2007). Um diese Stärken älterer Beschäftigter besser zu nutzen, wurden in Forschung und Praxis insbesondere Modelle gemischter Altersgruppen für Belegschaften sowie eine intergenerative Personalpolitik entwickelt (Köchling et al., 2000). Trotz dieser verschiedenen Hinweise stellt bisher aber kein ressourcen- und kompetenzorientierter Ansatz den Umgang mit dem Unplanbaren als spezielle Stärke älterer Mitarbeiter ins Zentrum. Geprägt ist die gegenwärtige Diskussion von Stärken wie Sozialkompetenz, Urteilsfähigkeit, Konfliktlösungsverhalten und Betriebstreue sowie Verantwortungsbewusstsein, Einsatzbereitschaft und Sorgfalt.

Hinzu kommt, dass der Umgang mit dem Unplanbaren insbesondere in Innovationsprozessen eine bedeutende Rolle spielt, da hier die Grenzen der Planung als ein strukturelles Merkmal von Innovationsprozessen angesehen werden. Ausschlaggebend hierfür sind die Offenheit des Ergebnisses (Rammert, 2008; Lazonik, 2005), die Unbestimmtheit der Wirkungen und Effekte von Innovationen (Siebel et al., 2001; Pavitt, 2005), der nichtlineare Verlauf von Innovationsprozessen (Ibert, 2005, Pavitt, 2005), der jeweils besondere und einmalige Charakter von Innovationsprozessen (Nippa, 2007; Coopey et al., 1998) sowie die Ausweitung von Innovationen auf alle Ebenen und Prozesse in Unternehmen (Howaldt, 2009; Moldaschl, 2007). Das Management und die Förderung von Innovationen erfordern daher die systematische Berücksichtigung von Grenzen der Planung und deren produktive Nutzung (Böhle et al., 2012).

1.4   Erkenntnisse zum Zusammenhang von Altern, Kreativität und Innovationskompetenz

Schumpeter hat schon 1912 die Gleichung formuliert: Kreativität + Aktion = Innovation. Dabei wird Kreativität eher als Basiskompetenz für schöpferische Denkvorgänge, also Ideen, angesehen und Innovationskompetenz eher als die Fähigkeit, Ideen praktisch umzusetzen. Innovationen sind demnach eine Kombination aus Kreativität und Durchsetzungsvermögen. Damit ist diese Definition von Kreativität sehr gut anschlussfähig zum Konzept der arbeitsorientierten Innovation, die ja auch von der Befähigung statt vom Ergebnis ausgeht.

Ein Zusammenhang zwischen Altern und Kreativität kann wissenschaftlich nicht gezeigt werden (Bergmann, 2001; Looks et al., 2005), wenn man mal von der vielzitierten Erfinderstudie von Lehman (1953) absieht, die Raum für zahlreiche Fehlinterpretationen lässt.

Kriegesmann et al. (2011) haben hierzu den Erkenntnisstand zusammengestellt und weisen auf, dass Analysen des IAI bei einer zufälligen Auswahl von 660 Arbeitnehmererfinder/- innen technischer Neuheiten zeigen, dass die erfinderische Aktivität unabhängig vom Alter sei. Zumindest für diese – sicherlich besondere – Klientel von „Innovationsarbeiter/- innen" mit ausgewiesener „erfinderischer Kreativität" darf vermutet werden: Leistungs- und Innovationsfähigkeit können auch bei älteren MitarbeiterInnen erfolgreich aufrecht- erhalten werden!

Arbeitsforschung, Gerontologie und Kreativitätsforschung haben gezeigt, dass kreative Leistungsfähigkeit auch im Alter erhalten werden kann (Schuler & Görlich, 2007; Csikszentmihalyi, 1997; Bullough et al., 1978). Angenommen wird: „Old Age has generally been overlooked as a period of creative achievement." Kreativität ist auch im Alter möglich bzw. entwickelbar! Mehr noch: Es spricht einiges dafür, dass etwa der im Innovationsbereich unerlässliche Umgang mit Unsicherheiten und Ungewissheiten, von den Innovationsarbeiter/-innen eine hohe Frustrationstoleranz verlangend, im Alter stabiler verläuft (Kruse, 2005). Eine „Gelassenheit des Alters" scheint hier zu ermöglichen, Innovationsarbeit und insbesondere das Verarbeiten von Rückschlägen und gelegentlichem Scheitern leichter ausführen zu können. Ältere MitarbeiterInnen in innovierenden Unternehmen sind noch vielfach „anonyme Kreative" (Nütten & Sauermann, 1988), denen kreative Leistungsbeiträge kaum mehr zugetraut werden. Die vorstehenden Ergebnisse aus verschiedenen Wissenschaftsbereichen zeigen jedoch, dass gute Gründe für ein Umdenken anzuführen sind. Der in Negativszenarien unterstellte Verlauf einer mit dem Alter sinkenden Kreativität ist mithin kein unabwendbarer Prozess, sondern offensichtlich führen spezifische individuelle und organisatorische Konstellationen auch bei älteren MitarbeiterInnen zu kreativen innovatorischen Leistungen. Diese prinzipielle Einsicht, dass Kreativität und Alter nicht notwendig negativ korrelieren, ist aber – gestaltungsorientiert – in konkrete Motivation und Wertschätzung für ältere MitarbeiterInnen im Innovationsbereich zu übersetzen. Denn obwohl das kreative Potenzial älterer Menschen in den letzten Jahren vor dem Hintergrund der „Mega-Trends" von Innovationswettbewerb und demografischem Wandel eine steigende Aufmerksamkeit erfahren hat, ist der Handlungsbedarf vielfach ungebrochen, sind die Vertiefung und Verstetigung vielfältiger Projektinitiativen in den Unternehmen noch zu leisten. Auch vor Ort in den Betrieben sind Klischees und Praktiken des Umgangs mit Kreativität und Alter noch kaum verändert. So meint Hacker (2009), dass die Erwartung, dass Verknappung an Jugend zur praktizierten, nicht nur verbalen Wertschätzung älterer Arbeitskräfte führe, bis jetzt nicht erfüllt sei, und kommentiert dies weiter als „unerfüllte Erwartungen an den demografischen Wandel". Bestehende Innovationskulturen sind von einer „Jugend-forscht-Denke" zu lösen und demografieorientiert zu entwickeln: Hierzu sind bestehende Ansätze aus Großunternehmen aufzunehmen (vgl. Pfister, 2009) und für die Situation kleiner und mittlerer Unternehmen maßgeschneidert anzupassen.

Um die eingangs erwähnte Gleichung von Schumpeter inhaltlich noch zu untermauern, soll im Folgenden auf die Rolle von Innovatoren im Innovationsprozess eingegangen werden. Es wird aufgezeigt, dass Innovatoren nicht einfach mit Kreativen gleichzusetzen sind. Betrachtet man die einzelnen Innovatorenrollen und ihre Kompetenzprofile im Promotorenmodell nach Hauschildt (2004), so ist augenscheinlich, dass diese sich von Kreativen unterscheiden. Das betrifft sowohl die Machtquellen als auch auch die enorme Bedeutung sozialer Kompetenz in allen Facetten, was bei der differenzierten Betrachtung von Kreativität und Innovation zu berücksichtigen ist (s. Tab. 1.2). Dies spricht weiterhin dafür, dass Ältere insgesamt besser für die Wahrnehmung der Promotorenrollen geeignet sind als Jüngere. Sie sind Kenner der informellen Kommunikationskanäle im Unternehmen und können sich besser auf unterschiedlichste Akteursgruppen einstellen und mit ihnen umgehen.

Die Abb. 1.1 zeigt hohe Korrelationen von Persönlichkeitsmerkmalen bezüglich Kreativer auf der einen Seite und bezüglich Innovatoren auf der anderen Seite (vgl. Schuler &Görlich, 2007, zitiert nach Packebusch, 2010). Auch diese Untersuchung zeigt, dass in Deutschland eher von einem engen Innovationsverständnis ausgegangen werden kann, da Innovationsfähigkeit hier häufig mit Kreativität und dem Einsatz von Kreativitätstechniken gleichgesetzt wird. Kreativität und Innovationsfähigkeit sind jedoch nicht gleichzusetzen. Das gilt ebenso für die Träger dieser Fähigkeiten.

Tab. 1.2 Promotorenmodell im Innovationsprozess (nach Hauschildt, 2004)

Innovatoren-Rolle	Typische Barrieren im Innovationsprozess	Machtquellen	Typische Leistungsbeiträge
Fach-promotor	Fähigkeitsbarrieren („Barriere des Nicht-Wissens")	Objektspezifisches Fachwissen	Ideengenerierung Alternativenentwicklung Konzeptevaluierung Informationsbereitstellung
Machtpromotor	Willensbarrieren Hierarchiebarrieren („Barriere des Nicht-Wollens")	Hierarchisches Potenzial	Zieldefinition Ressourcenbereitstellung Schutz vor Opponenten Prozess-Steuerung
Prozesspromotor	Fachübergreifende Fähigkeits- und Abhängigkeitsbarrieren („Barriere des Nicht-Dürfens")	Organisations-kenntnis Kommunikations-fähigkeit	Zusammenführung Vermittlung Konfliktmanagement Zielgerichtete Kommunikation Prozess-Steuerung Koordination
Beziehungs-promotor	Fachübergreifende Fähigkeits- und Abhängigkeitsbarrieren („Barrieren des Nicht-Voneinander-Wissens, Nicht-Miteinander-Dürfens, Nicht-Miteinander-Könnens und Nicht-Miteinander-Wollens")	Sozialkompetenz Netzwerkwissen Beziehungsportfolio	Informationsaustausch Finden und Zusammenbringen von Interaktions-partnern Koordination Planung u. Steuerung v. Austauschprozessen Konfliktmanagement
Technologischer Gatekeeper	Wissensbarrieren	Zugang zu fachspezifischen Informationen Kontrolle der Informationsflüsse	Expertenwissen Meinungsführerschaft Stellt Kontakte her Interpretation fachspezifischer Information

Persönlichkeitsmerkmale von Kreativen	Persönlichkeitsmerkmale von Innovatoren
▫ Intelligenz ▫ Empfindsamkeit ▫ Selbstgenügsamkeit	▫ Kontaktfähigkeit ▫ Kommunikations- fähigkeit ▫ Überzeugungskraft ▫ Anpassungsbereitschaft

Abb. 1.1 Unterschiede in der Persönlichkeit von Kreativen und Innovatoren (nach Schuler & Görlich, 2007)

1.5 Erkenntnisse zur Innovationskompetenz in altersheterogenen Arbeitsgruppen und vernetzten Strukturen

Studien zum Zusammenhang von Innovationskompetenz und der jeweiligen altersheterogenen bzw. altershomogenen Zusammensetzung in Teams zeigen unterschiedliche Ergebnisse.

Zentrale Theorien zur Erklärung von Gruppeneffektivität bei altersheterogenen sowie altershomogenen Gruppen

- Altersheterogene Teams zeigen häufig dann gute Leistungen, wenn hohe Qualifikationen bei komplexen Aufgabenstellungen zusammenarbeiten. Begründet wird dies durch kognitive Vielfalt bei der Informationsverarbeitung und -nutzung.
- Die mehrheitlich bessere Teamperformance bei altershomogenen Gruppen wird begründet durch die Ähnlichkeits-Attraktionstheorie (Byrne, 1971) und durch die Theorie der sozialen Identität (Tajfel & Turner, 1986). Dabei werden Menschen als sympathischer wahrgenommen, je ähnlicher sie einem selbst sind. Hinzu kommt eine soziale Nähe, die zu besserem Zusammenhalt und effektiverer Kommunikation führt (Langhoff, 2011).

Betrachtet man die Ergebnisse aus drei Metastudien zur Altersdiversität in Teams, so zeigen sich in der Mehrzahl negative Effekte (Tsui, Egan & Xin, 1995; O'Reilly et al., 1998; Wegge et al., 2008):

- schlechteres Gruppenklima
- weniger Zusammenhalt

- geringere Arbeitszufriedenheit
- weniger Kommunikation
- höhere Fluktuationsrate
- mehr Entscheidungsschwierigkeiten
- schlechtere Gruppenleistung

Die Mehrzahl der Studien stimmt mit der häufig vertretenen Ansicht in der betrieblichen Praxis überein, dass zunehmende Altersheterogenität die Produktivität und damit auch die Innovationsfähigkeit von Arbeitsgruppen beeinträchtigt. Diese Erwartung, dass Altersheterogenität Innovationsprozesse in Gruppen hemmt, wird damit erklärt, dass zunehmende Altersheterogenität Subgruppenbildung fördert (die Alten vs. die Jungen), hierdurch den Austausch altersbezogener Stereotypien anregt, die wiederum in sozialen Konflikten resultieren mit entsprechend negativen Folgen für die Produktivität und Innovationsleistungen von Gruppen.

Es kann ebenso gezeigt werden, dass die negativen Effekte der Altersheterogenität nicht auftreten, wenn die Gruppenmitglieder Altersunterschiede wertschätzen (Ries et al., 2010a). Die *Wertschätzung von Altersunterschieden* beinhaltet die individuelle Überzeugung, dass die Gruppe von Altersunterschieden ihrer Mitglieder in einer Weise profitiert, dass Erfahrung und Kompetenzen der Älteren und Fähigkeiten sowie Kenntnisse der Jüngeren sich wechselseitig ergänzen. Die Überzeugung, dass die Gruppe gerade durch die Zusammenarbeit von Alt und Jung profitiert, fördert den Erfahrungs- und Wissensaustausch zwischen Gruppenmitgliedern jeder Altersstufe und verhindert somit die Entstehung altersbedingter sozialer und aufgabenbezogener Konflikte in der Gruppe.

Schon in früheren Projekten (z. B. IAP, 2008) konnte die *Bedeutung von Teamklima für die Innovationsfähigkeit* in KMU nachgewiesen werden. Es fällt auf, dass mehrheitlich keine technischen, sondern personelle und organisatorische Hindernisse im Innovationsprozess in KMU eine Rolle spielen und dass die Entwicklung bzw. die Verbesserung der Organisationskultur das wirksamste Mittel zur Erhöhung der Innovationsfähigkeit darstellen.

Packebusch (2010) setzt die vier Teamklimadimensionen nach West (1990) mit den vier Phasen des Innovationsprozesses nach dem Konzept von Basadur (1994) ins Verhältnis und leitet daraus eine verblüffend plausible Erklärung für die Bedeutung eines innovationsfreundlichen Teamklimas für die Innovationsfähigkeit von KMU ab (siehe Abb. 1.2):

Packebusch (2010) konstatiert weiter, dass die Vision beim Erkennen des Problems helfe. Zudem löse die partizipative Sicherheit den Suchprozess aus und stabilisiere ihn. Die Unterstützung für Innovationen stelle Energie für die Umsetzung frei und die Aufgabenorientierung stabilisiere den Prozess zielbezogen.

Ries et al. (2010b) konnten zudem zeigen, dass, wenn innerhalb der Arbeitsgruppen ein *gutes Teamklima* herrsche, die negativen Effekte der Altersheterogenität geringer ausfallen. Ein gutes Teamklima begünstigt den Austausch von Erfahrungen und Kompetenzen zwischen Alt und Jung in altersheterogenen Arbeitsgruppen. So belegen die Untersuchungsergebnisse, dass mit einer Zunahme der Altersheterogenität in Arbeitsgruppen die Innovationsleistungen unter Bedingungen eines guten Teamklimas ansteigen und das

Dimensionen des Teamklimas (West, 1990)	Phase des Innovationsprozesses (Basadur, 1994)
Vision (Klarheit, Wertschätzung, Einigkeit, Erreichbarkeit)	Erkennen
Partizipative Sicherheit (Informations-verteilung, Sicherheit, gegenseitige Einflussnahme, Kontaktpflege)	Auslösen
Unterstützung für Innovationen (Bereitschaft, Umsetzung)	Umsetzen
Aufgabenorientierung (hohe Standards, Reflexion, Synergie)	Stabilisieren

Abb. 1.2 Dimensionen des Teamklimas und Phasen des Innovationsprozesses im Vergleich (Langhoff, 2011a, zitiert nach Packebusch, 2010); (Basadur 1994); West, 1990)

Burn-out-Erleben sinkt. In Gruppen mit einem schlechten Teamklima wurden dagegen mit zunehmenden Altersunterschieden deutliche Beeinträchtigungen der Innovationsleistung sowie Anstiege im Burn-out-Erleben beobachtet.

Die beeinträchtigenden Wirkungen der Altersheterogenität von Arbeitsgruppen können zudem durch ein *geringes Auftreten von Altersstereotypen* reduziert werden. Altersstereotype beinhalten typische und zeitlich stabile Eigenschaften und Fähigkeiten, die Personen einer bestimmten Altersklasse zugeschrieben werden. Da zum einen viele Menschen jedoch nur über unzureichendes Wissen über Veränderungen von Fähigkeiten, Kompetenzen und Motiven mit zunehmendem Alter verfügen und sich zum anderen Menschen nicht immer entsprechend der ihnen zugeschriebenen Eigenschaften verhalten, sind viele Altersstereotype falsch (Hassell & Perrewe, 1995; Wegge, Roth & Schmidt, 2008). Weitverbreitet sind insbesondere negative Stereotype gegenüber Älteren. Diese betreffen häufig eine vermeintlich schlechtere Arbeitsmotivation älterer Mitarbeiter, z. B. dass Ältere Veränderungen gegenüber weniger aufgeschlossen oder weniger lernfähig seien, als auch eine vermeintlich schlechtere Arbeitsleistung, die sich z. B. in häufigerem Fehlen oder langsamerem Arbeiten zeige. Obwohl negative Stereotype gegenüber Älteren überwiegen, existiert auch eine Vielzahl stereotyper Annahmen gegenüber Jüngeren. Hierzu zählen u. a. die Annahmen, Jüngere seien zu unerfahren, ungeduldig und hätten zu wenig soziale Kompetenzen. Je mehr die Mitglieder einer Arbeitsgruppe sich auf diese und andere Altersstereotype verlassen, desto mehr werden die Gruppenmitglieder anhand ihres Alters beurteilt. Individuelle Fähigkeiten, die für die Bearbeitung der Arbeitsaufgaben wichtig sind, werden folglich nicht erkannt und somit auch nicht genutzt. Ein Austausch über altersbedingte Erfahrungs- und Wissensunterschiede wird somit verhindert. Teilen die Gruppenmitglieder derartige negative Altersstereotype jedoch nicht, ermöglicht dies einen offenen und vorurteilsfreien Informationsaustausch zwischen Gruppenmitgliedern aller Altersklassen. Je mehr Wissen über altersbedingte Veränderungen in Fähigkeiten und Persönlichkeitseigenschaften in der Gruppe zur Verfügung steht, desto wahrscheinlicher ist es, dass aufgabenrelevante Kompetenzen Älterer und Jüngerer erkannt und tatsächlich auch genutzt werden.

Heidling et al. (2011) beschreiben innovationsrelevante Kompetenzen Älterer im Kontext kooperativer Bezüge in vernetzten Strukturen. So meinen sie, dass Innovationsprozesse verstärkt in Form von Netzwerken, Wertschöpfungsketten und Projekten stattfänden und erfolgreiche ökonomische Innovationsprozesse immer stärker von der Beteiligung unterschiedlicher Akteure abhingen (Heidling et al., 2011). Kennzeichnend für die Organisation solcher Prozesse, die häufig als „open innovation" bezeichnet werden, ist die Beteiligung verschiedener Unternehmen, Kunden und Forschungseinrichtungen (Chesbrough, 2003; Sorensen et al., 2010; Dalander & Gann, 2010). In diese komplexen Strukturen der Innovationsprozesse sind neben großen in wachsendem Umfang auch kleine und mittlere Unternehmen eingebunden, und zwar auch solche, die bisher als eher forschungs- und innovationsfern eingeschätzt wurden (Kirner & Som, 2010).

Die bisherige Innovationsforschung ist stark auf die Ergebnisse der Innovationen (Innovationserfolg, Wettbewerbsfähigkeit) und deren technischen sowie organisatorischen Grundlagen ausgerichtet" (s. Abb. 1.3).

Zugleich herrscht in der Arbeits-, Organisations- und Wirtschaftsforschung weitgehend Einigkeit über die zentrale Bedeutung von Kreativität, Motivation und entsprechenden Qualifikationen und Kompetenzen von innovativen Beschäftigten in einer informatisierten und globalisierten Arbeitswelt. Zur konkreten Arbeit an Innovationen, also der innovativen Arbeit selbst und der dafür notwendigen Kompetenzen sowie entsprechender Lernprozesse, ist allerdings sehr viel weniger Wissen verfügbar (Love & Roper, 2009; Drejer & Vinding, 2007). Darauf bezogene systematische Kenntnisse bilden jedoch die Voraussetzung dafür, um Innovationen als ein integrales Element sämtlicher betrieblicher und überbetrieblicher Arbeitstätigkeiten und Prozesse zu entwickeln und dauerhaft zu implementieren. Entscheidend zur Bewältigung der Aufgaben in vernetzten innovativen Arbeitsprozessen sind neben den technischen Kenntnissen die Fähigkeiten der Beschäftigten, in kooperativen Zusammenhängen das vorhandene Wissen und Know-how unternehmensübergreifend aufzubereiten, zu teilen, auszutauschen und zu bewerten (Heidling, 2011a; Eisingerich et al., 2010; Meil, 2009; Brökel & Binder, 2007; Bürgermeister & Schambach, 2005). Dies ist deshalb voraussetzungsvoll, weil die häufig in erster Linie konkurrenziell orientierte Zusammenarbeit von Unternehmen dazu führt, das eigene Know-how zu schützen und dadurch anderen Unternehmen vorzuenthalten. Für die neuen, stärker vernetzten Unternehmensstrukturen sind neue Kooperationskompetenzen erforderlich, um Netzwerke aufzubauen und Wertschöpfungsketten zu organisieren und zu steuern. Darüber hinaus sind ausgeprägte Prozesskompetenzen erforderlich, die aus einer Mischung technisch-fachlicher und überfachlicher Kenntnisse und Kompetenzen bestehen. Über diese Kompetenzen verfügen die älteren Beschäftigten in besonderer Weise und können deshalb zu zentralen Akteuren für offene Innovationsprozesse werden.

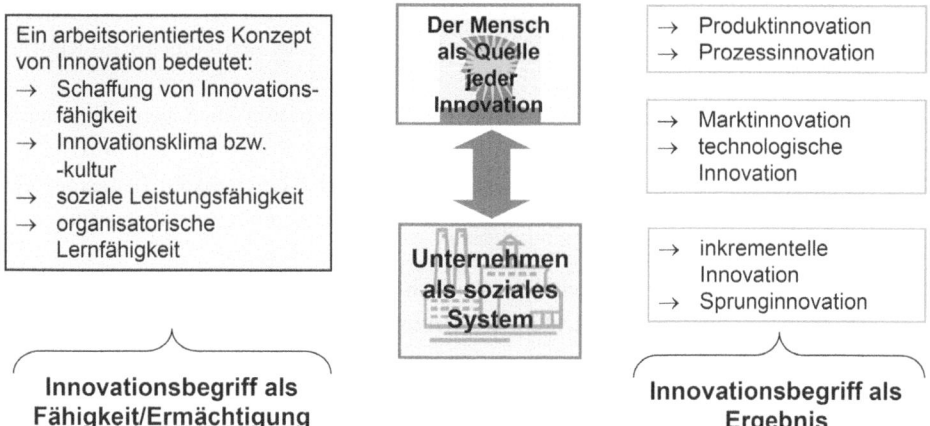

Abb. 1.3 Gegenüberstellung von arbeitsorientiertem und konventionellem Innovationsverständnis (Langhoff, 2011a)

1.6 Die Fokusgruppe „Altersheterogene Innovationsteams als Erfolgsfaktor des demografischen Wandels"

Die Fokusgruppe „Altersheterogene Innovationsteams als Erfolgsfaktor des demografischen Wandels" ist eine von sechs Fokusgruppen, die zum Förderschwerpunkt „Innovationsfähigkeit im demografischen Wandel" eingerichtet wurden.

Die Fokusgruppe bewegt sich thematisch im Wesentlichen um die Innovationskompetenz in (über)betrieblichen kooperativen und vernetzten Strukturen vor dem Hintergrund der demografischen Entwicklung. Dabei wird im Besonderen (aber nicht nur) das Zusammenarbeiten zwischen Jung und Alt betrachtet. Hierzu wurden fünf Forschungsvorhaben ausgewählt und für die Fokusgruppe gebündelt, die jeweils unterschiedliche Facetten o. g. Thematik aufgegriffen und bearbeitet haben:

Derobino: Demografierobuste Innovation für Forschungs- und Entwicklungsteams
IBU: Ältere Beschäftigte als Innovationsexperten bei der Bewältigung des Unplanbaren
InnoFaktor: Innovationsstrategien mittelständischer Weltmarkt-, Markt- und Innovationsführer
INNOKAT: Innovationsfähigkeit und Kreativität von altersgemischten Teams stärken und fördern
KreaRe: Kreativität älterer MitarbeiterInnen durch Ressourcenmanagement aktivieren und erhalten

Die Mitglieder der Fokusgruppe setzten sich aus Mitarbeiterinnen und Mitarbeitern der einzelnen Projekte, des Metaprojekts Demoscreen und eines Vertreters des Projektträgers zusammen.

Hauptaufgabe war es, Wissen, Erkenntnisse und Umsetzungserfahrungen zu bündeln, um vorhandene Erkenntnislücken zu schließen, Stereotype abzubauen und praxistaugliche Umsetzungen in Form von Gestaltungslösungen oder einsetzbaren Instrumenten voranzubringen. Die vorliegende Veröffentlichung stellt die gemeinsame Verwertung der Projekte in der Fokusgruppe dar.

Kapitel 1 diente dazu, in die Thematik inhaltlich einzuführen und über die Community der Arbeitswissenschaftler zu berichten, die hierzu im Rahmen angewandter Arbeitsforschung geforscht haben.

Kapitel 2 stellt aus den fünf Verbundvorhaben die entwickelten und erprobten Umsetzungen vor. Dieses Kapitel wendet sich in besonderer Weise nicht nur an Arbeitsforscher, sondern auch an Betriebspraktiker. Die Beiträge sind größtenteils zusammen mit betrieblichen Praktikern entstanden, die die erfolgreiche betriebspraktische Verwertung aus ihrer Sicht darstellen.

Kapitel 3 bündelt zusammenfassend die Einzelergebnisse und es werden gemeinsame Verwertungsperspektiven erarbeitet. Diese beziehen sich sowohl auf die betriebliche Praxis (Handlungsempfehlungen) als auch auf die weiteren Forschungsbedarfe (Forschungsempfehlungen).

In den Tabellen 1.3 bis 1.7 werden kurze „Steckbriefe" der fünf Forschungsvorhaben der Fokusgruppe dargestellt.

Tab. 1.3 Steckbrief Derobino

Merkmale	Derobino: Demografierobuste Innovation für Forschungs- und Entwicklungsteams
Individuum	Individuelle Faktoren von Innovationsfähigkeit; Fokus Alter; hinzu kommen Erfahrung, Kompetenzen, Betriebszugehörigkeit; Rollenkonzept
Gruppe/Team/ Arbeitsbereich	Orientierung auf altersdiverse Innovationsteams; bestimmende Faktoren in der Teamzusammenarbeit (Teamwork-Quality); Laborstudien, Befragungen
Unternehmen	Betriebliche Ausgestaltung von Innovationsprozessen in diversen Unternehmen (Prozesse und Produkte hinsichtlich Optimierungen und Neuentwicklungen)
Bezug Altersheterogenität	Altersheterogene Innovationsteams; betriebliche Restriktionen bei der Teamzusammensetzung
Lebensphase	Konzentration auf Zusammenwirken von jüngeren und älteren Arbeitnehmern
Konzepte/ Werkzeuge	Demografieorientiertes Simulationswerkzeug; demografische Analysen; Diversitätsplaner; Prozessbegleitendes Trainingsprogramm für Beschäftigte
Alleinstellungs- merkmale	Personalbezogene Daten werden in einen Simulationsprozess (für schwach strukturierte Prozesse) eingezogen; Simulationswerkzeug (Messung und Prognose); Diversitätsplaner für die Zusammensetzung von Innovationsteams in Unternehmen
Erfolgsfaktoren	Strukturelle und individuelle Erfolgsfaktoren von Innovationsteams; Bestimmung von erfolgreichen Mustern; Unterstützung der Innovationsteamplanung im Unternehmen
Nachhaltigkeit/ Transfer	Anwendung des Simulationswerkzeugs in der betrieblichen Praxis; Erprobung und Durchführung von Personal- und Organisationsentwicklungsmaßnahmen; Durchführung von betrieblichen Demografieanalysen; Einsatz und Weiterentwicklung des Diversitätsplaners für Beratung von Unternehmen
Wissenschaftlicher Anspruch	Rolle der Altersdiversität im Zusammenspiel mit anderen Diversitäten erfassen; Personalintegrierte Simulation von schwach strukturierten Innovationsprozessen; Fortschreibung von demografischen Prognosen auf Gemeindeebene und Ableitung von Maßnahmen des Personalmanagements
Praxisbezug / wirtschaftliche Verwertung	Weiterentwicklung und Verbreitung der Erkenntnisse zur regionalen und betrieblichen Demografie; Bereitstellung der im Projekt erarbeiteten Tools (Simulationswerkzeug, Kartenspiel, Diversitätsplaner); Handreichungen für die betriebliche Praxis, die Projekterkenntnisse verständlich zusammenfassen; Monografie zum Projekt mit praktischen Handlungsempfehlungen zu OE- und PE-Maßnahmen im Unternehmen

Tab. 1.4 Steckbrief IBU

Merkmale	IBU: Ältere Beschäftigte als Innovationsexperten bei der Bewältigung des Unplanbaren
Individuum	Nutzung spezifischer (Innovations-)Kompetenz Älterer (in Kooperation mit den Jüngeren); Bestimmung altersspezifischen Arbeitshandelns und Kompetenzen/Innovationskompetenzen
Gruppe/Team/ Arbeitsbereich	Unterteilung in Altersklassen 50-55, 55-60, 60+; Fachkräfte in Entwicklungs-/Veränderungsprozessen; (inter)national verteilte Projektarbeit in altersgemischten Teams: Arbeitshandeln, Innovation, Kompetenzen
Unternehmen	Projektarbeit (Fabrikplanung); Kundenorientierung; „Open Innovation" – Innovation über Unternehmensgrenzen hinaus; Spannungsfeld eigenes Unternehmen – Kundenunternehmen
Bezug Altersheterogenität	Kompetenzen älterer Beschäftigter für die Zusammenarbeit in Projektteams mit Jüngeren nutzbar machen
Lebensphase	Dynamische Erwerbsbiografien zur Entfaltung der Innovationskompetenz Älterer
Konzepte/ Werkzeuge	Konzept Innovationskompetenz (altersneutral/altersspezifisch); Organisationskonzepte in vernetzten Strukturen (Projekte und Arbeitshandeln); Lernen in dynamischen Erwerbsbiografien
Alleinstellungs- merkmale	Innovationsarbeit älterer Beschäftigter; Kompetenzbestimmung Älterer; Kundeninnovationen (Fabrikplanung)
Erfolgsfaktoren	Stabilisierung und Ausweitung der Beschäftigten 50+; Entwicklung Geschäftsfeld demografieorientierte Fabrikplanung; Fahrion Entwicklungen
Nachhaltigkeit/ Transfer	Integriertes Konzept zur Kompetenzbestimmung (erfahrungsgeleitete Arbeit, Umgang mit Unplanbarem, Innovation)
Wissenschaftlicher Anspruch	Kompetenzbestimmung, Umgang mit Unplanbarem und erfahrungsge- leitetes Arbeiten älterer Beschäftigter in Innovationsprozessen
Praxisbezug / wirtschaftliche Verwertung	Workshops „Demografiestrategien in Unternehmen"; Schulungskonzepte für demografierelevante Planungsprozesse; Entwicklung ergonomisch angepasster Arbeitsgeräte für manuelle Arbeitsplätze

Tab. 1.5 Steckbrief InnoFaktor

Merkmale	InnoFaktor: Innovationsstrategien mittelständischer Weltmarkt-, Markt- und Innovationsführer
Individuum	– Langfristige Sicherung der Arbeits- und Beschäftigungsfähigkeit – Verbesserung der Arbeitszufriedenheit – Vermittlung und Weitergabe von Wissen
Gruppe/Team/ Arbeitsbereich	– Orientierung an Job-Familien und/oder Arbeitsbereichen – Neue Formen der Arbeitsorganisation zwecks Vermeidung einseitiger Belastungen – Optimierung der abteilungsübergreifenden Kommunikation und des Wissensflusses
Unternehmen	– Arbeitgeberattraktivität steigern, um Fachkräfte zu finden und die bestehende Belegschaft an sich zu binden – Wissen im Unternehmen identifizieren, halten und unter den Beschäftigten weitergeben
Bezug Altersheterogenität	– Mischarbeit als Erhaltungsqualifizierung – Altersgerechte Gestaltung der Arbeitsplätze – Lebens- und berufsphasenorientierte Arbeitgeberattraktivität
Lebensphase	– Berücksichtigung unterschiedlicher Lebensphasen insbesondere bei der Steigerung der Arbeitgeberattraktivität. Spezifische Lebensphasenperspektive wird im Workshopkonzept Arbeitgeberattraktivität (siehe Konzepte/Werkzeuge) erhoben
Konzepte/ Werkzeuge	– Belastungsorientierte Arbeitsplatzgestaltung (Ergo.PE) – Workshopreihe Arbeitgeberattraktivität (AGA3) – Entwicklung einer Arbeitgeberpositionierung – Wissenstransfergespräche (bei kurzfristigem Ausstieg)
Alleinstellungs- merkmale	– Mittelständische Weltmarktführer als Modellunternehmen – Zusammenführung der Themenfelder Arbeitgeberattraktivität, Wissen & Lernen sowie Demografie – Umsetzung von Methoden und Instrumenten in den Betrieben – Verein ZUKUNFTINC. e. V. als Transferpartner
Erfolgsfaktoren	– Steigerung der Arbeitgeberattraktivität – Erhalt der Arbeitsfähigkeit – Wissen im Unternehmen identifizieren, halten, weitergeben – Umsetzungsorientierung: Praxistauglichkeit der entwickelten Instrumente und Tools – Verein ZUKUNFTINC. als Transferpartner
Nachhaltigkeit/ Transfer	– Dauerhafte Implementierung der entwickelten Gestaltungslösungen in den Modellbetrieben – Transfer auf die weiteren Vereinsunternehmen – Regionaler und auch bundesweiter Transfer der Projektergebnisse – Publikation von Fachveröffentlichungen und einer Themenfokusreihe zu den Projektergebnissen – Innovativer Projektfilm

Merkmale	InnoFaktor: Innovationsstrategien mittelständischer Weltmarkt-, Markt- und Innovationsführer
Wissenschaftlicher Anspruch	– Anwendung arbeitswissenschaftlicher Erkenntnisse bei Einsatz und Weiterentwicklung innovativer Instrumente (z. B. Zusammenführung Innovationsanalyse Demografie, Qualifizierungsbedarfsanalyse und altersgerechte Arbeitsplatzbewertung)
Praxisbezug / wirtschaftliche Verwertung	– Instrument zur Erhebung und Steigerung der Arbeitgeberattraktivität (AGA3) – Vorgehen zur unternehmensspezifischen Arbeitgeberpositionierung – Instrument zur belastungsorientierten Arbeitsplatzgestaltung (Ergo.PE) – Konzept für den Wissenstransfer bei kurzfristig ausscheidenden Beschäftigten – ThemenFokus-Reihe mit praktischen Handlungsempfehlungen zu Organisations- und Personalentwicklungsmaßnahmen im Unternehmen

Tab. 1.6 Steckbrief INNOKAT

Merkmale	INNOKAT: Innovationsfähigkeit und Kreativität von altersgemischten Teams stärken und fördern
Individuum	Förderung von Stressresilienz und kognitiven Fähigkeiten/mentalen Grundkompetenzen (Arbeitsgedächtnis, Aufgabenwechsel, Handlungsplanung) älterer Beschäftigter
Gruppe/Team/ Arbeitsbereich	Führungskräfte/Teammitglieder sensibilisieren für Potenziale älterer AN/ altersheterogener Teams; Partizipation bei der Zielsetzung zur Steigerung der Motivation altersheterogener Teams
Unternehmen	Einflussfaktorenmodell auf Innovationsfähigkeit/Benchmarking (betriebswirtschaftliche Bewertung)
Bezug Altersheterogenität	Altersheterogen zusammengesetzte Teams
Lebensphase	----
Konzepte/ Werkzeuge	Einführung „Partizipatives Innovationsmanagement" (Steigerung Gruppeneffektivität); FK-Training (Erkennen des Innovationspotenzials älterer Beschäftigter); „Gehirnjogging zur Förderung altersheterogener Teams" → (EEG-)Messung kognitiver Veränderungen; Stressresilienztraining → „Training emotionaler Kompetenz" (TEK)
Alleinstellungsmerkmale	Auf KMU zugeschnittene Interventionen; Ansatz auf mehreren Unternehmensebenen; Trainings mit Messung kognitiver Änderungen; EEG-Messung in den Betrieben
Erfolgsfaktoren	Förderung der Flexibilität für Umstiegsqualifizierungen; Verbesserung des Vertrauens, Arbeitszufriedenheit und Reduktion von Altersstereotypen; Akzeptierte und messbare Innovationsziele; Objektive Verbesserung von kognitiven Grundkompetenzen; Zusammenhang mit betrieblichen Kompetenzen
Nachhaltigkeit/ Transfer	Förderung der Arbeits- und Beschäftigungsfähigkeit; Verbreitung des Konzepts in KMU-Netzwerken (NIRO); Konzept Train-the-Trainer (innerbetrieblich); Wissenschaftlicher Transfer; Publikationen (national und international)
Wissenschaftlicher Anspruch	Bestimmung kognitiver Grundkompetenzen der Innovationsfähigkeit; Mess- und Trainierbarkeit von Innovationsfähigkeit; mittelfristiger/langfristiger Einfluss auf betriebliche Kompetenzen
Praxisbezug / wirtschaftliche Verwertung	Modulares Training zur Steigerung von kognitiven Kompetenzen; Training zur Reduktion des Stresserlebens; Software zur Unterstützung von Zielsetzung und zum Monitoring der Zielerreichung; Führungskräftetraining zum Führungsstil „Servant Leadership"; Einflussfaktorenmodell auf Innovationsfähigkeit

Tab. 1.7 Steckbrief KreaRe

Merkmale	KreaRe: Kreativität und Gesundheit von Innovationsarbeitern in Forschung und Entwicklung fördern – eine Innovationsstrategie im demografischen Wandel
Individuum	Kreativität älterer Innovationsarbeiter/-innen erhalten und fördern durch: Stärkung der gesundheitlichen Eigenverantwortung; Schaffung kreativitätsförderlicher Arbeitsorganisation
Gruppe/Team/ Arbeitsbereich	Sensibilisierung von Führungskräften für die Bedarfe guter, ressourcenorientierter, kreativer Arbeit bei Innovationsarbeiter/-innen diverser Altersgruppen und Handlungsempfehlungen für die Arbeitsgestaltung
Unternehmen	Steigerung von Innovations- und Wettbewerbsfähigkeit durch ressourceneffiziente Arbeitsgestaltung
Bezug Altersheterogenität	Veränderung der Bedürfnisse an gute kreative Arbeit in verschiedenen Altersgruppen
Lebensphase	Innovationsarbeiter/-innen über längere Erwerbsbiografien durch lebensphasenorientierte Arbeitsorganisation kreativ, leistungsfähig und leistungsfreudig erhalten
Konzepte/ Werkzeuge	Breitenerhebung (Fragebogenerhebung) und fallspezifische Voruntersuchungen als empirische Basis für ein integratives Instrumentenset, z. B. WAI, KIK-B, Vitale Erschöpfung, Selbstachtsamkeit; Aufbereitung, Präsentation und Handlungsempfehlungen in Fach- und Führungskräfteworkshops
Alleinstellungsmerkmale	Fokussierung auf die Kreativität in Forschung und Entwicklung (F&E)
	Breitenempirische Fragebogenerhebung als themenspezifisches Pilotprojekt
	Kombinierte Nutzung vorhandener Analysetools mit eigenen Erhebungsmerkmalen
Erfolgsfaktoren	Förderung des organisationalen Kreativitätsklimas
	Steigerung der individuellen Arbeitsbewältigungsfähigkeit
	Förderung des Innovationspotenzials von „älter werdenden" Unternehmen
Nachhaltigkeit/ Transfer	Konzipierung eines modularen Instrumentenkastens mit Handlungsempfehlungen zur Förderung der Innovationsfähigkeit im demografischen Wandel;
	Workshops und Fach- und Führungskräfte-Schulungen zum Praxistransfer der KreaRe-Programmelemente über Projektlaufzeit hinaus (vgl. www.kreare.de)
Wissenschaftlicher Anspruch	Synthetisierung und Erweiterung vorhandener Forschungen zum Verhältnis von Kreativität, Alter(n) und Arbeitsgestaltung für die Zielgruppe Innovationsarbeiter/-innen in F&E
Praxisbezug / wirtschaftliche Verwertung	In einer praxisorientierten Transferbroschüre werden die KreaRe-Ergebnisse und Gestaltungsansätze gebündelt (verfügbar über Projektseite www.kreare.de ab Mai 2015). Ansprechpartner zur wirtschaftlichen Verwertung sind über www.iai-bochum.de zu kontaktieren

Literaturverzeichnis

Andel, Rossel; Crowe, Michael; Pedersen, Nancy Lee; Mortimer, James; Crimmins, Eileen; Johansson, Boo; Gatz, Margaret (2005): *Complexity of work and risk of Alzheimer's disease: a population-based study of Swedish twins.* Journals of Gerontology Series B: Psychological Sciences and Social Sciences, 60(5), S. 251-258.

Baltes, Paul B.; Baltes, Margaret M. (1994): *Gerontologie: Begriff, Herausforderung und Brennpunkte.* In: Paul B. Baltes; Jürgen Mittelstraß; Ursula Marie Staudinger (Hrsg.): Zukunft des Alterns und gesellschaftliche Entwicklung, Berlin: de Gruyter, S. 1-34.

Baltes, Paul B. (1990): *Entwicklungspsychologie der Lebensspanne: Theoretische Leitsätze.* Psychologische Rundschau, 1, S. 1-24.

Baltes, Paul B.; Mittelstraß, Jürgen; Staudinger, Ursula Marie (1994): *Alter und altern. Ein interdisziplinärer Studientext zur Gerontologie.* Berlin: de Gruyter.

Baltes, Paul B.; Lindenberger, Ulman (1997): *Emergence of a powerful connection between sensory and cognitive functions across the adult life span: A new window to the study of cognitive aging?* Psychology and Aging, 12(1), S. 12-21.

Basadur, Min (1994): *Managing the creative process in organizations.* In: Mark A. Runco (Ed.): Problem finding, problem solving, and creativity. New York City: Ablex, pp. 237-268.

Bauer, Hans; Böhle, Fritz; Munz, Claudia; Pfeiffer, Sabine; Woicke, Peter (2006): *Hightech-Gespür. Erfahrungsgeleitetes Arbeiten und Lernen in hoch technisierten Arbeitsbereichen.* Schriftreihe des Bundesinstituts für berufliche Bildung, Bielefeld: W. Bertelsmann.

Bergmann, Bärbel (2001): *Innovationsfähigkeit älterer Arbeitnehmer* In: Arbeitsgemeinschaft Betriebliche Weiterbildungsforschung e.V. (Hrsg.): Kompetenzentwicklung. Tätigsein – Lernen – Innovation. Münster: Waxmann, S. 13-52.

Böhle, Fritz (2009a): *Weder rationale Planung noch präreflexive Praktik – erfahrungsgeleitet-subjektivierendes Handeln.* In: Fritz Böhle; Margit Weihrich,(Hrsg.): Handeln unter Unsicherheit. Wiesbaden: VS Verlag für Sozialwissenschaften, S. 203-230.

Böhle, Fritz (2009b): *Erfahrungswissen – Wissen durch objektivierendes und subjektivierendes Handeln.* In: Axel Bolder; Rolf Dobischat (Hrsg.): Eigen-Sinn und Widerstand. Kritische Beiträge zum Kompetenzentwicklungsdiskurs. Wiesbaden: VS Verlag für Sozialwissenschaften, S. 70-88.

Böhle, Fritz; Bolte, Annegret; Dunkel, Wolfgang; Pfeiffer, Sabine; Porschen, Stephanie; Sevsay-Tegethoff, Nese (2004b): *Der gesellschaftliche Umgang mit Erfahrungswissen – Von der Ausgrenzung zu neuen Grenzziehungen.* In: Ulrich Beck; Christoph Lau (Hrsg.): Entgrenzung und Entscheidung – Was ist neu an der Theorie reflexiver Modernisierung? Frankfurt am Main: Suhrkamp, S. 95-122.

Böhle, Fritz; Bürgermeister, Markus (2011): *Innovationsarbeit und Innovationsprozess – künstlerisch, erfahrungsgeleitet, spielerisch.* praeview, 1, S. 10-11.

Böhle, Fritz; Bürgermeister, Markus; Porschen, Stephanie (Hrsg.) (2012): Innovation durch Management des Informellen. Berlin: Springer.

Böhle, Fritz; Pfeiffer, Sabine; Sevsay-Tegethoff, Nese (Hrsg.) (2004a): *Die Bewältigung des Unplanbaren – Fachübergreifendes erfahrungsgeleitetes Arbeiten und Lernen.* Wiesbaden: VS Verlag für Sozialwissenschaften.

Böhle, Fritz; Rose, Helmuth (1992): *Technik und Erfahrung – Arbeit in hochautomatisierten Systemen.* Frankfurt am Main: Campus.

Bolte, Annegret (2000): *Ingenieure zwischen Theorie und Praxis. Zum Umgang mit Unwägbarkeiten in der Innovationsarbeit.* In: ISF München (Hrsg.): Jahrbuch sozialwissenschaftliche Technikberichterstattung 2000. Schwerpunkt: Innovation und Arbeit, Berlin: edition sigma, S. 107-149.

Bornewasser, Manfred et al. (2011): *derobino – Demografierobuste Innovation für Forschungs- und Entwicklungsteams.* Unveröffentlichter Projektantrag.

Bosma, Hans; van Boxtel; Martin P.; Ponds, Rudolph W.; Houx, Peter J.; Burdorf, Alex & Jolles, Jelle (2002): *Mental work demands protect against cognitive impairment*: MAAS prospective cohort study. Experimental Aging Research, 29(1), S. 33-45.

Brökel, Tom; Binder, Martin (2007): *The Regional Dimension of Knowledge Transfers – A Behavioral Approach.* Industry and Innovation, 14(3), S. 151-175.

Bullinger, Hans-Jörg; Buck, Hartmut; Schmidt, Susanne Liane (2003): *Die Arbeitswelt von morgen – alternde Belegschaften und Wissensintensivierung.* DSWR – Zeitschrift für Praxisorganisation, Betriebswirtschaft und elektronische Datenverarbeitung, 4, S. 98-100.

Bullough, Vern; Bullough, Bonnie; Mauro, Maddalena (1978): *Age and Achievement: A Dissenting View.* The Gerontologist, 18(6), S. 584-587.

Bundesministerium für Bildung und Forschung (BMBF) (2007): *Arbeiten – Lernen – Kompetenzen entwickeln. Innovationsfähigkeit in einer modernen Arbeitswelt.* BMBF-Forschungs- und Entwicklungsprogramm, Bonn.

Bundesministerium für Bildung und Forschung (BMBF) (2010): *Ideen, Innovation, Wachstum. Die Hightech-Strategie 2020 für Deutschland.* Bonn.

Bürgermeister, Markus; Schambach, Christoph (2005): *Beim Entwickeln kooperieren. Optimierung unternehmensübergreifender Fahrzeugentwicklung.* München/Mering: Hampp.

Byrne, Donn (1971): *The Attraction Paradigm.* Massachusetts: Academic Press.

Chesbrough, Henry (2003): *Open Innovation: The New Imperative for Creativity and Profiting from Technology.* Boston: Harvard Business School Press.

Clement, Ute; Frieling, Ekkehart; Heuer, Herbert; Landau, Kurt; Spath, Dieter & Woll, Alexander (2004): *Antrag auf Einrichtung eines Schwerpunktprogramms „Altersdifferenzierte Arbeitssysteme".* Unveröffentlichtes Manuskript.

Craik, Fergus Ian Muirden; Salthouse, Timothy A. (Eds.) (2000): *The handbook of aging and cognition. 2nd ed.,* Mahwah/New Jersey: Erlbaum.

Csikszentmihalyi, Mihaly (1997): *Creativity: Flow and the psychology of discovery and invention.* New York: Harper Perennial.

Dalander, Linus; Gann, David M. (2010): *How open is innovation?* Research Policy, 39, S. 239-253.

Drejer, Ina; Vinding, Anker Lund (2007): *Searching Near and Far: Determinants of Innovative Firms' Propensity to Collaborate Across Geographical Distance.* Industry and Innovation, 14(3), S. 259-275.

Eisingerich, Andreas B.; Bell, Simon J.; Tracey, Paul (2010): *How can clusters sustain performance? The role of network strength, network openness, and environmental uncertainty.* Research Policy, 39, S. 239-253.

Engelhardt, Ricke (2010): *Erfolgsfaktoren 50+ im mittleren Management von Großunternehmen.* Hamburg: Kovač *(zugleich Dissertation Universität Augsburg 2010).*

Falkenstein, Michael (2011): *INNOKAT – Innovationsfähigkeit und Kreativität von altersgemischten Teams in mittleren Unternehmen stärken und fördern.* Unveröffentlicher Projektantrag.

Fischer, Martin (2000): *Von der Arbeitserfahrung zum Arbeitsprozesswissen.* Opladen: Leske + Budrich.

Gajewski, Patrick; Wild-Wall, Nele; Schapkin, Sergei A.; Erdmann, Udo; Freude, Gabriele & Falkenstein, Michael (2010): *Effects of aging and job demands on cognitive flexibility assessed by task switching.* Biological Psychology, 85(2), S. 187-199.

Gianaros, Peter J.; Jennings, Richard J.; Sheu, Lei K.; Greer, Phil J.; Kuller, Lewis H. & Matthews, Karen A. (2007): *Prospective reports of chronic life stress predict decreased grey matter volume in the hippocampus.* Neuroimage, 35(2), S. 795-803.

Grewer, Hans Günter; Matthäi, Ingrid; Reindl, Josef (Hrsg.) (2007): *Der innovative Ältere.* München/Mering: Hammp.

Hacker, Winfried (2009): *Arbeitswelt im Wandel – Herausforderungen an die geistige Leistungsfähigkeit älter werdender Arbeitender.* In: INQUA (Hrsg.): Abschlussbericht des Projekts PFIFF (Programm zur Förderung der intellektuellen Fähigkeiten älterer Arbeitnehmer), Dortmund, S. 59-70.

Hassell, Barbara L. & Perrewe, Pamela L. (1995): *An Examination of beliefs about older workers: Do stereotypes still exist?* Journal of Organizational Behavior, 16, S. 457-468.

Hauschildt, Jürgen; Salomo, Sören (2004): *Innovationsmanagement.* München: Vahlen.

Heidling, Eckhard et al. (2011): *IBU – Ältere Beschäftigte als Innovationsexperten bei der Bewältigung des Unplanbaren.* Unveröffentlicher Projektantrag.

Heidling, Eckhard (2011a): *Strategische Netzwerke. Kooperation und Interaktion in asymmetrisch strukturierten Unternehmensnetzwerken.* In: Johannes Weyer (Hrsg.): Soziale Netzwerke. Konzepte und Methoden der sozialwissenschaftlichen Netzwerkforschung. München: Oldenbourg, S. 135-165.

Herfurth, Matthias; Zimmermann, Klaus F.; Kohli, Martin; (Hrsg.) (2003): *Arbeit in einer alternden Gesellschaft – Problembereiche und Entwicklungstendenzen der Erwerbsbeteiligung Älterer.* Opladen: Leske + Budrich.

Hultsch, David F. & MacDonald, Stuart W.S. (2004): *Intraindividual variability in performance as a theoretical window onto cognitive aging.* In: Roger A. Dixon; Lars Backmann; Lars-Goran Nilsson (Eds.): New Frontiers in Cognitive Aging. Oxford: Oxford University Press, S. 65-88.

Humpl, Bernd (2004): *Transfer von Erfahrungen. Ein Beitrag zur Leistungssteigerung in projektorientierten Organisationen.* Wiesbaden: Deutscher Universitätsverlag.

Ilmarinen, Juhani (2000): *Die Arbeitsfähigkeit kann mit dem Alter steigen.* In: Christoph von Rothkirch (Hrsg.): Altern und Arbeit: Herausforderung für Wirtschaft und Gesellschaft. Berlin: edition sigma, S. 88-96.

Kirner, Eva; Som, Oliver (2010): *Innovationskooperationen nicht forschungsintensiver Unternehmen.* In: Heike Jacobsen; Burkhard Schallock (Hrsg.): Innovationsstrategien jenseits traditionellen Managements. Berlin: Fraunhofer IRB Verlag, S. 98-104.

Köchling, Annegret; Astor, Michael; Fröhner, Klaus-Dieter; Hartmann, Ernst Andreas; Hitzblech, Tanja; Jasper, Gerda; Reindl, Josef (Hrsg.) (2000): *Innovation und Leistung mit älter werdenden Belegschaften.* München/Mering: Hampp.

Kray, Jutta & Lindenberger, Ulman (2000): *Adult age differences in task switching.* Psychology and Aging, 15(1), S. 126-147.

Kriegesmann, Bernd et al. (2011): *KreaRe – Kreativität älterer Mitarbeiter/-innen durch Ressourcenmanagement aktivieren und erhalten.* Unveröffentlichter Projektantrag.

Kriegesmann, Bernd; Kerka, Friedrich; Kley, Thomas (2009): *Innovatorische Führung und Anreizsysteme für Innovationsideen: Worauf kommt es an?.* Bochum: Institut für Angewandte Innovationsforschung.

Kruse, Andreas (2005): *Kreativität im Alter.* Politische Meinung, 427, S. 24-30.

Kruse, Andreas (2000): *Psychologische Beiträge zur Leistungsfähigkeit im mittleren und höheren Erwachsenenalter. Eine ressourcenorientierte Perspektive.* In: Christoph von Rothkirch (Hrsg.): Altern und Arbeit: Herausforderung für Wirtschaft und Gesellschaft. Berlin: edition sigma, S. 72-88.

Kruse, Andreas; Rudinger, Georg (1997): *Lernen und Leistung im Erwachsenenalter.* In: Franz E. Weinert; Heinz Mandl (Hrsg.): Psychologie der Erwachsenenbildung. Enzyklopädie der Psychologie, Themenbereich D, Praxisgebiete, Serie I Pädagogische Psychologie, Bd. 4,. Göttingen: Hogrefe, S. 45-85.

Langhoff, Thomas (2009): *Den demographischen Wandel im Unternehmen erfolgreich gestalten. Eine Zwischenbilanz aus arbeitswissenschaftlicher Sicht.* Berlin: Springer.

Langhoff, Thomas (2011): *Stand der Forschung zum Thema „Altersgemischte Team- bzw. Gruppenarbeit",* ddn-Arbeitskreis 9: Strategische Personalplanung, 6./7. Juni 2011, Evonik AG, Essen. Unveröffentlicht.

Langhoff, Thomas (2011a): *Herausforderung Strukturwandel und Innovation. Mit dynamischen Wertschöpfungspartnerschaften zu neuen Wettbewerbs- und Beschäftigungsperspektiven.* Detmold: Rhon.

Lehman, Harvey C. (1953): *Age and Achievement.* Princeton/New Jersey: Princeton University Press.

Lenzen, Manuela (2002): *Natürliche und künstliche Intelligenz*. Frankfurt am Main: Campus.

Li, Chung-Yi; Wu, Shwu C. & Sung, Fung-Chang (2002): *Lifetime principal occupation and risk of cognitive impairment among the elderly*. Industrial Health, 40(1), S. 7-13.

Looks, Peggy; Jahn, Frauke; Hacker, Winfried (2005): *Innovation – eine Frage des Alters? Bedingungen effizienter geistig-schöpferischer Arbeit über die gesamte Arbeitslebensspanne.* In: Winfried Hacker; Klaus Scheuch (Hrsg.): Innovationsressourcen: geistig-schöpferische Tätigkeit während der gesamten Arbeitslebensspanne. Regensburg: Roderer, S. 11-29.

Love, James H.; Roper, Stephen (2009): *Organizing the Innovation Process: Complementarities in Innovation Networking*. Industry and Innovation, 16(3), S. 273-290.

Madden, David J.; Gottlob, Lawrence R.; Allen, Philip A. (1999): *Adult age differences in visual search accuracy: Attentional guidance and target detectability*. Psychology and Aging, 14(4), S. 683-694.

Mainzer, Klaus (2003): *Künstliche Intelligenz. Grundlagen intelligenter Systeme*. Darmstadt: Wissenschaftliche Buchgesellschaft.

Marquié, Jean-Claude; Duarte, Liliana Rico; Bessieres, P.; Dalm, C.; Gentil, C. & Ruidavets, B. (2010): *Higher mental stimulation at work is associated with improved cognitive functioning in both young and older workers*. Ergonomics, 53(11), S. 1287-1301.

Meil, Pamela (2009): *Value chain restructuring and its effects on the employment relationship and working conditions*. In: Pamela Meil (ed.): Challenges for Europe under value chain restructuring. Contributions to policy debates. Leuven: Katolieke Universiteit Leuven, S. 11-26.

Neuweg, Georg H. (2005): *Implizites Wissen als Forschungsgegenstand*. In: Felix Rauner (Hrsg.): Handbuch der Berufsbildungsforschung. Bielefeld: Bertelsmann, S. 584-590.

Nonaka, Ikujiro; Takeuchi, Hirotaka (1997): *Die Organisation des Wissens*. Frankfurt am Main: Campus.

Nütten, Ingeborg; Sauermann, Peter (1988): *Die Anonymen Kreativen. Instrumente einer Innovationsorientierten Unternehmenskultur*. Wiesbaden: Gabler.

O´Reilly, Charles A.; Williams, Katherine Y.; Barsade, Sigal (1998): *Group demography and innovation: Does diversity help?* In: Margaret A. Neale; Elizabeth A. Mannix; Deborah H. Gruenfeld (Hrsg.): Research on managing in groups and teams. Stamford: JAI, S. 183-207.

Packebusch, Lutz (2010): *Wirtschaftspsychologie und Innovation*. In: Marten Mey, Sandra Laumen; Lutz Pakebusch (Hrsg.): Wirtschaftspsychologie und Innovation. Lengerich: Pabst Science Publishers.

Pfeiffer, Sabine (2007): *Montage und Erfahrung. Warum ganzheitliche Produktionssysteme menschliches Arbeitsvermögen brauchen*. München/Mering: Hampp.

Pfister, Jürgen (2009): *Die Entwicklung einer „demografitten" Unternehmenskultur in der METRO Group*. In: INQUA (Hrsg.): Abschlussbericht des Projekts PFIFF (Programm zur Förderung der intellektuellen Fähigkeiten älterer Arbeitnehmer), Dortmund, S. 89-105.

Porschen, Stephanie (2008): *Austausch impliziten Erfahrungswissens. Neue Perspektiven für das Wissensmanagement.* Wiesbaden: VS Verlag für Sozialwissenschaften.

Potter, Guy G.; Helms, Michael J.; Plassman, Brenda L. (2008): *Associations of job demands and intelligence with cognitive performance among men in late life.* Neurology, 70, S. 1803-1808.

Prezewowsky, Michel (2007): *Demografischer Wandel und Personalmanagement. Herausforderungen und Handlungsalternativen vor dem Hintergrund der Bevölkerungsentwicklung.* Wiesbaden: Deutscher Universitäts-Verlag.

Raz, Naftali (2000): *Aging of the brain and its impact on cognitive performance: Integration of structural and functional findings.* In: Fergus Ian Muirden Craik; Timothy A. Salthouse (Eds.): Handbook of aging and cognition, 2nd ed., Mahwah/New Jersey: Erlbaum, S. 1-90.

Ries, Birgit Claudia; Diestel, Stefan; Wegge, Jürgen; Schmidt, Klaus-Helmut (2010b): *Altersheterogenität und Gruppeneffektivität – Die moderierende Rolle des Teamklimas.* Zeitschrift für Arbeitswissenschaft, 64, S. 137-146.

Ries, Birgit Claudia; Diestel, Stefan; Wegge, Jürgen; Schmidt, Klaus-Helmut (2010a): *Die Rolle von Alterssalienz und Konflikten in Teams als Mediatoren der Beziehung zwischen Altersheterogenität und Gruppeneffektivität.* Zeitschrift für Arbeits- und Organisationspsychologie, 54, S. 117-130.

Rose, Helmuth (1993): *Die Bedeutung des Erfahrungswissens bei automatischer Prozesssteuerung.* In: Hans-Jörg Bullinger (Hrsg.): Alter und Erwerbsarbeit. Berlin: Springer, S. 68-72.

Rowe, John W. & Kahn, Robert L. (1997): *Successful aging.* The Gerontologist, 37(4), S. 433-440.

Schooler, Carmi; Mulatu, Mesfin Samuel (2001): *The reciprocal effects of leisure time activities and intellectual functioning in older people: a longitudinal analysis.* Psychology and Aging, 16, S. 483-506.

Schuler, Heinz; Görlich, Yvonne (2007): *Kreativität, Praxis der Personalpsychologie.* Bd. 13, Göttingen: Hogrefe.

Schullerer, Joachim; Bolte, Annegret (2007): *Der Umgang mit dem Unplanbaren.* In: Manfred Oesterle; Fred Leidig (Hrsg.): Methodisch sichere, schnelle Produktionsabläufe in der Mechatronik. Frankfurt am Main: VDMA, S. 98-102.

Schumpeter, Jospeh (1912): *Theorie der wirtschaftlichen Entwicklung.* Berlin: Duncker & Humblot (Nachdruck: Berlin, 2006).

Siegrist, Johannes (1996): *Adverse health effects of high-effort/low-reward conditions.* Journal of Occupational Health Psychology, 1(1), S. 27-41.

Siegrist, Johannes (2005): *Medizinische Soziologie.* München/Jena: Urban & Fischer.

Singh-Manoux, Archana; Richards, Melvyn; Marmot, Michael (2003): *Leisure activities and cognitive function in middle age: evidence from the Whitehall II study.* Journal of Epidemiology and Community Health, 57, S. 907-913.

Sorensen, Flemming; Mattsson, Jan; Sundbo, Jon (2010): Experimental methods in innovation research. Research Policy, 39(3), S. 313-322.

Tajfel, Henri & Turner, John C. (1986): *The social identity theory of intergroup behavior. In: John T. Jost; Jim Sidanius (Eds.): Political psychology: Key readings. Key readings in social psychology.* New York: Psychology Press, S. 276-293.

Tsui, Anne S.; Egan, Terri D.; Xin, Katherine R. (1995): *Diversity in organisations. Lessons from demography research.* In: Martin M. Chemers; Stuart Oskamp; Mark A. Constamzo (Eds.): Diversity in organizations. London: Sage.

Verworn, Birgit (2009): *Does age have an impact on having ideas? An analysis of the quantity and quality of ideas submitted to a suggestion system.* Creativity and Innovation Management, 18(4), pp. 326-334.

VonDras, Dean D.; Powless, Mark R.; Olson, Angela K.; Wheeler, Darryl & Snudden, Amy L. (2005): *Differential effects of everyday stress on the episodic memory test performances of young, mid-life, and older adults.* Aging Ment Health, 9(1), S. 60-70.

Wegge, Jürgen; Roth, Carla & Schmidt, Klaus-Helmut (2008): *Eine aktuelle Bilanz der Vor- und Nachteile altersgemischter Teamarbeit.* Wirtschaftspsychologie, 10, S. 30-43.

Weishaupt, Sabine (2006): *Subjektivierendes Arbeitshandeln in der Alterspflege – die Interaktion mit dem Körper.* In: Fritz Böhle; Jürgen Glaser (Hrsg.): Arbeit in der Interaktion – Interaktion als Arbeit. Wiesbaden: VS Verlag für Sozialwissenschaften, S. 85-106.

Weser, Ilona; Volkholz, Volker (2007): *Erfahrung, Kreativität, Produktivität Älterer.* In: Deryk Streich; Dorothee Wahl (Hrsg.): Tagungsband des BMBF zur Tagung „Innovationsfähigkeit in einer modernen Arbeitswelt". Frankfurt am Main: Campus.

West, Michael A. (1990): *The social psychology of innovation in groups.* In Michael A. West; James L. Farr (Eds.): Innovation and Creativity at Work: Psychological and Organizational Strategies. New York: Wiley, S. 309-333.

West, Robert L. (1996): *An application of prefrontal cortex function theory to cognitive aging.* Psychological Bulletin, 120(2), S. 272-92.

Wild-Wall, Nele; Falkenstein, Michael, & Hohnsbein, Joachim (2008): *Flanker interference in young and older participants as reflected in event-related potentials.* Brain Research, 1211, S. 72-84.

Wolff, Heimfried; Spieß, Katharina; Mohr, Henrike (2001): *Arbeit-Altern-Innovation.* Wiesbaden: Universum Verlagsanstalt.

Z_punkt GmbH (Hrsg.)(2008): *Megatrends.* Köln/Karlsruhe/Berlin.

Innovationskompetenz in der Praxis – Instrumente und betriebliche Gestaltungslösungen

Thomas Langhoff, Stefan Schröder

Die folgenden Beiträge stellen enge Kooperationsleistungen zwischen Wissenschaft und Praxis dar, was auch die jeweiligen Ko-Autorenschaften zwischen Arbeitsforschern und Unternehmensvertretern unterstreichen. Sie zeigen auch, dass Innovation als vielschichtiger Prozess zu verstehen ist, der das Zusammenwirken von technologischer Entwicklung und von Personal-, Organisations- und Kompetenzentwicklung braucht.

Brand, Lachmann & Schubert beschreiben in Abschnitt 2.1 beispielhaft die Entwicklung und Implementierung einer Arbeitgeberpositionierung anhand eines strategischen Prozesses in einem mittelständischen Weltmarktführer. Da Arbeitgebermarken von innen heraus wachsen und nicht durch Marketingmaßnahmen entstehen, ist dieser Prozess primäre Aufgabe der Organisationsentwicklung. Ausgehend von einer detaillierten Status-quo-Analyse (Auswertung von Strategiepapieren, Mitarbeiterbefragungen, Einzelinterviews) wird aufgezeigt, wie sich ein Unternehmen intern aufstellen muss, um einen solchen Prozess wirksam und effizient durchzuführen. Die Arbeitgeberpositionierung ist wesentlicher Bestandteil dieses Prozesses: Sie bietet die Möglichkeit, identitätsstiftend zu wirken, Bewerber/-innen emotional zu erreichen und das Unternehmen am Arbeitsmarkt positiv abzugrenzen. Die Arbeitgeberpositionierung definiert die bewusste und universelle Ausrichtung am Arbeitsmarkt und spiegelt dabei das besondere Angebot wider, das ein Arbeitgeber seinen MitarbeiterInnen macht.

Dabei geht es nicht um die sogenannten Hygienefaktoren, die jeder attraktive Arbeitgeber aufweisen sollte und deshalb nur wenig Differenzierungspotenzial bieten (z. B. Entlohnung, Karrierechancen, flexible Arbeitszeiten). Profilschärfe wird vielmehr durch alleinstehende, auf Basis der betrieblichen Analyse herauszuarbeitende Maßnahmen gewonnen, z. B. durch Orientierung auf gleiche Lebensphasen bei unterschiedlichen Alters- und Berufsgruppen.

Die Implementierung erfolgt in zwei Stufen: das interne und das externe Employer Branding. Dabei ist die Verankerung der Arbeitgeberpositionierung in der eigenen Belegschaft Voraussetzung dafür, dass sich das Unternehmen im Außenfeld glaubwürdig und nachhaltig als attraktiver Arbeitgeber positionieren kann.

In Abschnitt 2.2 beschreiben Rosetti, Schubert & Walter die Entwicklung und Implementierung eines Tools, das sowohl das Alter der Beschäftigten, das Qualifikationsniveau
der Beschäftigten an den einzelnen Arbeitsplätzen als auch die physischen und psychischen Belastungen an den Arbeitsplätzen vereint. Ausgangsbasis ist hier eine Qualifikationsmatrix, welche das Qualifikationsniveau sämtlicher Mitarbeiterinnen und Mitarbeiter
hinsichtlich der unterschiedlichen Tätigkeiten und Arbeitsplätze abbildet. Jede/r dieser
Tätigkeiten/Arbeitsplätze wird hinsichtlich ihrer jeweiligen Belastungen entlang der Kategorien „Arbeitszeiten", „Umgebungsbedingungen", „Muskel/Skelett" und „Arbeitsorganisation" (hier handelt es sich im Wesentlichen um psychische Belastungen) gemessen und
bewertet.

Jede Kategorie besteht aus einzelnen Belastungs-Items, die je nach Intensität der am
Arbeitsplatz auftretenden Belastungen mit einem Punktwert versehen werden. Zudem
fließt in die Arbeitsplatzbewertung ein, ob die auftretenden Belastungen bereits durch
einzelne (z. B. ergonomische) Maßnahmen reduziert wurden. Außerdem kann auf diese
Weise erhoben werden, ob Arbeitsplätze durch zusätzliche weitere Maßnahmen gesund-
heitsfördernder gestaltet werden können.

Die so entstehenden Punktwerte werden visuell in Form einer Ampel abgebildet (rot
= hohe/sehr hohe Belastung; gelb = mittlere Belastung; grün = geringe/keine Belastung).
Die Belastungshöhe gibt Aufschluss darüber, inwiefern mit einer dauerhaften Ausübung
der Tätigkeit eine Beeinträchtigung der Arbeits- und Beschäftigungsfähigkeit wahrscheinlicher wird.

In der Kopfzeile der Qualifikationsmatrix wird die Auswertung der Arbeitsplatzbewertung in den vier Kategorien je Tätigkeit farblich abgebildet. Auf diese Weise ist auf den
ersten Blick zu erkennen, welche Mitarbeiter an welchen Arbeitsplätzen wie stark belastet
sind. In Kombination mit dem Alter der Mitarbeiter und den Daten der Altersstrukturanalyse der einzelnen Bereiche bietet die derart weiterentwickelte Matrix zum einen einen
Überblick über den Qualifikationsstand der einzelnen Beschäftigten und damit die Möglichkeit, im Falle anstehender Verrentungen Qualifizierungsbedarfe zu erkennen und eine
systematische (Weiter-)Qualifizierungsplanung zu etablieren, und zum anderen die Möglichkeit, die Personaleinsatzplanung dahingehend zu optimieren, dass durch eine planvolle
Arbeitsplatz-/Tätigkeitsrotation einseitigen physischen wie psychischen Belastungen präventiv entgegengewirkt werden kann.

Dieses Tool ist in Zusammenarbeit mit der ARTEMIS Kunststoff- und Kautschuk-
technik GmbH erarbeitet worden und verknüpft erstmals die Funktionalitäten der bislang
einzeln eingesetzten Demografie-Werkzeuge der Altersstrukturanalyse, der Qualifikati-
onsbedarfsanalyse und der belastungsorientierten Arbeitsplatzbewertung, und trägt somit
maßgeblich zu gesundheitserhaltenden und alter(n)sgerechten Arbeitsbedingungen sowie
zum präventiven Erhalt der Arbeits- und Beschäftigungsfähigkeit bei.

Abschnitt 2.3 (Küper, Myskovszky von Myrow & Ahlfeld) sowie Abschnitt 2.4 (Bröker, Rivkin & Günnewig) beschreiben Maßnahmen der Personal- und Führungskräfte-
entwicklung zur Innovationsförderung in altersgemischten Teams, die u. a. gemeinsam
mit der ABC-Logistik GmbH entstanden sind. Im Projekt INNOKAT wurden zwei

Personalentwicklungsmaßnahmen zur Innovationsförderung entwickelt, erprobt und evaluiert. Auf der Führungskräfteebene wurde ein Servant-Leadership-Training durchgeführt (Abschnitt 2.4), durch das Führungskräfte zum einen für negative gruppendynamische Prozesse innerhalb altersheterogener Teams und zum anderen für die eigene Rolle bei der Entfaltung des größtmöglichen Potenzials der geführten Mitarbeiter sensibilisiert werden sollten. Insbesondere wurden dabei Aspekte sozialverantwortlichen Verhaltens, der Entwicklungs- und Erfolgsförderung, des Empowerments und der Wertschätzung betont. Zusätzlich wurden Trainingsmaßnahmen für individuelle Beschäftigte angeboten (Abschnitt 2.3), in denen kognitive Fähigkeiten, wie z. B. das Gedächtnis, sowie Stressbewältigungskompetenzen verbessert werden sollten. Es zeigten sich negative Einflüsse von Servant Leadership auf kurz- und langfristige Beanspruchungsindikatoren (z. B. Ich-Erschöpfung und Burn-out) über bekannte Stressoren wie Selbstkontrollanforderungen und Rollenambiguität hinaus. Auf der Beschäftigten-Ebene konnten positive Auswirkungen von Trainingsmaßnahmen auf kognitive Fähigkeiten und Stresserleben nachgewiesen werden.

In Abschnitt 2.5 gehen die Autoren Ottensmeier, Knickmeier & Kuth auf den Einflussfaktor bzw. das Gestaltungsfeld Gesundheit ein, hier als Grundlage kreativer Leistungsfähigkeit in Forschung und Entwicklung. Dazu wird auf empirische Befunde aus einer Befragung unter 424 Beschäftigten aus F&E-Abteilungen deutscher Unternehmen eingegangen sowie konkrete Ansatzpunkte für Lösungsmöglichkeiten aufgezeigt. Es wird ausgehend vom Konstrukt der „Vitalen Erschöpfung" zur Messung der psychischen Belastung insbesondere auf die Potenziale achtsamkeitsbasierter Interventionsprogramme rekurriert. Ziel ist es, gesundheitliche Belastungen in der F&E-Arbeit zu thematisieren und einen umfassenden Dialogprozess zu ihrer demografiefesten Gestaltung anzustoßen. Der Beitrag ist in enger Kooperation mit den Kliniken Essen-Mitte entstanden.

Die Abschnitte 2.6 und 2.7 gehen auf die Alterszusammensetzung und die Bedeutung von Interaktionsprozessen in Teams ein. Hiller, Köhn & Przybysz (Abschnitt 2.6) untersuchen die Frage „Welche Wirkung hat Altersdiversität auf die Innovationsarbeit und wie lässt sich das Potenzial verschiedener Wissensressourcen und -erfahrungen ausschöpfen?".

Für die Untersuchung dieser Fragestellung wurden 156 Teilnehmer gewonnen, die Teams unterschiedlicher Altersspannen zugeordnet wurden. In Vierer-Gruppen bearbeiteten sie eine Konstruktionsaufgabe, die neben der Ideenentwicklung auch die Umsetzung von Lösungsvorschlägen beinhaltete. Für die Vergleichbarkeit der Ergebnisse wurden die Bearbeitungsbedingungen standardisiert. Die Teamarbeit wurde für eine anschließende Analyse der Gruppeninteraktion aufgezeichnet.

Die Ergebnisse der Stichprobe deuten darauf hin, dass das Merkmal Alter als solches keinen statistisch bedeutsamen Zusammenhang zu innovativen Gruppenleistungen aufweist. Dies steht im Einklang mit vielen anderen Befunden zum Alter in der Forschungsliteratur. Stattdessen wurden Zusammenhänge zwischen Prozessvariablen, z. B. dem Umgang mit unterschiedlichen Lösungsvorschlägen, und den Innovationsmaßen gefunden. Auf Grundlage der Ergebnisse werden der Einsatz von Rahim's Organizational

Conflict Inventory als Bewertungstool und Maßnahmen zur Optimierung betrieblicher Innovationsprozesse diskutiert.

Ratzmann, Terstegen & Weiß (Abschnitt 2.7) stellen zwei Ansätze vor, mit denen einerseits der Ablauf komplexer, mit Unsicherheit behafteter Innovationsprojekte bereits vor der Durchführung quantitativ analysiert und andererseits Strukturen in Innovationsteams erfasst und die Prozesse innerhalb der Projektarbeit abgebildet werden können. Dazu wurde ein Simulationswerkzeug erarbeitet.

Die Abschnitte 2.8 (Fahrion) und 2.9 (Heidling, Kahlenberg, Ludwig & Neumer) beschäftigen sich mit dem Erfahrungswissen älterer, qualifizierter Innovationsarbeiter und ihrer Kompetenz zur Bewältigung des Unplanbaren, wie es bei Innovationsarbeit immanent ist. Erfahrungsgeleitet-subjektivierendes Arbeitshandeln ist prädestiniert für einen Umgang mit Ungewissheit und stellt somit eine wichtige Kompetenz zur Innovationsfähigkeit dar.

Untersuchungen von älteren technischen Fachkräften über 50 Jahren zeigen, dass diese Personengruppe in ausgeprägtem Maße und auf spezifische Weise erfahrungsgeleitet-subjektivierend handelt und somit über diese wichtige Innovationskompetenz verfügt.

Der Beitrag stellt dies in vier Handlungsdimensionen dar: dem dialogisch-explorativen Vorgehen, dem assoziativ-bildhaften Denken, der empfindend-spürenden Wahrnehmung sowie der Verbundenheit mit der Umwelt. Darüber hinaus wird deutlich, dass die älteren Beschäftigten nicht nur im konkret materiellen Gegenstandsbezug erfahrungsgeleitet-subjektivierend handeln, sondern diese Handlungskompetenz auch auf die virtuelle und imaginative Ebene zu übertragen wissen, was gerade im Hinblick auf Entwicklungs- und Innovationsarbeit entscheidend ist. Dabei entsteht der paradoxe Effekt, dass das erfahrungsgeleitet-subjektivierende Arbeitshandeln umso weniger unmittelbar sichtbar ist, je umfassender es stattfindet und erforderlich ist. Die Untersuchung von Heidling et al. macht dies sichtbar und weist damit ältere technische Fachkräfte als Innovationsträger aus, denen neben der Innovationsarbeit auch die Aufgabe obliegt, das „Gespür" für erfahrungsgeleitet-subjektivierendes Handeln an jüngere Kollegen zu vermitteln und weiterzugeben. Da dies nur im konkreten Arbeitsprozess und nicht durch formale Bildung erworben werden kann, sind altersheterogene Teams eine wichtige Voraussetzung für diesen informellen Lernprozess.

2.1   Arbeitgeberattraktivität im demografischen Wandel - Entwicklungspotenziale und Handlungsfelder

Arne Brand, Bernd Lachmann, André Schubert

2.1.1   Ausgangslage

Innovationsfähigkeit ist auf den von hoher Dynamik und immer kürzeren Produktlebens-zyklen geprägten Märkten ein zunehmend bedeutender Faktor für die Erzielung von Wett-bewerbsvorteilen. Die Innovationsfähigkeit eines Unternehmens hängt dabei maßgeblich vom Know-how sowie der Kreativität seiner Beschäftigten ab. Im intensiver werdenden Wettbewerb um diese qualifizierten Fachkräfte ist es daher wichtig, sich aktiv und authen-tisch als attraktiver Arbeitgeber zu positionieren.

Bis zum Jahr 2025 wird sich das Arbeitskräftepotenzial jedoch um ca. 6,5 Millionen Personen auf dann nur noch 38,1 Millionen reduzieren (Bundesagentur für Arbeit, 2010: 7). Der sogenannte „war of talent" wird somit zunehmend zu einem war „for talent", da einem hohen Bedarf an Fachkräften eine abnehmende Zahl von Arbeitskräften gegenüber-steht. Die Profilierung als attraktiver Arbeitgeber gewinnt daher an Bedeutung. Unterneh-men stehen vor der Herausforderung, nicht nur für potenzielle Bewerber/-innen interes-sant zu sein, sondern auch die aktuelle Belegschaft an sich zu binden.

Die Bedeutung des Themas wird auch dadurch deutlich, dass die Anzahl der Arbeit-geberattraktivitätssiegel für Unternehmen sprunghaft gewachsen ist. Im November 2012 gab es 15 Anbieter mit insgesamt 21 Siegeln, im Mai 2013 waren es bereits 66 Anbieter mit 106 Siegeln (Mandl, 2013). Dieser Anstieg verdeutlicht, dass die Nachfrage nach diesen Auszeichnungen hoch ist – was wiederum dafür spricht, dass das Thema zunehmend von den Unternehmen wahrgenommen wird. Dieser Zuwachs an Siegeln und Zertifikaten zur Arbeitgeberattraktivität bringt jedoch auch ein großes Problem mit sich: Die inflationäre Vergabe führt zu einem hohen Wertverlust von Auszeichnungen dieser Art – ein Allein-stellungsmerkmal stellen sie für Unternehmen schon lange nicht mehr dar. Gleichzeitig erfahren Internetplattformen wie *Kununu*[1] oder *bizzwatch*[2] große Aufmerksamkeit: zum einen durch aktuelle oder ehemalige Beschäftigte, die auf diesen Plattformen ihre (ehe-maligen) Arbeitgeber bewerten. Aber auch durch potenzielle Bewerber, die sich vorab auf diesem Weg ein möglichst ungefiltertes Bild ihres potenziellen Arbeitsgebers einholen. Diese Entwicklungen stellen Unternehmen vor eine wesentliche Herausforderung: Bei der Personalrekrutierung allein auf die Maßnahmen seiner (Personal-)Marketingabteilung zu vertrauen oder sich mit Siegeln zu „schmücken" reicht nicht mehr aus. Durch den Aus-tausch über das Internet kann jedes Unternehmen mit seinen spezifischen Merkmalen der Arbeitgeberattraktivität transparent und für nahezu jeden sichtbar gemacht werden. Es

---

[1]   Online erreichbar unter: www.kununu.de
[2]   Online erreichbar unter: www.bizzwatch.de

zeigt sich, dass es nicht reicht, sich als Arbeitgeber zu vermarkten, sondern dass es auch gilt, die vermarkteten Eigenschaften wirklich zu leben.

Begriffe wie „Employer Branding" gehören vor diesem Hintergrund in vielen Unternehmen zwar zum gern genutzten Vokabular. Vielfach sind diese jedoch nicht mit unternehmensspezifischen Inhalten oder strategischen Prozessen hinterlegt. Die Positionierung als Arbeitgeber ist für viele Unternehmen ein Prozess, der zum einen von Passivität geprägt und zum anderen von Marketinggedanken getrieben wird. Oftmals fehlt der selbstkritische Blick in das eigene Unternehmen. Dabei ist es bei den zuvor beschriebenen Rahmenbedingungen von großer Bedeutung, das eigene Profil als Arbeitgeber zu kennen und bewusst zu steuern und die Außendarstellung des Unternehmens aktiv zu gestalten. Dafür stehen im Fokus der Aktivitäten des Unternehmens die folgenden Handlungsstränge:

1. Die Stärken stärken
    In einem umkämpften Arbeitsmarkt ist es wichtig, authentisch zu sein und keine „falschen Versprechungen" zu machen. Nur wer seine Stärken kennt, kann diese auch bewusst weiter ausbauen und entsprechend authentisch nach außen kommunizieren.
2. Die Schwächen schwächen
    Unternehmen müssen auch die eigenen Schwächen kennen. Nur so kann vermieden werden, potenziellen Bewerbern nicht erfüllbare Zusicherungen zu machen. Zudem dient die Identifikation der eigenen Schwächen als Grundlage für gezielte Optimierungsprozesse.

Insbesondere folgende Fragen sind vor diesem Hintergrund für Unternehmen von Bedeutung, um die eigene Positionierung als attraktiver Arbeitgeber analysieren zu können:

*   Was macht uns als Arbeitgeber attraktiv? Und was macht uns unattraktiv?
*   Was kann unser Unternehmen den Beschäftigten an Angeboten bieten?
*   Warum sollten (Fach-)Arbeitskräfte gerade in unserem Unternehmen eine Stelle annehmen bzw. eine Stelle beibehalten?
*   Wie können wir uns als attraktiver Arbeitgeber verbessern?

Oftmals liegen den Unternehmen bereits Instrumente oder auch Daten vor, um diese Informationen über das eigene Profil als Arbeitgeber zu erhalten. Dazugehören z. B. turnusmäßige Mitarbeiterbefragungen, Mitarbeitergespräche, Interviews mit Führungskräften oder die Auswertung von Fluktuationsquoten und Austrittsgesprächen. Auch offene und frei zugängliche Online-Bewertungs-plattformen wie *Kununu* können Hinweise auf Stärken und Schwächen aus Sicht der (ehemaligen) Beschäftigten und BewerberInnen geben. Diese Instrumente werden dabei von den Unternehmen nur unzureichend und oftmals nicht strukturiert genutzt, zumal dies auch mit zum Teil hohem personellen und zeitlichen Aufwand verbunden ist. Zudem bieten diese Instrumente oftmals nur einen unzureichenden Einblick in das eigene Profil als Arbeitgeber. Auf der einen Seite können beispielsweise

Mitarbeiterbefragungen zwar unterschiedliche Aspekte der Arbeitgeberattraktivität eines Unternehmens offenlegen, es fehlt dabei jedoch die qualitative Vertiefung in den Themenfeldern, welche nötig ist, um z. B. gezielte Handlungsmaßnahmen für das Unternehmen abzuleiten zu können. Auf der anderen Seite wird das Thema Arbeitgeberattraktivität zwar häufig auch qualitativ besprochen (z. B. im Rahmen von Mitarbeitergesprächen), jedoch nicht strukturiert dokumentiert und aufbereitet.

Fest steht: Der Auftakt für die Entwicklung einer Arbeitgeberpositionierung ist die Analyse der Situation im eigenen Unternehmen. Um authentische und belastbare Antworten auf die o. g. Fragestellungen zu erhalten, ist eine Beteiligung der Beschäftigten, d. h. der MitarbeiterInnen und der Führungskräfte, aber unbedingt notwendig.

2.1.2 Eingesetzte Methodik und Umsetzung

An dieser Stelle setzt das AGA^3-Konzept an, das bereits erfolgreich erprobt wurde und sich als Instrument zur Identifikation der Potenziale als attraktiver Arbeitgeber bewährt hat. Dieses kombiniert systematisch quantitative mit qualitativen Methoden und bietet einen effizienten Weg zur Identifikation der unternehmerischen Attraktivitätsmerkmale. AGA^3 hat zum Ziel,

- die eigenen Stärken als Arbeitgeber herauszuarbeiten und zu untermauern,
- eventuelle Schwächen und die Ursachen dafür zu erkennen,
- konkrete Handlungsempfehlungen zur Entwicklung der Arbeitgeberattraktivität abzuleiten,

Tab. 2.1 Die Stufen des AGA^3-Verfahrens

1. Analyse
– Analyseworkshops mit MitarbeiterInnen und Führungskräften
– Fragebogen zur aktuellen Arbeitssituation und -zufriedenheit, der direkt in den Workshops ausgewertet wird
– Identifikation von Gründen, Ursachen und Hintergründen für die identifizierten Stärken und Schwächen in Kleingruppen
2. Handlungsfelder definieren
– Durchführung von Zusammenführungsworkshops, gemeinsam mit MitarbeiterInnen und Führungskräften
– Schaffung von Transparenz und gegenseitigem Verständnis
– Entwicklung von Maßnahmen zur Ausschöpfung von Potenzialen bei der Arbeitgeberattraktivität
3. Maßnahmen umsetzen
– Vorstellung der Ergebnisse vor der Unternehmensleitung
– Priorisierung der Maßnahmen und Fixierung in einem Handlungsplan
– Umsetzung im Unternehmen

- dabei die unterschiedlichen Lebens- und Berufsphasen der Beschäftigten zu berücksichtigen (Brand et al., 2013, S. 648).

Das Verfahren setzt explizit dabei auf die Einbindung von MitarbeiterInnen sowie Führungskräften und wird in drei Schritten durchgeführt (siehe Tabelle 2.1), die im folgenden
Abschnitt näher erläutert werden. Gleichzeitig bietet AGA[3] den Unternehmen zahlreiche
Vorteile. So ist das Verfahren aufgrund seiner Gestaltung für Unternehmen schnell und
einfach umzusetzen. Zudem ist AGA[3] durch seine Konzeption und die Zielsetzung nicht
nur analyse-, sondern auch handlungsorientiert. Die Partizipation der Beschäftigten führt
dabei zu praxisnahen und im Unternehmen tragfähigen Ergebnissen und Lösungen. AGA[3]
bietet sich dabei insbesondere für KMUs an, wurde jedoch auch schon in größeren Unternehmen erfolgreich umgesetzt.

2.1.2.1   Analyse

Zu Beginn des Prozesses stehen die Identifikation und Analyse der Attraktivitätsmerkmale
des Unternehmens. Hierzu werden Analyseworkshops durchgeführt, die die Möglichkeit
bieten, Stärken und Schwächen der Arbeitgeberattraktivität des Unternehmens und auch
deren qualitative Hintergründe und Ursachen zu erarbeiten, um eine belastbare Grundlage für konkrete Handlungsmaßnahmen zur Verfügung zu haben.

Die Analyseworkshops werden nach MitarbeiterInnen und Führungskräften getrennt
durchgeführt.[3] Die Trennung ist für das Konzept notwendig und sinnvoll: Zum einen können so unterschiedliche Perspektiven identifiziert und hinterfragt werden. Zum anderen
haben die Beschäftigten so die Möglichkeit, sich zunächst einmal frei – sprich ohne die
direkten Vorgesetzten – äußern zu können. Die Zusammensetzung der Teilnehmenden
in den einzelnen jeweiligen Workshops erfolgt entsprechend der Zusammensetzung der
Belegschaft, um nach Möglichkeit die Bedürfnisse, Anforderungen und Meinungen der
unterschiedlichen Belegschaftsgruppen (z. B. nach Geschlecht, Alter, Betriebszugehörigkeit) zu berücksichtigen. Im Idealfall liegt den Unternehmen hierfür eine Altersstrukturanalyse vor.

Zu Beginn der Analyseworkshops erfolgt ein kompakter theoretischer „Input" zu den
Grundlagen der Arbeitgeberattraktivität und der lebensphasenorientierten Personalpolitik, um die Teilnehmenden für das Thema zu sensibilisieren und den Blick für die folgende
Workshoparbeit zu schärfen. Insbesondere die unterschiedlichen Lebens- und Berufsphasen werden dabei erläutert und als Grundlage für die spätere Workshoparbeit hervorgehoben (s. Abb. 2.1).

Im Arbeitsteil der Workshops beantworten die TeilnehmerInnen zunächst einen Fragebogen zur aktuellen Arbeitssituation und -zufriedenheit, der direkt im Workshop ausgewertet wird. Dieser ist an die Befragung aus dem „Cockpit Arbeitgeber Attraktivität" der
Bertelsmann Stiftung angelehnt, das bereits im Jahr 2004 entwickelt wurde (Bertelsmann

---

[3]   Die Workshopgröße sollte aus didaktischen Gründen nicht mehr als 15 Personen überschreiten.

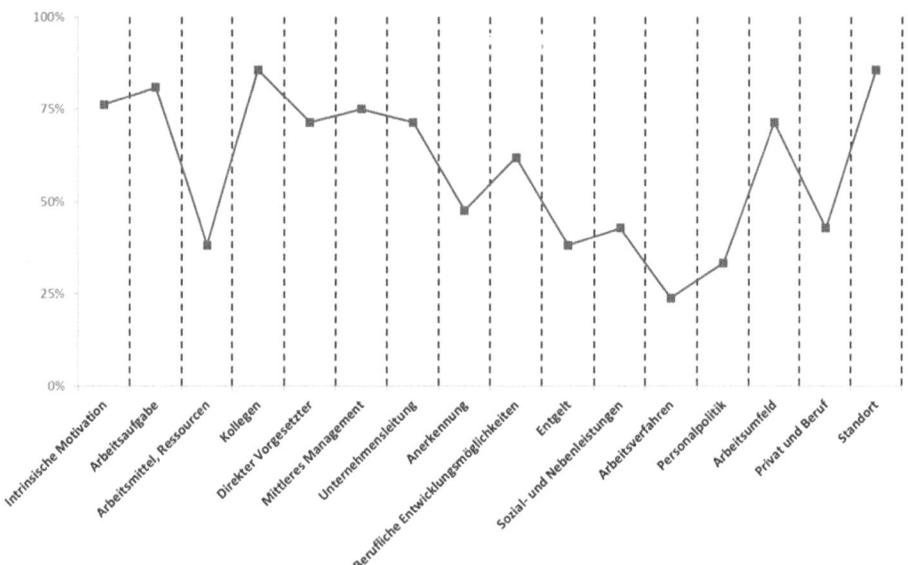

Abb. 2.1 Beispielhafte Befragungsergebnisse aus den Analyseworkshops

Stiftung, 2005: 53 ff.).[4] Der Fragebogen umfasst 50 Fragen, deren Auswertung anhand von 16 Dimensionen wie z. B. „Arbeitsaufgabe", „Berufliche Entwicklungsmöglichkeiten" oder „Personalpolitik" erfolgt. Die Ergebnisse werden visuell leicht erfassbar in einem Liniendiagramm dargestellt (siehe Abbildung 2.1). Die Befragung bietet somit die Möglichkeit, einen ersten umfassenden Blick auf die Stärken und Schwächen des Unternehmens als Arbeitgeber zu werfen.

Anschließend werden die Ergebnisse der Auswertung im Plenum vorgestellt und mit den TeilnehmerInnen diskutiert. Dabei werden zunächst zwei wesentliche Ziele erreicht: Dabei wird neben der Identifikation besonders signifikanter Stärken und Schwächen auch die Schaffung eines gemeinsamen Verständnisses der Dimensionen und Konsens hinsichtlich der Ergebnisse erreicht.

Anschließend erfolgt eine Bearbeitung der relevanten Themenfelder. Dazu wird den Teilnehmer/-innen ein Leitfaden an die Hand gegeben, anhand dessen

* Gründe und Ursachen für die negativ oder positiv ausgeprägten Dimensionen identifiziert werden,

---

[4] Der Fragebogen wurde hinsichtlich Verständlichkeit in einigen Punkten angepasst.

[5] Anonymisiertes Beispiel, zusammengefasste Ergebnisse aus den Analyseworkshops mit MitarbeiterInnen und Führungskräften.

Tab. 2.2 Moderationsfragen für die Plenumsdiskussion und Kleingruppenarbeit

Moderationsfragen für die Plenumsdiskussion	– Wie schätzen Sie die Ergebnisse ein? – Haben Sie mit diesen Ergebnissen gerechnet? – Was hat Sie besonders überrascht und warum? – Warum schneiden die Dimensionen so gut/schlecht ab?
Leitfragen für die Kleingruppenarbeit	– Was sind die Ursachen und Hintergründe für die beschriebenen Schwächen? – Gibt es praktische Beispiele, mit denen man die Stärken oder Schwächen belegen kann? – Welchen Einfluss haben unterschiedliche Lebens- und Berufsphasen auf die Themenfelder? – Gibt es bereits erste Handlungsempfehlungen, wie mögliche Schwächen abgemildert werden können?

- betriebliche Hintergründe berücksichtigt und mögliche Praxisbeispiele erarbeitet werden und
- ein möglicher Einfluss der einzelnen Lebens- und Berufsphasen bedacht wird (siehe Tabelle 2.2).

Dabei können auch erste Lösungsansätze oder -ideen erarbeitet werden und mit in die Ergebnisse einfließen. Die abschließende Strukturierung und Darstellung der Ergebnisse liegen in der Verantwortung der Gruppen. Anschließend erfolgt eine Vorstellung der Ergebnisse vor dem Plenum durch Vertreter der Kleingruppen. Dabei werden auftretende Fragen diskutiert und die ermittelten Ergebnisse nach Bedarf noch durch Anmerkungen der anderen TeilnehmerInnen ergänzt.

2.1.2.2   Handlungsfelder definieren

Die Ergebnisse der Analyseworkshops werden zunächst für den weiteren Prozess konsolidiert. Dies erfolgt durch die Workshopleitung, wobei bei der Analyse folgende Einflussfaktoren berücksichtigt werden: unterschiedliche Perspektiven von MitarbeiterInnen und Führungskräften, Betrieblicher Hintergrund und Einfluss unterschiedlicher Lebens- und Berufsphasen.

Auf dieser Basis werden zentrale Themenfelder[6] identifiziert, die für das Unternehmen im Rahmen der Arbeitgeberattraktivität von herausragender Bedeutung sind. Diese lassen sich dabei in zwei unterschiedliche Cluster (Stärken und Schwächen) unterteilen. Diese Ergebnisse dienen als Grundlage für den Zusammenführungsworkshop. Dieser findet unter der Beteiligung einer Auswahl der MitarbeiterInnen als auch der Führungskräfte statt, die bereits an den Analyseworkshops teilgenommen haben. Die Auswahl erfolgt

---

[6]   In Anlehnung an die Dimensionen des „Cockpits Arbeitgeber Attraktivität" der Bertelsmann Stiftung (Bertelsmann Stiftung, 2005:53 ff.).

durch die Teilnehmenden selbst, zum Beispiel per Wahlverfahren. Im Fokus stehen dabei die Schwächen des Unternehmens, für die im Rahmen des Workshops Instrumente und Maßnahmen entwickelt werden. Mit diesen sollen Unternehmen befähigt werden, gegenwirken zu können und sich als attraktiver Arbeitgeber besser positionieren zu können.[7]

Im Zusammenführungsworkshop werden die aufbereiteten Ergebnisse dabei zunächst präsentiert und auf neutraler Ebene verglichen, um neben der Herstellung eines gemeinsamen Informationsstands auch Transparenz und ein gegenseitiges Verständnis zu schaffen. Dafür wird am Anfang des Workshops ausreichend Raum für Diskussionen im Plenum gegeben, um alle offenen Fragen und eventuelle Missverständnisse klären zu können. Anschließend erfolgt eine Phase strukturierter Kleingruppenarbeit. Die Zusammensetzung der Kleingruppen sollte dabei heterogen erfolgen (also nach MitarbeiterInnen und Führungskräften, Abteilungen, Standorten etc.). Dabei wird den Gruppen ein vorbereiterer Leitfaden zur Verfügung gestellt, anhand dessen Maßnahmen erarbeitet werden, mit denen bei den identifizierten Schwächen Verbesserungspotenziale genutzt werden sollen. Bei der Maßnahmenerarbeitung werden Gründe, Ziele, mögliche Umsetzungsstrategien, Einfluss von Lebens- sowie Berufsphasen und weitere Rahmenbedingungen berücksichtigt (siehe Tabelle 2.3).

Bei der Planung der Zusammenführungsworkshops muss jedoch berücksichtigt werden, dass sich das konkrete Vorgehen in den Workshops dabei in hohem Maße an den im ersten Schritt erarbeiteten Ergebnissen orientiert und daher je nach Unternehmen bzw. Ausgangslage differieren kann. Inwieweit die Methode gegebenenfalls angepasst werden muss, hängt im Wesentlichen von folgenden Faktoren ab:

- *Quantität* der Ergebnisse der Analysephase
  Je nach Anzahl der zentralen Dimensionen bzw. Themenfelder ist z. B. zu prüfen, ob eine Kleingruppenarbeit möglich ist oder ob eine Diskussion im Plenum sinnvoll ist. Zudem können die Größen der Kleingruppen und/oder die zur Verfügung stehende Zeit für die jeweiligen Themenfelder variieren, worauf ggf. methodisch reagiert werden muss.
- *Qualität* der Ergebnisse der Analysephase
  Die Tiefe der in der Analysephase erzielten Ergebnisse ist von Bedeutung für die Methodik in den Zusammenführungsworkshops. Ob in der Analysephase nur Ursachen und Hintergründe oder auch schon erste, eventuell bereits konkreter formulierte Lösungsansätze erarbeitet wurden, hat Einfluss auf die Anschlussfähigkeit und die Ansatzpunkte in der Gruppenarbeit.

2.1.2.3 Maßnahmen umsetzen

Die Ergebnisse der ersten beiden Schritte (Analyse, Handlungsfelder definieren) werden aufbereitet und vor der Unternehmensführung präsentiert. Die in den Zusammenführungsworkshops erarbeiteten Maßnahmen werden abschließend gemeinsam diskutiert.

---

[7] Die Stärken werden anhand der Ergebnisse der Analyseworkshops dokumentiert und können im Folgenden von den Unternehmen z. B. für die Entwicklung oder Verbesserung der Arbeitgebermarke genutzt werden.

Tab. 2.3 Leitfaden für die Erarbeitung von konkreten Handlungsmaßnahmen

Notwendigkeit	Warum ist die Maßnahme notwendig? Wie kann man die Ursachen für die Maßnahme beschreiben?
Konkretes Ziel	Was soll mit der Maßnahme ganz konkret erreicht werden?
Umsetzung	Wie soll die Maßnahme konkret praktisch umgesetzt werden? Was könnten die ersten Schritte dabei sein? Welche Konzepte, Methoden etc. könnten dabei zur Anwendung kommen?
Aufwand & Ressourcen	Welche Ressourcen (Geld, Zeit etc.) sind notwendig? Welche Personen müssen bei der Umsetzung eingebunden werden?
Zielgruppe	Welche Mitarbeitergruppen sollen mit der Maßnahme erreicht werden? Kann man hier z. B. nach Lebensphasen, Alter oder Unternehmensbereich unterscheiden?
Probleme & Herausforderungen	Wo könnten mögliche Probleme bei der Umsetzung der Maßnahme entstehen? → Was können mögliche Engpässe sein?
Unterstützung/ Partizipation	Wie können und wollen sich die Beschäftigten bei der Umsetzung einbringen/mithelfen?

Ziel ist es dabei, einen verbindlichen Maßnahmenplan zu fixieren. Bei der Priorisierung wird dabei auch ein für AGA[3] entwickeltes Instrument eingesetzt, das sich an der Methode der Nutzwert-Analyse orientiert. Mit diesem können die Maßnahmen anhand der betrieblichen Priorität, des durch sie erzielten Nutzens sowie der durch sie gebundenen Ressourcen bewertet werden (siehe Tabelle 2.4).

Der so entstehende Handlungsplan sollte als verbindlich angesehen werden und auch entsprechend an die Beschäftigten kommuniziert werden. Die Umsetzung der einzelnen Maßnahmen muss durch die Unternehmensleitung unterstützt werden, um Erfolg und Verankerung im Unternehmen zu gewährleisten. Es sollte unbedingt darauf geachtet werden, dass die Umsetzung der ersten Maßnahmen innerhalb von drei bis sechs Monaten nach Beendigung des Workshops erfolgt. Dies ist insbesondere ratsam, um den durch die Workshops entstandenen positiven Impuls nicht zu verlieren oder sogar ins Gegenteil umzukehren. Bei längerer Verzögerung werden die umgesetzten Maßnahmen von den Beschäftigten gegebenenfalls nicht mehr mit den durchgeführten Workshops in Verbindung gebracht. Dadurch kann der Eindruck entstehen, dass die in den Workshops erarbeiteten Ergebnisse bei der Unternehmensleitung keine Akzeptanz gefunden haben und die erarbeiteten Handlungsempfehlungen nicht umgesetzt worden sind.

2.1.3   Umsetzung der Workshopreihe bei der KIND Hörgeräte GmbH & Co. KG

2.1.3.1   Unternehmen und betriebliche Ausgangslage

Die KIND Hörgeräte GmbH & Co. KG ist eines der führenden Unternehmen für Hörgeräte-Akustik in Deutschland. Das Unternehmen ist seit seiner Gründung im Jahr 1952 in

Tab. 2.4 Methode zur Priorisierung von Handlungsempfehlungen und Maßnahmen

Priorität	Wie hoch ist die Dringlichkeit, eine Maßnahme umzusetzen, z. B. aufgrund betrieblicher Gegebenheiten? Punkte: 1: Geringe Priorität 2: Mittlere Priorität 3: Hohe Priorität
Nutzen	Welcher Nutzen wird bei Umsetzung der Maßnahme erwartet? Wann wird dieser Nutzen wirksam werden? Punkte: 1: Geringer Nutzen 2: Mittlerer Nutzen 3: Hoher Nutzen
Aufwand & Umsetzbarkeit	Welche Ressourcen, sowohl finanziell als auch personell, sind für die Umsetzung der Maßnahme notwendig? Punkte: 1: Hoher Aufwand 2: Mittler Aufwand 3: Geringer Aufwand
Gesamtbewertung	Faktor der Punktwerte aller drei Bewertungsdimensionen. Ein höherer Punktwert deutet auf eine vorrangige Umsetzung der Maßnahme hin. Minimalpunkte 1 Maximalpunkte 27

Familienbesitz und wird aktuell durch die Geschäftsführer Martin Kind und Dr. Alexander Kind geleitet. KIND betreibt zurzeit mehr als 650 Geschäftsstellen, davon rund 550 in Deutschland. Das Unternehmen beschäftigt in 14 Ländern über 2.500 Mitarbeiterinnen und Mitarbeiter, davon etwa 300 in der Zentrale in Großburgwedel bei Hannover (KIND, 2014: 1 ff.). Das Unternehmen ist dabei gleichermaßen Produzent und Einzelhändler und setzt auf eine umfassende sowie kompetente Beratung der Kunden. Dafür bildet KIND Hörgeräte-Akustiker im großen Umfang aus, im Jahr 2012 war bei 2.000 MitarbeiterInnen in Deutschland etwa jeder vierte in einer Ausbildung. International lag die Ausbildungsquote im Jahr 2014 bei fast 20 % (KIND, 2014: 3). Den weitaus größten Teil machen dabei die Auszubildenden im Bereich Hörgeräte-Akustik aus.

KIND Hörgeräte verfolgt aktuell eine starke Expansionsstrategie. Bereits 2011 wurde das Ziel ausgegeben, bis zu 50 neue Geschäftsstellen im Jahr zu eröffnen (Telgheder, 2011). Im Rahmen dieser Strategie ist es für das Unternehmen zunehmend wichtiger, die benötigten Fachkräfte auf dem Arbeitsmarkt zu finden und gleichzeitig die Fluktuation im Unternehmen zu senken. Dies gilt insbesondere für das Finden und Binden von Auszubildenden, die bei einer so hohen Ausbildungsquote ein sehr wichtiger personeller Faktor sind. Zudem findet das Unternehmen Personen mit der notwendigen Qualifizierung oftmals nicht am Arbeitsmarkt und ist daher auf die eigene Ausbildung angewiesen. Vor diesem Hintergrund hat die KIND Hörgeräte GmbH & Co. KG bereits 2011 gemeinsam

mit weiteren Weltmarktführern den Verein ZUKUNFTINC. e. V. gegründet, um gebündelt
Maßnahmen im Personalmarketing durchführen zu können[8]. Der Verein sowie vier Mit-
gliedsunternehmen, darunter auch die KIND Hörgeräte GmbH & Co. KG, sind Projekt-
partner im Projekt InnoFaktor, in dessen Rahmen sich das Unternehmen für die Durchführung der im Projekt entwickelten Workshopreihe AGA[3] entschieden hat.

2.1.3.2   Vorbereitung und Durchführung der Analyseworkshops

Im Vorfeld der Workshopreihe wurden gemeinsam mit Personalverantwortlichen von
KIND und Vertretern des InnoFakor-Projektteams Vorgespräche geführt, um die Aus-
gangslage zu analysieren und die Ziele der Workshopreihe zu klären. Zudem wurden auf
Basis einer zuvor durchgeführten Altersstrukturanalyse[9] die Teilnehmerkreise und die
Organisation der Workshops besprochen. Insbesondere die Benennung der Teilnehmer-
kreise unterlag bei KIND besonderen Faktoren: Das Unternehmen ist durch einen hohen
Anteil an Auszubildenden geprägt und damit sehr jugendzentriert. Zudem arbeitet ein
großer Teil der Belegschaft außerhalb der Zentrale in den deutschlandweit vertretenen
Geschäftsstellen. Diesen Rahmenbedingungen wurde durch eine entsprechende Anzahl
an Auszubildenden in den Workshops und durch Teilnahme von Beschäftigten aus den
Geschäftsstellen Rechnung getragen.

Die Ankündigung der Workshopreihe wurde über die im Unternehmen gängigen
Kanäle (z. B. Intranet) vorgenommen. Die Einladung der Teilnehmenden erfolgte über
die Personalabteilung. Grundsätzlich wurden die Realisierung der Workshopreihe und
die aktive Beschäftigung mit dem Thema Arbeitgeberattraktivität bei den Beschäftigten
sehr positiv aufgenommen. Die Einbindung der Beschäftigten in den Workshops wurde
als Wertschätzung empfunden. Dies äußerte sich auch in den Workshops selber durch
die sehr offene und gleichzeitig auch engagierte sowie konstruktive Mitarbeit der TeilnehmerInnen, die sehr dazu beigetragen haben, dass belastbare und gut verwertbare Ergebnisse erzielt wurden.

Die Workshops fanden unter Teilnahme von homogenen Gruppen von jeweils 14 MitarbeiterInnen bzw. acht Führungskräften statt, die dabei die Personalstruktur des Unternehmens repräsentieren. Auffallend dabei war die zum großen Teil hohe Deckungsgleich-
heit bei den Ergebnissen der beiden Workshops (siehe Tabelle 2.5).

Unterschiedlich betrachtet wurde der Aspekt der Vereinbarkeit von Privat- und Berufsleben. Diese wurde seitens der MitarbeiterInnen insgesamt sehr positiv eingestuft, was vor
allem an Lage und Verteilung der Arbeitszeit (insbesondere in den Geschäftsstellen) fest-
gemacht wurde. Die Führungskräfte beurteilten die Vereinbarkeit von Beruf und Familie
deutlich negativer, betonten jedoch, dass dies im engen Zusammenhang mit ihrer Rolle als
Führungskraft steht und daher wenig zu beeinflussen ist.

---

[8]   Siehe hierzu auch: www.zukunft-inc.de

[9]   Die Altersstrukturanalyse wurde im Rahmen der im Projekt InnoFaktor entwickelten und durch-
      geführten „Innovationsanalyse Demographie" erstellt.

Tab. 2.5 Ergebnisse der Analyseworkshops bei KIND Hörgeräte[10]

	Workshop MitarbeiterInnen	Workshop Führungskräfte
Positiv	– Kollegen	– Kollegen
	– Intrinsische Motivation	– Intrinsische Motivation
	– Arbeitsaufgabe	– Arbeitsaufgabe
	– Privat und Beruf	– Standort
Negativ	– Kommunikation	– Kommunikation
	– Anerkennung	– Anerkennung
	– Sozial- und Nebenleistungen	– Sozial- und Nebenleistungen
		– Privat und Beruf
		– Arbeitsverfahren

Verbesserungsbedarf wurde bei den Punkten Kommunikation und Anerkennung gesehen. In diesem Zusammenhang wurden insbesondere bei der Kommunikations- und Feedbackkultur Verbesserungspotenziale identifiziert. Unter anderem bedingt durch die dezentrale Struktur mit den Geschäftsstellen fühlen sich die MitarbeiterInnen zudem insgesamt zu wenig über die (strategische) Ausrichtung, Entwicklung und Ziele des Unternehmens informiert. Als erste Lösungsstrategie wurde hier bereits die Einführung von Mitarbeitergesprächen genannt.

Ebenfalls eher negativ bewertet wurde der Aspekt Sozial- und Nebenleistungen. Hier wurde in der Diskussion jedoch deutlich, dass KIND Hörgeräte zwar über umfangreiche Angebote diesbezüglich verfügt, die Bandbreite mit den Führungskräften jedoch nicht transparent kommuniziert wurde. Diese Wissenslücke der Führungskräfte setzt sich dann entsprechend bei den MitarbeiterInnen fort.

Besonders positiv hervorgehoben wurde sowohl von MitarbeiterInnen als auch von Führungskräften die intrinsische Motivation. Die Arbeitsaufgabe steht hiermit in engem Zusammenhang – die Beratung und der Verkauf von Hörgeräten wurde durchgehend als sinnstiftend und erfüllend eingestuft. Weiterhin wurden sowohl von MitarbeiterInnen als auch von Führungskräften der außerordentlich gute Kollegenzusammenhalt und die Zusammenarbeit im Team gelobt.

In beiden Workshops wurde abschließend neben der grundsätzlichen Partizipation am Prozess vor allem die Einbindung aller Fachbereiche und der Geschäftsstellen als zielführend betont. Zudem wurden durch die Workshops der Austausch, die Transparenz und das Verständnis zwischen der Zentrale, den Geschäftsstellen und der Fertigung erhöht und verbessert. Die Workshops sind außerdem als vertrauensschaffend und motivierend bewertet worden.

---

[10] Auszug

2.1.3.3   Aufbereitung der Ergebnisse und Zusammenführungsworkshop

Im Nachgang zu den Analyseworkshops wurden die Ergebnisse systematisch ausgewertet und für die Analyseworkshops aufbereitet. Dabei wurden insbesondere die folgenden zentralen Themenfelder identifiziert:

- MitarbeiterInnen zu Fans machen
- Transparenz und Informationspolitik
- Wertschätzung und Anerkennung

Getreu den vorgestellten Handlungssträngen „die Stärken stärken" und „die Schwächen schwächen" sollen im Themenfeld „MitarbeiterInnen zu Fans machen" dabei insbesondere die Stärken von KIND weiter ausgebaut bzw. stärker genutzt werden. Dagegen stehen die beiden anderen Themen „Transparenz und Informationspolitik" sowie „Wertschätzung und Anerkennung" und konkrete interne Verbesserungsprozesse im Fokus, um die identifizierten Schwächen zu minimieren.

Der Zusammenführungsworkshop fand etwa drei Wochen nach den Analyseworkshops in einer gemischten Gruppe mit 17 MitarbeiterInnen und Führungskräften statt, die bereits an den ersten Workshops teilgenommen hatten. Zu Beginn wurden die drei oben genannten Themenfelder diskutiert. Besonders bezüglich der Themenfelder „Transparenz und Informationspolitik" und „Wertschätzung und Anerkennung" herrschte seitens der beiden Gruppen Konsens, da hier hoher Handlungsbedarf vorliegt. In den Gruppenarbeiten wurden dabei für diese unter anderem in den in Tabelle 2.6 dargestellten Maßnahmenvorschläge entwickelt.

Bereits bei der Vorstellung und Diskussion der Kleingruppenergebnisse stellten die Teilnehmer/-innen fest, dass viele der vorgestellten Problemstellungen und -lösungen „Querschnittscharakter" haben, also mehrere Themenfelder abdecken (z. B. Wertschätzung und Kommunikation). Der Eindruck, dass die Führungskräfte und die MitarbeiterInnen dabei mit ihren Erwartungen und Anforderungen letztendlich sehr nah beieinander liegen, hatte sowohl einen kommunikationsförderlichen als auch sinnstiftenden Aspekt.

Aus Sicht der Teilnehmenden wurde die Workshopreihe abschließend positiv sowie als sinnvoll bewertet und die Durchführung als positives Zeichen seitens des Unternehmens

Tab. 2.6 Ergebnisse der Kleingruppenarbeit in dem Zusammenführungsworkshop

Maßnahmenvorschlag	Ziel
Mitarbeitergespräche	MitarbeiterInnen gezielt *fordern und fördern*; hierfür Richtlinien und Transparenz schaffen
Kommunikations- und Wertschätzungstraining für Vorgesetzte	Bewusstsein für das Thema bei Zielgruppe schaffen & schärfen
Führungskräfteentwicklung	Von Fachkräften zu Führungskräften entwickeln

wahrgenommen. Ebenfalls positiv zu bewerten ist der Umstand, dass einige Teilnehmenden starkes Interesse an der Mitwirkung in themenspezifischen Projektgruppen geäußert
haben.

2.1.3.4 Follow Up und Betrieblicher Handlungsplan

Anhand der Ergebnisse der Workshopreihe AGA wurde durch KIND eine Priorisierung
der erarbeiten Maßnahmen vorgenommen. Als zentraler Handlungsbedarf wurde die Einführung von Mitarbeitergesprächen identifiziert. Diese hatten bereits in den Workshops
eine besondere Relevanz und bieten die Möglichkeit, mehreren identifizierten Schwächen
und Herausforderungen zu begegnen. Zum einen können durch den regelmäßigen Austausch von Führungskraft und MitarbeiterInnen der Informationsfluss und die Transparenz erhöht werden, zum anderen bietet das Gespräch eine geeignete Plattform für die
Themen Wertschätzung und Anerkennung. Durch die Besonderheiten der Altersstruktur
(jugendzentriert, stark ausbildungslastig) sollten die Mitarbeitergespräche auch die persönliche Situation der Beschäftigten berücksichtigen und gegebenenfalls Veränderungsbe-
darf und -anforderungen im Unternehmen und bei den Beschäftigten aufzeigen, die sich
aus der demografischen Entwicklung ergeben.

Durch die Durchführung der Workshops konnte die KIND Hörgeräte GmbH & Co. KG
zudem die eigenen Stärken als Arbeitgeber (z. B. starker Teamzusammenhalt, hohe Sinn-
haftigkeit der Arbeit) identifizieren, inhaltlich hinterlegen und für sich nutzbar machen.

Da der partizipative Ansatz der Workshopreihe von den Teilnehmenden begrüßt
wurde und um den eingeschlagenen Weg weiterzugehen, wurde für die Erarbeitung von
Leistungskriterien ebenfalls ein beteiligungsorientierter Ansatz gewählt und gemeinsam
mit den Führungskräften ein weiterer Workshop durchgeführt. Darüber hinaus sollen
Schulungen für Führungskräfte, insbesondere in den Themenfeldern Kommunikation und
Wertschätzung, stattfinden.

2.1.4 Fazit und Ausblick

Durch den immer stärker umkämpften Arbeitsmarkt wird es für Unternehmen zunehmend wichtiger, sich als attraktiver Arbeitgeber zu profilieren. Der Fokus der unternehmerischen Aktivitäten liegt dabei oft auf reinen Marketingaspekten, Arbeitgeberattraktivität ist jedoch mehr als reine Fassade. Ein intensiver Blick in das eigene Unternehmen ist
unabdingbar, um sich der spezifischen Merkmale als Arbeitgeber bewusst zu werden. Erst
das Wissen um die eigenen Stärken und Schwächen ist die notwendige Voraussetzung,
um die Arbeitgeberattraktivität eines Unternehmens aktiv zu gestalten und verbessern zu
können. Dabei stehen oftmals die Stärken im Fokus, jedoch sollten Unternehmen auch
die eigenen Schwächen kennen, um gezielt an diesen zu arbeiten – und um keine falschen
Versprechungen zu machen. Der Blick ins eigene Unternehmen ist somit der erste Schritt,
wobei eine Einbindung der Beschäftigten und Führungskräfte unbedingt erforderlich ist.
Hier setzt auch das AGA[3]-Konzept an, das bereits erfolgreich erprobt wurde und sich als
Instrument zur Identifikation der Potenziale als attraktiver Arbeitgeber bewährt hat.

Die Ergebnisqualität der Workshops ist dabei in der Regel sehr hoch, differenziert aber auch nach Unternehmen und Verlauf der Workshops. Neben einem umfangreichen hinterlegten Profil als Arbeitgeber werden auch konkrete Maßnahmen zur Verbesserung der Arbeitgeberattraktivität erarbeitet. Zudem werden oft bereits Verantwortlichkeiten und Terminierungen in einem Handlungsplan definiert. Die Resonanz auf die Workshopreihe seitens der Beschäftigten ist bisher durchweg gut. Die Partizipation an den Prozessen, die gemeinsame Erarbeitung von Maßnahmen und Gestaltungslösungen und der bereichsübergreifende Austausch wurden dabei besonders hervorgehoben. Zudem wurde betont, dass die Beschäftigten im Rahmen der Workshopreihe für bereits vorhandene Attraktivitätsmerkmale sensibilisiert werden. Besonders kritisch hingegen wurden in der Regel die Nachhaltigkeit und die Verwertung der Ergebnisse gesehen. Hier steht die Unternehmensleitung nach Abschluss des Prozesses in der Verantwortung, insbesondere da der positive Effekt der Workshopreihe sonst in das Gegenteil umschlägt.

Insgesamt hat sich AGA[3] als ein sehr gutes Instrument erwiesen, um zum einen den aktuellen Status quo der Arbeitgeberattraktivität mit den Stärken und Schwächen in einem Unternehmen zu ermitteln, diesen jedoch auch qualitativ zu hinterlegen und zum anderen erste Maßnahmen zur Verbesserung von möglichen Schwächen zu erarbeiten. Damit bietet dieser Ansatz einen sehr guten Start in die proaktive Gestaltung einer authentischen Arbeitgebermarke.

Literaturverzeichnis Abschnitt 2.1

Bertelsmann Stiftung/Deutsche Gesellschaft für Personalführung e. V. (Hrsg.) (2005): *Cockpit Arbeitgeber-Attraktivität. Instrument zur Selbstanalyse und Gestaltung der Arbeitgeber-Attraktivität*, in Schriftenreihe der Deutschen Gesellschaft für Personalführung e. V., Bd. 79, 1. Auflage, Bielefeld: W. Bertelsmann.

Brand, Arne (2013): *Lebensphasenorientierte Personalpolitik als unternehmerischer Attraktivitätsvorteil im demografischen Wandel*. In: Gesellschaft für Arbeitswissenschaft e. V. (Hrsg.): Chancen durch Arbeits-, Produkt- und Systemgestaltung – Zukunftsfähigkeit für Produktions- und Dienstleistungsunternehmen, Bericht zum 59. Kongress der Gesellschaft für Arbeitswissenschaft, Dortmund, GfA Press, S. 647-650.

Bundesagentur für Arbeit (Hrsg.) (2011): *Perspektive 2025: Fachkräfte für Deutschland*. Online Unter: http://www.arbeitsagentur.de/web/content/ Perspektive-2025 [18.07.2014]

KIND Hörgeräte (2014): *Fact Sheet KIND Unternehmensgruppe*. Online unter: http://www.kind.com/fileadmin/kind/de/download/pressetexte/kind-fact-sheet.pdf [18.07.2014]

Mandl, Johanna (2013): *Der Arbeitgeber-Siegel Dschungel läßt uns nicht los*. Online unter: http://www.hans-und-renate.de/2013/05/der-arbeitgeber-siegel-dschungel-laesst-uns-nicht-los/ [18.07.2014]

Telgheder, Maike (2011): *Hörgeräte-Kette Kind plant starke Expansion*. Online unter: http://www.handelsblatt.com/unternehmen/mittelstand/50-geschaefte-pro-jahr-hoergeraete-kette-kind-plant-starke-expansion/4542378.html [18.07.2014].

2.2 Demografiefestes Personalmanagement – Arbeitsfähigkeit, Qualifizierung und alter(n)sgerechter Personaleinsatz

Kai Rosetti, André Schubert, Alexander Walter

2.2.1 Zur Notwendigkeit eines demografiefesten Personalmanagements

Der demografische Wandel ist eine der zentralen Entwicklungen, der sich sowohl Gesellschaft als auch Wirtschaft in Deutschland in den nächsten Jahrzehnten (weiterhin) zu stellen haben. Aus unternehmerischer Sicht sind vor allem der zu erwartende Rückgang des Erwerbspersonenpotenzials sowie die altersstrukturellen Verschiebungen innerhalb dieser Personengruppe bedeutsam: Das Statistische Bundesamt prognostiziert in der Altersgruppe der 20- bis 64-Jährigen bis zum Jahr 2030 einen sukzessiven Rückgang von 49,6 Millionen auf 42,1 Millionen Personen, was rund 15 Prozent entspricht (Statistisches Bundesamt, 2009: 17 ff.). Der Anteil der über 50-Jährigen wird sich im gleichen Zeitraum von 31,7 Prozent auf 37,5 Prozent erhöhen, und das obwohl die alternden Babyboomer in den nächsten zehn Jahren in überproportional großen Volumina aus dem Erwerbsleben ausscheiden werden.

Die skizzierten demografischen Entwicklungen stellen die Unternehmen vor große Herausforderungen: zum einen der zunehmende Wettbewerb um geeignete Fach- und Nachwuchskräfte, der in Abhängigkeit von Branche, Unternehmensgröße und Region eventuell schon mittelfristig für einige Betriebe einer existenziellen Bedeutung gleichkommt.

Zum anderen die Aufrechterhaltung der unternehmerischen Innovations- und damit Wettbewerbsfähigkeit vor dem Hintergrund anstehender Verrentungswellen und älter werdender Belegschaften. Dazu gehört neben dem möglichst langfristigen Erhalt der Beschäftigungsfähigkeit ein strategischer Umgang mit der Ressource „Wissen". Da Wissen in vielen Branchen zunehmend zum wichtigsten Produktionsfaktor wird, gilt es nicht nur, das verrentungsbedingt ausscheidende Erfahrungswissen rechtzeitig zu sichern und damit im Unternehmen zu halten, sondern auch lernförderliche Arbeitsumgebungen zu schaffen, um ein kontinuierliches Lernen aller Beschäftigten über das gesamte Erwerbsleben hinweg zu ermöglichen.

Als Konsequenz dieser Herausforderungen sind Unternehmen gut beraten, bereits heute Konzepte für ein umfassendes demografiefestes Personalmanagement zu entwickeln und umzusetzen. Ein demografiefestes Personalmanagement hat die gesamte Tätigkeitsdauer der Beschäftigten von der Rekrutierung bis zum Ausscheiden aus dem Unternehmen im Fokus. Beschäftigte werden dabei aktiv in ihren individuellen Lebensphasen (z. B. Elternschaft, Weiterbildung, Pflege etc.) unterstützt. Damit wird das Ziel verfolgt, die Beschäftigungsfähigkeit aller MitarbeiterInnen zu erhalten sowie die Motivation und Arbeitszufriedenheit zu fördern. Dazu gehört auch eine strategische interne

Berufswegeplanung, die die unterschiedlichen Qualifikationen und Kompetenzen der MitarbeiterInnen. Die Erarbeitung von Qualifizierungskonzepten und Entwicklungspfaden im Sinne der Aufstiegs-(vertikal), Umstiegs-(horizontal) und Erhaltsqualifizierung ist dabei ebenso von Bedeutung wie die systematische Erhöhung der Einsatzflexibilität der Beschäftigten zur Reduzierung einseitiger Arbeitsbelastungen und zur internen Deckung des steigenden Ersatzbedarfs.

2.2.2   Arbeitsfähigkeit bei gewerblicher Arbeit langfristig erhalten

Der langfristige Erhalt der Arbeitsfähigkeit – also die Fähigkeit der Beschäftigten, die ihnen gestellten Arbeitsaufgaben erfolgreich bewältigen zu können – stellt gerade bei gewerblich eingesetzten Beschäftigten eine große und komplexe Anforderung dar. Die Arbeitsfähigkeit einer Person wird in starkem Maße von den körperlichen und psychischen Belastungen beeinflusst, denen sie über das Arbeitsleben hinweg ausgesetzt ist.

Recht lange Zeit herrschte auch bei vielen Personalverantwortlichen ein defizitäres Bild vom Alter vor: Ältere Beschäftigte seien nicht im gleichen Maße produktiv, lern- und leistungsbereit wie ihre jüngeren Kollegen; zudem seien sie auch krankheitsanfälliger. Kurzum: Der Prozess des Alterns führe demnach zwangsläufig zu einem irreversiblen Verlust von psychischer und physischer Leistungsfähigkeit. Neuere Forschungsergebnisse zeigen hingegen, dass es diesen monokausalen Zusammenhang zwischen Lebensalter und Leistungsfähigkeit so nicht gibt (vgl. Maintz, 2002).

So zeigen u. a. Buck et al. (2002: 66 ff.), dass es stattdessen ein großes Bündel von beeinflussenden Faktoren gibt. Neben der privaten Lebensweise, der gesundheitlichen Grundkonstitution oder der Sozialisation sind auch die Arbeitsbelastung, die gestellten Leistungsanforderungen sowie die regelmäßigen Lernanregungen im Arbeitsumfeld bedeutsam (siehe Abbildung 2.2).

Unternehmen haben in den letzten zehn Jahren vermehrt versucht, die private Lebensführung ihrer Beschäftigten im Hinblick auf Gesundheitsorientierung positiv zu beeinflussen (z. B. durch subventionierte Mitgliedschaften in Fitnessstudios, Ernährungsberatung etc.). Da viele dieser Versuche – zumindest was die Breitenwirkung angeht – häufig als eher erfolglos einzustufen sind, sollten sich Unternehmen deshalb auf die Faktoren fokussieren, die sie direkt aktiv beeinflussen können. Ein wichtiger Aspekt eines demografiefest ausgerichteten Personalmanagements besteht daher darin, sowohl die Arbeit selbst als auch das direkte Arbeitsumfeld dahingehend (umzu-)gestalten, dass alter(n)sgerechte Arbeitsbedingungen entstehen. Hierbei stehen nicht allein die Bedürfnisse der älteren Beschäftigten im Fokus, sondern die Arbeit soll so gestaltet werden, dass sie es auch den heute noch jungen Beschäftigten erlaubt, körperlich und geistig möglichst fit bis zum Erreichen des Renteneintrittsalters im Erwerbsleben verbleiben zu können.

Abb. 2.2 Einflussfaktoren auf die Leistungsfähigkeit über das Lebensalter hinweg (BDA 2013: 5, in Anlehnung an Buck et al., 2002)

2.2.3   Demografiefeste Arbeitsgestaltung mit dem Ergo[PE]-Verfahren

Mit Ergo[PE] wurde ein praxisnahes Verfahren zur demografiefesten Gestaltung von gewerblichen Arbeitsplätzen entwickelt.[11] Die Abkürzung Ergo[PE] steht für Ergonomie und Personaleinsatz.

Das Verfahren verfolgt zwei Handlungsstränge zur systematischen Reduzierung auftretender Belastungsfaktoren:

*   *Optimierung der ergonomischen Rahmenbedingungen (Arbeitsplatz im Fokus):* Das direkte Arbeitsumfeld wird ergonomisch, z. B. durch bessere Beleuchtung oder höhenverstellbare Arbeitstische, optimiert.
*   *Entwicklung von Konzepten zum gesundheitsorientierten Arbeitseinsatz (Beschäftigte im Fokus):* Die Einsatzprofile der Beschäftigten werden mit den Belastungen der jeweiligen Arbeitsplätze abgeglichen. Um dem Risiko einseitiger physischer wie psychischer Belastung entgegenzuwirken, sind Personaleinsatz-/Arbeitsplatzrotationsmodelle, die

---

[11] Die Konzeption des Ergo PE-Verfahren orientiert sich teilweise an inhaltlichen Vorarbeiten aus dem Instrument „Belastungsbewertung" (Simon et al., 2011). Diese wurden jedoch umfassend überarbeitet und ergänzt.

einen systematischen Belastungswechsel ermöglichen, zu entwickeln und umzusetzen. Die dafür notwendigen (Weiter-)Qualifizierungen erhöhen nicht nur die Einsatzflexibilität der Beschäftigten, sondern sind auch ein wichtiger Baustein beim Transfer von Erfahrungswissen sowie dem kontinuierlichen, lebenslangen Lernen der Beschäftigten.

2.2.3.1 Durchführung von Arbeitsplatzanalysen

Der Ausgangspunkt des Ergo^{PE}-Verfahrens ist ein standardisierter Erfassungsbogen, mit dem das Auftreten und die Intensität von Belastungen an Arbeitsplätzen entlang der vier Dimensionen „Arbeitszeit", „Arbeitsumgebung", „Muskel/Skelett" sowie „Arbeitsorganisation" je Arbeitsplatz umfassend bewertet wird.

- *Arbeitszeit:* Hier geht es in erster Linie um die Erfassung des Arbeitszeitsystems – insbesondere um die Tatsache, ob und in welchem Schichtsystem gearbeitet wird, wobei angenommen wird, dass ungünstige Arbeitszeiten die Wahrscheinlichkeit einer Verschlechterung des gesundheitlichen Wohlbefindens erhöhen. Im Vergleich zu „Normalbeschäftigten" leiden Schicht- bzw. Nachtarbeiter deutlich häufiger unter Schlafstörungen, gastrointestinalen Beschwerden, (psychischen) Erschöpfungssyndromen, Herz- und Kreislauferkrankungen sowie Beeinträchtigungen im Privat- und Familienleben durch soziale Desynchronisation (vgl. Beermann, 2008: 4 ff.).
- *Arbeitsumgebung:* In dieser Dimension wird der Blick auf Belastungen gerichtet, die die Wahrscheinlichkeit berufsbedingter Erkrankungen erhöhen. Dazu zählen u. a. Lärmbelastungen, die Luftqualität, Umgang mit (glühend) heißen Materialien sowie physische Belastungen durch Erschütterungen, Stöße oder Schwingungen.
- *Muskel/Skelett:* Muskel-Skelett-Erkrankungen verursachen etwa ein Viertel der jährlichen Arbeitsunfähigkeitstage und sind die zweithäufigste Ursache für Frühverrentungen (DGUV, 2013: 5 ff.). Tätigkeiten, die zu Muskel-Skelett-Erkrankungen führen können, sind u. a. die manuelle Lastenhandhabung (z. B. Heben, Tragen, Schieben, Ziehen und Bewegen von Lasten) sowie Tätigkeiten in erzwungener Körperhaltung bzw. Zwangshaltung (z. B. Rumpfbeugung und/oder verdrehte Haltung, Hocken, Knien, Kriechen, Liegen, Arbeiten über Kopf und Schulter, dauerhaftes Sitzen oder Stehen ohne wirksame Bewegungsmöglichkeiten) und werden deshalb in dieser Dimension erfasst.
- *Arbeitsorganisation:* In dieser Dimension sind typische, an gewerblichen Arbeitsplätzen auftretende psychische Belastungen subsumiert. Psychische Belastungen werden häufig durch die Arbeitsorganisation, die Arbeitsaufgabe und den Arbeitsablauf hervorgerufen und bringen oftmals negative Beanspruchungsfolgen mit sich. Diese äußern sich z. B. durch allgemeine psychosomatische Störungen und Erkrankungen, ein erhöhtes Infarktrisiko, Unzufriedenheit, Resignation, innere Kündigung, Depression bis hin zum Burn-out-Syndrom, Leistungsminderungen, erhöhte Fehlzeiten und Frühverrentung (BAuA, 2010: 14). Typische Einflüsse, die an gewerblichen Arbeitsplätzen zu psychischer Ermüdung, Monotonie oder Stress führen, sind z. B. das Arbeitstempo

und dessen Beeinflussbarkeit durch den Beschäftigten, die Schwere der Aufgaben, der Verantwortungsdruck, aber auch Daueraufmerksamkeit und hohe Leistungsvorgaben (BAuA, 2010: 26 ff.).

Die Bewertung erfolgt direkt vor Ort am jeweiligen Arbeitsplatz, idealerweise beteiligungsorientiert unter Einbezug der zuständigen Sicherheitsfachkraft, eines Arbeitsmediziners, eines Vertreters des Betriebsrats und natürlich der dort eingesetzten Beschäftigten sowie deren direkten Vorgesetzten (z. B. Meister, Vorarbeiter etc.). Auf diese Weise wird zum einen sichergestellt, dass ein „realistisches Bild" von der Situation am Arbeitsplatz entsteht und die Ergebnisse der Bewertung von allen Interessengruppen im Unternehmen anerkannt werden. Zum anderen werden die Beschäftigten durch die Beteiligung sensibilisiert und werden nicht selten zu aktiven Begleitern des Prozesses, was für die spätere Akzeptanz und Inanspruchnahme von umgesetzten Maßnahmen sehr wichtig ist.

Im Rahmen des Bewertungsprozess werden zudem bereits vorhandene Maßnahmen zur Belastungsreduktion erfasst und erste ergonomische Verbesserungsvorschläge direkt dokumentiert (siehe Abbildung 2.3).

2.2.3.2 Auswertung und Ergebnisdarstellung der Arbeitsplatzanalyse

Für jedes Belastungs-Item aus dem Erfassungsbogen werden je nach Grad der Ausprägung Punkte vergeben und diese dann jeweils pro Dimension zu einem Gesamtpunktwert addiert.[12] Dabei gilt: Je höher bzw. intensiver die Belastung, desto höher fällt auch der Punktwert aus.

Die Ergebnisse der Bewertung werden mithilfe einer einfachen Ampellogik visuell anschaulich dargestellt (siehe Abbildung 2.4).

Eine detaillierte Darstellung der Ausprägung der unterschiedlichen einzelnen Belastungs-Items sowie auch des Gesamtbelastungsniveaus erfolgt in der Ergo[PE]-Belastungskarte (siehe Abbildung 2.5). Damit sind alle an einem Arbeitsplatz auftretenden Belastungen auf einen Blick sichtbar.

---

[12] Für den Fall, dass bei einem Item bereits effektive, die Belastung reduzierende Maßnahmen existieren, reduziert sich die vergebene Punktzahl entsprechend.

Arbeits-umgebung	100-91% der Arbeitszeit Immer/fast immer	90–41% der Arbeitszeit oft	40–11% der Arbeitszeit manchmal selten	10–0% der Arbeitszeit fast nie / nie	Gibt es Maßnahmen, die die Belastung reduzieren? Ja	Nein	Wenn ja, welche Maßnahmen gibt es bereits?	Welche (weiteren) Maßnahmen sind möglich/geplant?
Zu laut (normale Unterhaltung ist nicht mehr möglich, >80dbA)		X			X		Individuell angepasster Gehörschutz	
b. Zu kalt (kälter als für die ausgeübte Tätigkeit angenehm ist)				X		X		Heizstrahler
c. Zu warm (wärmer als für die ausgeübte Tätigkeit angenehm ist)			X			X		
d. Wechsel kalt - warm			X			X		

Abb. 2.3 Auszug aus einem ausgefüllten Ergo^{PE}-Erfassungsbogen aus der Dimension „Arbeitsumgebung" (fiktives Beispiel)

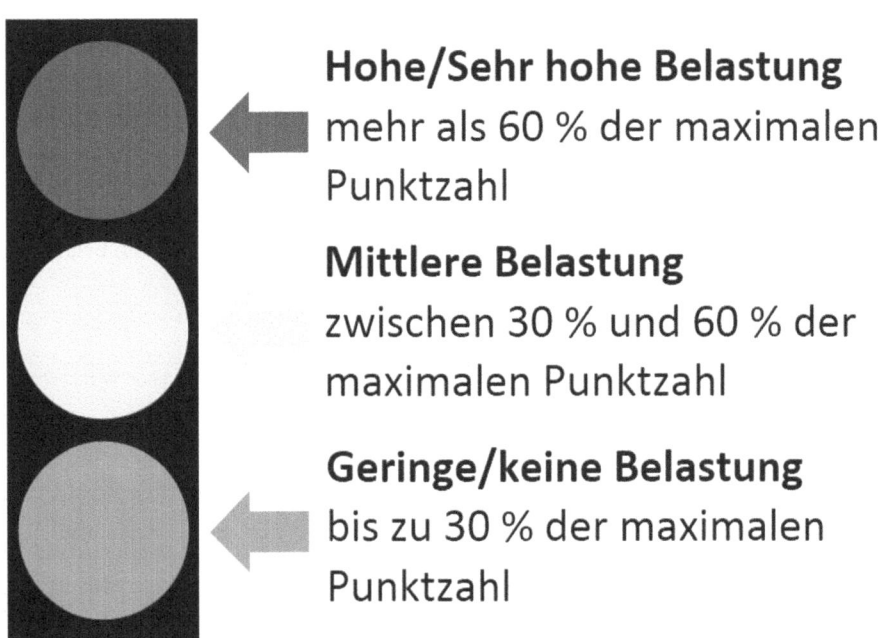

Hohe/Sehr hohe Belastung
mehr als 60 % der maximalen Punktzahl

Mittlere Belastung
zwischen 30 % und 60 % der maximalen Punktzahl

Geringe/keine Belastung
bis zu 30 % der maximalen Punktzahl

Abb. 2.4 Die Ergo^{PE}-Belastungsampel

Arbeitsplatzkarte: Maschine X bedienen

Bereich Arbeitsplatz	Spritzguss Maschine x bedienen	Erforderl. Qualifikationsniveau un-/angelernt	Bewertung am: 06.05.2014

Arbeitszeit	Bewertung	Arbeitsumgebung	Bewertung	Muskel / Skelett	Bewertung	Arbeitsorganisation	Bewertung
Früher Beginn (6.00 Uhr oder früher)	+++	Zu laut (normale Unterhaltung nicht mehr möglich, >80 dbA)	+(*)	Arbeiten im Stehen	+++	Abhängigkeit von vor- und/oder nachgelagerten Stellen/Abt.	
Spätschicht (spätes Arbeitsende, 20.00 Uhr oder später)	+++	Zu kalt (kälter, als für die ausgeübte Tätigkeit angenehm)		Arbeiten im Sitzen		Abhängigkeit vom Maschinentakt	
Nachtschicht		Zu Warm (wärmer, als für die ausgeübte Tätigkeit angenehm)		Arbeiten im Hocken		Akkord	
Lange Arbeitstage (>8 Stunden pro Tag / Saisonarbeit	++	Wechsel kalt – warm		Arbeiten im Knien	+(*)	Zeit- und Mengenvorgaben (z. B. Prämie, Liefertermine)	+++
Ungünstige Arbeitszeiten (Wochenende, Rufbereitschaft)	++	Feuchte Luft		Oberkörper beugen und/oder verdrehte Haltung	+	Monotone Arbeiten 8 ständig wiederkehrende Arbeiten)	
		Trockene Luft		Heben und Tragen von Lasten > 20kg	+(*)	Verantwortung für Personen	++
		Arbeiten im Freien		Bewegen von kleineren Gewichten (10 – 20 kg)	+	Verantwortung für Maschinen und/oder Material (z. B. Kosten)	
		Umgang mit glühenden (heißen) Materialien		Arbeiten über Kopf/Schulter			
		Zugluft	+	Arbeiten mit ausgestrecktem Arm			
		Stäube (z.B. durch Schleifen, Schneiden)					
		Dämpfe/Gase/Schweißrauche (durch Lacke, Klebstoffe etc.)					
		Erschütterungen, Stöße, Schwingungen	+(*)				

Erläuterungen: = keine/geringe Gesamtbelastung = mittlere Gesamtbelastung = hohe/sehr hohe Gesamtbelastung

Kein Eintrag = Belastung tritt nie/fast nie auf + = Belastung tritt manchmal/selten auf ++ = Belastung tritt oft auf
+++ = hohe/sehr hohe Gesamtbelastung (*) = Belastungsreduzierende Maßnahme/n bereits vorhanden

Abb. 2.5 Die Ergo.^{PE}-Belastungskarte: Das Belastungsniveau eines Arbeitsplatzes im Überblick (fiktives Beispiel)

2.2.4 Umsetzung von Maßnahmen zur alter(n)sgerechten Arbeitsgestaltung

Mit der Anwendung des Ergo.^{PE}-Verfahrens werden der möglichst langfristige Erhalt der Arbeitsfähigkeit und ein gesundes Erreichen der Regelaltersgrenze von gewerblich beschäftigten Personen angestrebt. Dies soll zum einen durch die Reduzierung von am Arbeitsplatz auftretenden Belastungen und zum anderen durch die Entwicklung und Umsetzung von proaktiv gesunderhaltenden Modellen des Personaleinsatzes erreicht werden. Für beide Handlungsstränge liefern die Ergebnisse der Arbeitsplatzanalyse wichtige Grundlagen und Ansatzpunkte.

---

[13] Grafische Darstellung in Anlehnung an Simon et al. (2011).

2.2.4.1   Reduzierung von Belastungen

Die bei der Arbeitsplatzanalyse gesammelten ergonomischen Verbesserungsvorschläge fallen oftmals sehr vielfältig aus. Ihre Bandbreite kann von einfach umzusetzenden Maßnahmen, wie z. B. der Anschaffung von ergonomischen Standmatten oder besserer Beleuchtung, bis hin zu recht aufwendigen Ideen, wie z. B. der Installation von Absauganlagen oder speziell an den Arbeitsplatz angepassten Tragehilfen, reichen. Die Effektivität und Realisierbarkeit der Vorschläge sind gezielt zu überprüfen.

Für die Überprüfung der Maßnahmenliste sind verantwortliche Personen verbindlich zu bestimmen. In der betrieblichen Praxis ist dies meist die Fachkraft für Arbeitssicherheit, welche die Verbesserungsvorschläge gemeinsam mit den jeweiligen Bereichsverantwortlichen bzw. Meistern/Vorarbeitern einer intensiven Prüfung unterzieht. Am Ende dieses Prozessschritts steht eine Liste mit denjenigen Maßnahmenvorschlägen, die als realisierbar und als effektiv belastungsreduzierend bewertet werden.

Eine sofortige Umsetzung aller Maßnahmen überfordert die meisten Unternehmen nicht nur organisatorisch, sondern auch finanziell. Daher ist eine Priorisierung zwingend erforderlich. Mögliche Kriterien für die Priorisierung können beispielsweise sein:

- Dringlichkeit, z. B. bei besonders stark belasteten Arbeitsplätzen
- Änderungen der Arbeitsschutzvorschriften
- Schneller Umsetzungserfolg, so dass die Beschäftigten erkennen, dass etwas getan wird
- Aufwand und Kosten

Abschließend sind alle umgesetzten ergonomischen Maßnahmen dahingehend zu bewerten, ob sie a) von den Beschäftigten in Anspruch genommen werden und sie b) im betrieblichen Alltag den erwarteten Nutzen, nämlich eine nachweisliche Belastungsreduzierung, bewirken. Diese Ergebnisse sind die Grundlage für die zukünftige Planung und Umsetzung von Maßnahmen – also einen kontinuierlichen Verbesserungsprozess.

2.2.4.2   Ausgleich von Belastungen

Nicht alle Belastungen lassen sich durch ergonomische Verbesserungen minimieren bzw. beseitigen. In solchen Fällen empfiehlt sich die zeitliche Befristung des Einsatzes an besonders belasteten Arbeitsplätzen. Indem die auftretenden Belastungen durch systematische Personaleinsatzmodelle sprichwörtlich „auf mehreren Schultern" verteilt werden, wird einer potenziellen Überlastung einzelner Beschäftigter entgegengewirkt.

Hierfür wurde die Ergo^{PE}-QualiMatrix entwickelt. Diese enthält neben der Qualifikation bzw. Einsatzfähigkeit aller Beschäftigten auch die an den einzelnen Arbeitsplätzen auftretenden Belastungen. Damit stellt die Matrix eine wichtige Planungsgrundlage für die Entwicklung von belastungsausgleichenden Rotationsmodellen dar (siehe Abbildung 2.6).

Die Ergo^{PE}-QualiMatrix kombiniert die Ergebnisse der Belastungssituation an den einzelnen Arbeitsplätzen mit dem Einsatzprofil bzw. der Einsatzfähigkeit der Beschäftigten. Damit liefert sie die Planungsgrundlage für ein gleichwohl strategisches wie präventiv gesundheitsorientiertes Personalmanagement: Personaleinsatz und (Weiter-)

Ergo·PE

	Vorbereitung	Maschine X bedienen	Schweißen	Endbearbeitung
Arbeitszeit		■		
Arbeitsumgebung		■		
Muskel/Skelett	■			
Arbeitsorganisation			■	

Name	Status	Alter	Alters-klasse	Vorbereitung Qualifikations-stufe	Maschine X bedienen Qualifikations-stufe	Schweißen Qualifikations-stufe	Endbearbeitung Qualifikations-stufe
Meier, Michael	S	30	<35. J.	1		2	2
Schulze, Sebastian	S	36	35 - 49 J.		2	2	1
Schmidt, Stefan	S	59	50+ J.	3	3		4
Müller, Max	S	61	50+ J.	4	4	3	

Durchschnittsalter: **46,5 Jahre**

Stand: 2013	Anzahl MA	Anzahl MA	Anzahl MA	Anzahl MA
Qualifikationsstufe 4	1	1		1
Qualifikationsstufe 3	1	1	1	
Qualifikationsstufe 2		1	2	1
Qualifikationsstufe 1	1			1

Zukünftiger Stand in :	5 Jahren
Verrentungsalter:	63 Jahre

Stand: 2018	Anzahl MA	Anzahl MA	Anzahl MA	Anzahl MA
Qualifikationsstufe 4				
Qualifikationsstufe 3				
Qualifikationsstufe 2		1	2	1
Qualifikationsstufe 1	1			

Abb. 2.6 Die Ergo[PE]-QualiMatrix: Das Belastungsniveau von Arbeitsplätzen und die Qualifikationsstruktur der Beschäftigten im Überblick (fiktives Beispiel)

Qualifizierungen werden dabei nicht ausschließlich an der Abdeckung kurzfristiger Anforderungen, sondern auch vor der Fragestellung des möglichst langfristigen Erhalts der Arbeitsfähigkeit der Beschäftigten geplant. Durch die Integration des Alters der Beschäftigten wird auch die „demografische Komponente" berücksichtigt und altersstrukturelle Vorausberechnungen ermöglicht.

Eine Arbeitsplatzrotation ist jedoch in den meisten Fällen nicht ohne Weiteres zu realisieren, da es eine Reihe von erschwerenden Faktoren gibt, für die zunächst Lösungen gefunden werden müssen, u. a.:

- *Qualifizierung:* Für die Arbeitsplatzrotation ist ggf. eine (Weiter-)Qualifizierung der Beschäftigten notwendig. Aufgrund unterschiedlicher individueller Voraussetzungen können jedoch nicht alle Beschäftigten an allen Arbeitsplätzen angelernt bzw. eingesetzt werden (z. B. aufgrund körperlicher Einschränkungen, mangelnder EDV-Kenntnisse oder fehlender handwerklicher Fähigkeiten).

• *Beharrungskräfte:* Manche Beschäftigte „klammern" sich förmlich an ihren ange-stammten Arbeitsplatz. Schon der Gedanke an eine Rotation kann massive Ängste hin-sichtlich möglicher Überforderung oder gar eines Arbeitsplatzverlusts auslösen. Viele Beschäftigte befürchten zudem, infolge einer regelmäßigen Rotation den „Expertensta-tus" an ihrem angestammten Arbeitsplatz zu verlieren.
Im Falle einer bereichsübergreifenden Rotation wechseln Beschäftigte in den Verant-wortungsbereich einer anderen Führungskraft. Auch dies kann ein Grund dafür sein, dass die betroffenen Personen einer Rotation zunächst einmal skeptisch bis ablehnend gegenüberstehen könnten.

• *Entgeltzulagen:* Es gibt Arbeitsplätze, an denen Prämien- und Leistungszulagen gezahlt werden. Beschäftigte, die hier arbeiten, wollen häufig nicht auf Arbeitsplätze ohne Zulagen wechseln, weil sie dadurch finanzielle Einbußen erleiden.

• *Arbeitszeit:* Eine abteilungs-/bereichsübergreifende Rotation kann durch unterschied-liche Arbeitszeitsysteme (z. B. keine Wechselschicht vs. Wechselschicht) erschwert werden.

• *Produktivitätsrückgang:* Aufgrund der Anlern- und Eingewöhnungszeit ist kurzfristig mit einem Rückgang der Produktivität zu rechnen.

• *Ablehnung durch Führungskräfte:* Auch aufseiten der direkten Führungskräfte können Vorbehalte dahingehend bestehen, eventuell gute und zuverlässige Beschäftigte tempo-rär abzugeben und dafür neue Beschäftigte einarbeiten zu müssen.

• *Temporäre Arbeitsplatzwechsel sind ggf. mitbestimmungspflichtig:* Eine Rotation kann für Beschäftigte mit einer erheblichen Veränderung der Arbeitsaufgabe oder auch den temporären Wechsel in einen anderen Arbeitsbereich bedeuten und damit – in Abhängigkeit der zeitlichen Dauer – den Tatbestand der Versetzung gemäß § 95 Abs. 3 Betriebsverfassungsgesetz (BetrVG) erfüllen.[14] Es gilt daher unbedingt zu bedenken, dass die Arbeitsplatzrotation in solchen Fällen mitbestimmungspflichtig wäre. Um eine zeitaufwendige Entscheidung jedes Einzelfalls zu umgehen, kann der Abschluss einer entsprechenden Betriebsvereinbarung sinnvoll sein.

Aufgrund der Komplexität der Thematik und unterschiedlicher betrieblicher Rahmen-bedingungen kann es kein Patentrezept für die Umsetzung von Rotationsmodellen geben. Es hat sich in der Praxis bewährt, zunächst individuellen, mitarbeiterspezifischen Regelun-gen den Vorrang gegenüber Pauschallösungen einzuräumen. Erfolgreiche Beispiele haben Vorbildcharakter und nehmen anderen Beschäftigten eventuell vorhandene Vorbehalte. Der Start der Erprobung in einem ausgewählten Pilotbereich empfiehlt sich.

Das zentrale Ziel besteht zunächst darin, bei den Beschäftigten Akzeptanz und Ver-ständnis für die Rotation zu schaffen. Dies geschieht am besten durch eine regelmäßige,

---

[14] Versetzung ist nach der in § 95 Abs. 3 BetrVG enthaltenen Definition die Zuweisung eines anderen Arbeitsbereichs, die voraussichtlich die Dauer von einem Monat überschreitet oder die (auch bei kürzerer Dauer) mit einer erheblichen Änderung der Umstände verbunden ist, unter denen die Arbeit zu leisten ist.

gezielte Information über den individuellen Nutzen. Im Idealfall ziehen dabei Geschäftsführung und Betriebsrat „an einem Strang" und unterstützen sich gegenseitig. Ergänzend ist eine individuelle Ansprache durch den direkten Vorgesetzten angeraten. Finanzielle Anreize, wie die Zahlung einer übergangsweisen Rotationsprämie, sind eventuell als Anreiz in Erwägung zu ziehen.

2.2.5   Anschlussfähigkeit des Verfahrens

Ergo^{PE} hat sich bei der praktischen Erprobung als einfach anzuwendendes und effektives Analyseverfahren zur systematischen Belastungsbewertung von gewerblichen Arbeitsplätzen und Tätigkeiten bewährt.

Das Verfahren ist keine „stand-alone"-Lösung, sondern bietet vielseitige Anschlussmöglichkeiten zu anderen Instrumenten aus den Bereichen Arbeitsschutz, Gesundheitsmanagement, Personalentwicklung sowie dem Personalmanagement.

Es stellt beispielsweise eine sinnvolle Ergänzung zur Gefährdungsbeurteilung dar: Während diese – entgegen den vom Gesetzgeber gestellten Anforderungen –in der betrieblichen Praxis oftmals nur auf die Abwendung bzw. Vermeidung unmittelbarer Gesundheitsgefahren ausgerichtet ist, analysiert Ergo^{PE} systematisch die mittel- bis langfristig mit der Ausübung einer Tätigkeit einhergehenden Belastungen.

Zum Bereich des Gesundheitsmanagements bestehen ebenfalls zahlreiche Anknüpfungspunkte bzw. Überschneidungen. Klassische Angebote wie Rückenkurse, Ernährungsberatung u. Ä. verfolgen die individuelle Stärkung von Gesundheitsressourcen bei den Beschäftigten und stellen damit eine sinnvolle Ergänzung zu dem mit Ergo^{PE} verbundenen Ziel des langfristigen Erhalts der Arbeitsfähigkeit dar.

Im Bereich der Personalentwicklung liefert die Ergo^{PE}-QualiMatrix den Personalverantwortlichen alle relevanten Informationen für eine Qualifizierungsstrategie: Neben den Anforderungen des Unternehmens, zu jeder Zeit stets über eine ausreichend große Anzahl an qualifizierten und einsatzflexiblen Beschäftigten zu verfügen, bleibt auch das Belastungsniveau an diesen Arbeitsplätzen im Blick, so dass einseitig belastende Qualifizierungs- und Personaleinsatzmuster bereits im Vorfeld erkannt und dadurch vermieden werden können.

Des Weiteren kann die Ergo^{PE}-QualiMatrix zur gesundheitsorientierten Personaleinsatzplanung herangezogen werden; gleichwohl können daraus auch interne, systematische und gesundheitsorientierte Laufbahnmodelle abgeleitet und entwickelt werden.

In Summe liefern die durch das Ergo^{PE}-Verfahren generierten Ergebnisse eine gesicherte Planungsgrundlage für die Entwicklung und Umsetzung einer demografiefesten Personalstrategie.

2.2.6   Anwendung von Ergo·PE in der betrieblichen Praxis bei der ARTEMIS GmbH

Das Ergo·PE-Verfahren wurde gemeinsam mit der ARTEMIS Kautschuk- und Kunststofftechnik GmbH in Hannover entwickelt und angewendet. Die ARTEMIS GmbH gehört zur ebenfalls in Hannover ansässigen Arnold Jäger Holding GmbH und entwickelt, produziert und vertreibt Komponenten und Systeme aus Gummi und Kunststoff für die erstausrüstende Industrie und den Fachhandel. Sie hat derzeit knapp 200 Mitarbeiter, davon sind rund 160 an gewerblichen Arbeitsplätzen tätig (Maschinenbediener, technische Angestellte, Dreher, Sattler, Logistiker). Obwohl das Unternehmen in Bezug auf das Durchschnittsalter der Beschäftigten mit 42,2 Jahren einen für die Branche eher niedrigen Wert aufweist, so sind dennoch bereits jetzt mehr als 60 Prozent der Belegschaft über 40 Jahre alt. Da in zehn Jahren bereits mehr als die Hälfte der Beschäftigten über 50 Jahre alt sein wird und zudem kurz- bis mittelfristig einige Verrentungen anstehen, die im Zuge der Nachfolgeplanung und -qualifizierung personell aufgefangen werden müssen, sieht das Unternehmen die Notwendigkeit, sich schon jetzt auf diese Entwicklungen aktiv und gezielt vorbereiten zu müssen.

Vor dem Hintergrund dieser betriebsspezifischen Entwicklungen führte die ARTEMIS GmbH mit Unterstützung durch die Prospektiv GmbH mit dem Ergo·PE-Verfahren eine umfassende Analyse und Bewertung sämtlicher gewerblicher Arbeitsplätze durch. Dabei bestand das Ziel darin, die Arbeits- und Beschäftigungsfähigkeit der Beschäftigten langfristig zu erhalten. Dies sollte sowohl durch eine ergonomische Optimierung des direkten Arbeitsumfeldes als auch durch die Einführung von Rotationsmodellen zur Vermeidung einseitiger physischer und psychischer Belastungen erreicht werden.

2.2.6.1   Vorbereitung und Durchführung der Belastungsbewertung

Für die Arbeitsplatzbewertung war zunächst zu erheben, welche Arbeitsplätze zu bewerten sind und ob im Unternehmen bereits ähnliche Instrumente oder Dokumentationen vorhanden sind. Die ARTEMIS GmbH nutzte bereits Qualifikationsmatrizen für die einzelnen Produktionsbereiche, aus denen auch die zu bewertenden Arbeitsplätze abzuleiten waren. Um eine Anschlussfähigkeit zu Ergo·PE herzustellen, wurde die Struktur (Aufbau, Skalierung etc.) der vom Unternehmen genutzten Qualifikationsmatrizen übernommen.

Von hoher Bedeutung für den Erfolg des Verfahrens ist, dass alle betrieblichen Interessengruppen (Geschäftsleitung, Betriebsrat, Führungskräfte und Mitarbeiter) an einem Strang ziehen. Hierfür wurden im Vorfeld mehrere Informationsgespräche geführt, u. a. wurde das Verfahren auch mit dem Betriebsarzt abgestimmt. Gerade der Abbau von Vorbehalten und Ängsten sowohl bei Mitarbeitern als auch Führungskräften spielt dabei eine große Rolle, denn eine Arbeitsplatzbewertung durch zum Teil externe Dienstleister kann von Mitarbeitern in Einzelfällen mit einer geplanten Rationalisierung von Arbeitsplätzen assoziiert werden. Und genau dies galt es bei der ARTEMIS GmbH zu vermeiden. Neben ausführlichen Informationsblättern, die in der Betriebsstätte ausgehängt wurden, wurde großer Wert auf die persönliche Information durch die direkten Vorgesetzten, sprich Meister bzw. Vorarbeiter, gelegt.

Für die Durchführung der Bewertung musste sichergestellt werden, dass die zu bewertenden Arbeitsplätze während der Erfassung auch besetzt sind und dass die Mitarbeiter an den Arbeitsplätzen über ausreichend Erfahrung und Fachwissen verfügen, um durch die Tätigkeit ausgelöste Belastungen erkennen und bewerten zu können.

Die eigentliche Bewertung erfolgte stets durch eine „Expertenrunde" bestehend aus einem wissenschaftlichen Mitarbeiter der Prospektiv GmbH, dem Sicherheitsingenieur der ARTEMIS GmbH, einem Vertreter des Betriebsrats, dem Meister bzw. Vorarbeiter des zu bewertenden Bereiches sowie natürlich jeweils einem erfahrenen Mitarbeiter pro Arbeitsplatz. In einem konstruktiven Diskurs wurden die auftretenden Belastungen erfasst, deren Intensität bewertet und in den Erfassungsbogen übertragen. Optimierungsvorschläge sowie über die in dem Erfassungsbogen abgefragten Belastungen hinausgehende Aspekte wurden direkt vor Ort aufgenommen. Durch diese Vorgehensweise wird eine möglichst objektive Bewertung der Arbeitsbelastungen sichergestellt, ohne dass der Aufwand für die Unternehmen zu groß wird.

2.2.6.2   Ergonomische Optimierung der Arbeitsplätze

Die bei der Bewertung aufgenommen Vorschläge zur Optimierung der Arbeitsplätze werden im Anschluss in das dafür vorgesehene Formular aufgenommen und hinsichtlich Dringlichkeit, Realisierbarkeit, Aufwand, Kosten und Nutzen priorisiert (siehe Abbildung 2.7).

Der Einbezug der direkt betroffenen Beschäftigten sowie weiterer Experten aus dem Unternehmen führte dazu, dass erstmals systematisch an einer ergonomischen Arbeitsplatzgestaltung bei ARTEMIS gearbeitet werden konnte. Gleichzeitig konnten durch die Beteiligungsorientierung Ängste und Vorbehalte bei den Beschäftigten abgebaut sowie Missstände erkannt und beseitigt werden.

Schnellen Umsetzungserfolg brachten z. B. der flächendeckende Austausch bzw. die Anschaffung von ergonomischen Arbeitsplatzmatten, welche die Gelenke bei dauerhaft im Stehen auszuführenden Arbeiten schonen.

Ebenso eine schnell umzusetzende, aber sehr effektive Maßnahme war der Austausch der bisherigen statischen gegen neue höhenverstellbare Unterstellböcke. Doch auch aufwendigere und teurere Maßnahmen konnten im Anschluss an die Arbeitsplatzbewertung realisiert werden. So wurde z. B. eine neue Maschine angeschafft, die eine deutlich bedienerfreundlichere Arbeitshöhe aufweist als die alte.

Die systematische Vorgehensweise unter Berücksichtigung aller gewerblichen Arbeitsplätze der ARTEMIS GmbH stellte ebenfalls sicher, dass sämtliche Mängel erkannt und aufgenommen wurden. Insbesondere die Beteiligung externer Dienstleister ist ein effektives Mittel, um sogenannte „Betriebsblindheit" aufzudecken. Einige Mängel werden betriebsintern als alternativlos angesehen oder unter dem Vorwand „Das hat immer funktioniert" als optimal angesehen. Der Blick von außen kann den Beschäftigten und Führungskräften aber noch einmal neue Impulse geben. Bei der ARTEMIS GmbH bezog sich dies insbesondere auf die von den Beschäftigten selbstgebauten und provisorischen Hilfsmittel, wie z. B. ein Tritt, um bei der Wartung besser in die Maschine greifen zu können. Diese wurden durch professionelle Arbeitshilfen ersetzt.

Ergo·PE	Ermittelte ergonomische Maßnahmen Bereich: Spritzguss						
Arbeitsplatzbewertung am: 8. Juli 2014							
Bewertung durch: Michael Meister, Bernd Bediener, Siegfried Sifa, Bodo Betriebsrat							
Arbeitsplatz	Maßnahme Empfehlung	Maßnahme umsetzbar?	Umsetzung		Wirksamkeitskontrolle		Maßnahme wirksam?
			Wer?	Bis wann?	Wer?	Bis Wann?	
Vorbereitung	Heizstrahler	☐ Ja ☐ Nein					☐ Ja ☐ Nein
	Anmerkungen: Rolltor wird regelmäßig geöffnet						
Maschine X bedienen	Bessere Beleuchtung	☐ Ja Nein					☐ Ja ☐ Nein
	Anmerkungen: Vorhandene Beleuchtung des Arbeitsplatzes ist zu schwach						
Endbearbeitung	Indiv. Gehörschutz	☐ Ja ☐ Nein					☐ Ja ☐ Nein
	Anmerkungen: Gespräche mit Kollegen müssen weiterhin möglich sein!						

Abb. 2.7 Das Ergo^{PE}-Formular für die ermittelten Maßnahmen: Bewertung nach Realisierbarkeit und Wirksamkeit im Überblick (fiktives Beispiel)

Gerade die kurzfristige Optimierung der Arbeitsplätze hat positive Effekte auf die Akzeptanz des Verfahrens innerhalb der Belegschaft. Die Beschäftigten sehen, dass direkt im Anschluss an die Bewertung etwas getan wird. Dies kann auch positive Effekte auf die Stimmungslage und Akzeptanz bei der Einführung neuer Rotationsmodelle haben.

2.2.6.3 Entwicklung innovativer Personaleinsatzmodelle

Die Entwicklung neuer, belastungsausgleichender Personaleinsatzmodelle stellt das Unternehmen vor weitaus größere Herausforderungen als die Umsetzung kurzfristiger, ergonomischer Optimierungsmaßnahmen. Wie oben schon einmal aufgeführt, spielen hier viele Faktoren eine Rolle. Die bedeutendsten sind bei ARTEMIS die unterschiedlichen Entgeltzulagen sowie die Beharrungskräfte bzw. Vorbehalte bei den Beschäftigten. Um die Arbeitsorganisation nicht gleich mit der Einführung unternehmensweiter Rotationsmodelle zu überfordern, empfiehlt sich in diesem zweiten Handlungsstrang ein kleinschrittiges Vorgehen. ARTEMIS hat zunächst einmal einen Pilotbereich festgelegt, der sich a) für eine systematische Arbeitsplatzrotation eignet und in dem b) auch Entgelt- und Qualifizierungsaspekte eine Rolle spielen.

Die Grundproblematik beim Entgelt ist, dass bei ARTEMIS gerade die belastenden Tätigkeiten mit einer Erschwerniszulage versehen sind, so dass die Beschäftigten diese Arbeitsplätze zunächst einmal nur widerwillig verlassen, um dann an anderen, weniger belastenden Arbeitsplätzen auf Geld verzichten zu müssen. Möglichkeiten, um diese finanziellen Einbußen z. B. durch die Zahlung einer zeitlich befristeten Rotationsprämie zumindest kurzfristig auszugleichen, werden derzeit diskutiert. Solche Maßnahmen haben aber komplexe Auswirkungen auf die gesamte Arbeitsorganisation bei ARTEMIS und bedürfen somit einer aufwendigen Planung unter Berücksichtigung sämtlicher Interessenlagen.

Durch die Entgeltzulagen sind in den betroffenen Bereichen die Beharrungskräfte besonders ausgeprägt. Somit nehmen die Information und Aufklärung der Beschäftigten über Ziele und (gesundheitliche) Vorteile der Maßnahmen die wohl bedeutendste Rolle ein. Die Erfahrung hat gezeigt, dass von der Unternehmensleitung „auferlegte" Modelle zur Arbeitsplatzrotation ohne Einbezug der Belegschaft häufig zu Unmut, Unverständnis und Resignation führen. Für den ausgewählten Pilotbereich wurde daher ein individueller, mitarbeiterzentrierter Ansatz gewählt. Zunächst einmal wird eine ausführliche Informationsveranstaltung abgehalten, bei der Unternehmensleitung und Betriebsrat im wahrsten Sinne des Wortes mit einer Stimme sprechen, um den Beschäftigten die Wichtigkeit und Notwendigkeit dieses Projektes vor Augen zu führen. Im Umfeld dieser Veranstaltung führen die Meister des Bereichs mit ausgewählten, dem Projekt offen gegenüberstehenden Beschäftigten Gespräche, um diese zu einer Arbeitsplatzrotation zu bewegen. Diese „first mover" sollen dann als Vorbilder für die restliche Belegschaft dienen und so Akzeptanz für das Rotationsmodell schaffen.

Aufgrund des z. T. – wie in der Gummiindustrie üblich – vergleichsweise geringen Qualifikationsniveaus bei den gewerblichen Arbeitsplätzen (viele Tätigkeiten werden von angelernten Beschäftigten durchgeführt), spielte das Thema Qualifizierung in der Vergangenheit eine eher untergeordnete Rolle. Die Unternehmensleitung rechnet in den Anlernphasen mit einem kurzfristigen Abfall der Produktivität, verspricht sich davon aber mittelfristig infolge der dadurch erhöhten Einsatzflexibilität eine Senkung der Produktionskosten. Zudem findet so ein systematischer Wissenstransfer zwischen älteren und jüngeren Beschäftigten statt.

Durch den langfristigen Erhalt der Arbeits- und Beschäftigungsfähigkeit der Beschäftigten erhofft sich die ARTEMIS GmbH auch eine Senkung der krankheitsbedingten Fehlzeiten sowie eine Erhöhung der Mitarbeiterzufriedenheit und eine Reduzierung der Mitarbeiterfluktuation.

2.2.6.4 Lessons learned

Das betriebliche Anwendungsbeispiel zeigt, dass Ergo[PE] ein ganzheitliches Verfahren für ein strategisches, demografiefestes Personalmanagement sein kann. Voraussetzung dafür ist aber, dass die Anwender/Unternehmen strukturellen Änderungen in ihrer Arbeitsorganisation – insbesondere bei der Personaleinsatzplanung – offen gegenüberstehen. Ergo[PE] verknüpft die drei Demografie-Instrumente Altersstrukturanalyse, Belastungsbewertung und Qualifikationsmatrix miteinander und ist außerdem eine sinnvolle Ergänzung zur Gefährdungsbeurteilung. Damit trägt Ergo[PE] maßgeblich dazu bei, die Arbeits- und Beschäftigungsfähigkeit der Belegschaft systematisch und langfristig zu erhalten, und ist somit ein wichtiger Baustein für den Ausbau der Innovations- und Wettbewerbsfähigkeit des Unternehmens.

Allerdings sollten sich Anwender/Unternehmen von vornherein im Klaren darüber sein, dass bei der Implementierung des Verfahrens auch einige Hürden zu überwinden sind. Die ausführliche und kontinuierliche Information und der Einbezug der Belegschaft sind unabdingbar für den Erfolg des Verfahrens – dazu gehört bei einigen Beschäftigten auch eine gute Portion Überzeugungskraft. Des Weiteren sollte im Blick behalten werden, dass eine Arbeitsplatzrotation eventuell massiven Einfluss auf die Entgeltstruktur haben kann und dass es infolge der (Weiter-)Qualifizierung zu kurzfristigen Produktivitätsein-bußen kommen kann. Daher ist zu empfehlen, das Verfahren zunächst einmal in einem überschaubaren Pilotbereich zu starten, in dem alle eben genannten Aspekte eine Rolle spielen. Hier können dann „best practice"-Modelle entwickelt werden, die später schritt-weise in die übrigen Bereiche übertragen werden können.

Literaturverzeichnis Abschnitt 2.2

Beermann, Beate (2008): *Nacht- und Schichtarbeit – ein Problem der Vergangenheit?* Online unter: http://www.baua.de/de/Publikationen/Fachbeitraege/ artikel10.pdf;jsessionid =34B5CF0EEB92FFBA63BA8A8BC5E3028B.1_cid389?__blob=publicationFile&v=5 [30.07.2014]

Buck, Hartmut; Kistler, Ernst; Medius, Hans Gerhard (2002): *Demographischer Wandel in der Arbeitswelt. Chancen für eine innovative Arbeitsgestaltung.* Broschürenreihe Demographie und Erwerbsarbeit, Band BR 8, Stuttgart: Fraunhofer IRB.

Bundesanstalt für Arbeitsschutz und Arbeitsmedizin (BAuA) (2010): *Psychische Belastung und Beanspruchung im Berufsleben. Erkennen – Gestalten.* Online unter: http://www. baua.de/cae/servlet/contentblob/673898/publicationFile/ [30.07.2014]

Bundesvereinigung der Deutschen Arbeitgeberverbände (BDA) (2013): *Demografiefeste Personalpolitik – Ein Erfolgsfaktor.* Online unter http://www.beruf-und-familie.de/sys-tem/cms/data/dl_data/eda473b9a587c2dd06b4496e5c2383b7/BDA_Demografiefeste_ Personalpolitik.pdf [07.10.2014]

Deutsche Gesetzliche Unfallversicherung e.V. (DGUV) (2013): *Belastungen für Rücken und Gelenke. Was geht mich das an?* Online unter: http://publikationen.dguv.de/dguv/ pdf/10002/i-7011.pdf [23.07.2014]

Maintz, Gunda (2002): *Leistungsfähigkeit älterer Arbeitnehmer. Abschied vom Defizitmodell.* In: Bernhard Badura; Christian Vetter; Henner Schellschmidt (Hrsg.): Fehlzeiten Report 2002. Demographischer Wandel: Herausforderung für die betriebliche Personal- und Gesundheitspolitik. Berlin: Springer, S. 43-58.

Simon, Katharina; Bettermann, Ola; Jürgenhake, Uwe; Schulte-Muschkiet, Helen (2011): *Gesund durch's Berufsleben. Handlungshilfe für betriebliche Praktiker zur Gestaltung von gesundheitsorientierten Berufswegekorridoren.* Dortmund: Soziale Innovation.

Statistisches Bundesamt (2009): *Bevölkerung Deutschlands bis 2060. 12. koordi-nierte Bevölkerungsvorausberechnung.* Online unter: https://www.destatis.de/ DE/Publikationen/Thematisch/Bevoelkerung/VorausberechnungBevoelkerung/ BevoelkerungDeutschland2060Presse5124204099004.pdf?__blob=publicationFile [26.07.2014]

2.3 Innovation auf mehreren betrieblichen Ebenen steigern – Ein branchenunabhängiges Konzept für alle Altersgruppen

Kristina Küper, Theresa Myskovszky von Myrow, Christian Ahlfeld

Im Arbeitskontext wird der Begriff „Innovation" meist als Synonym für neue Technologien, Verfahren und Produkte verwendet. Ausschlaggebend für die erfolgreiche Entwicklung und Implementation solcher Produkt- und Verfahrensinnovationen sind Humanressourcen wie z. B. Kreativität, unterschiedliche Kompetenzen und Motivation der Belegschaft eines Unternehmens.

Um dieses unternehmenseigene Innovationspotenzial langfristig zu sichern, zu stärken und weiterzuentwickeln, bedarf es nachhaltiger Personal-, Organisations- und Kompetenzentwicklungsstrategien. Insbesondere vor dem Hintergrund des demografischen Wandels und der damit einhergehenden kontinuierlichen Veränderung der Altersstruktur von Belegschaften stehen Unternehmen vor der Herausforderung, diese drei Entwicklungsbereiche einerseits individuell zu fördern und sie andererseits stärker miteinander zu verknüpfen.

Im Folgenden wird ein neuartiges, branchenunabhängiges Interventionskonzept vorgestellt, das Personal-, Organisations- und Kompetenzentwicklung miteinander verbindet, um die Innovationsfähigkeit altersgemischter Belegschaften parallel auf Beschäftigten-, Team- und Managementebene zu steigern (siehe Abbildung 2.8). Der entscheidende Vorteil eines solchen integrativen Ansatzes ist, dass die Kombination verschiedener innovationsfördernder Maßnahmen zu einer Potenzierung der förderlichen Auswirkungen der einzelnen Maßnahmen führen kann (vgl. Ilmarinen, 1999).

Um dies zu erreichen, müssen die Interventionsmaßnahmen allerdings mit der jeweiligen Unternehmenskultur kompatibel sein. Zudem ist insbesondere in klein- und mittelständischen Unternehmen ist eine sorgfältige Anpassung der Maßnahmen an den Betriebsablauf notwendig, beispielsweise im Sinne einer zeitliche Abstimmung der einzelnen Maßnahmen. Nur so kann eine Überlastung organisatorischer Strukturen vermieden und eine ausreichende Verfügbarkeit von Mitarbeitern gewährleistet werden.

Im Rahmen des BMBF-geförderten Verbundprojekts INNOKAT (www.innokat-projekt.de) wurden die eigens für das Interventionskonzept entwickelten Interventionsmaßnahmen bereits erfolgreich in zwei mittelständischen Unternehmen implementiert und auf ihre Praxistauglichkeit hin erprobt. Im Rahmen einer begleitenden Benchmarkstudie werden darüber hinaus die Steigerung der Innovations- sowie der Wettbewerbsfähigkeit, die sich aus dem Interventionskonzept ergeben, anhand der Sichtbarkeit am Markt und beim Kunden analysiert.

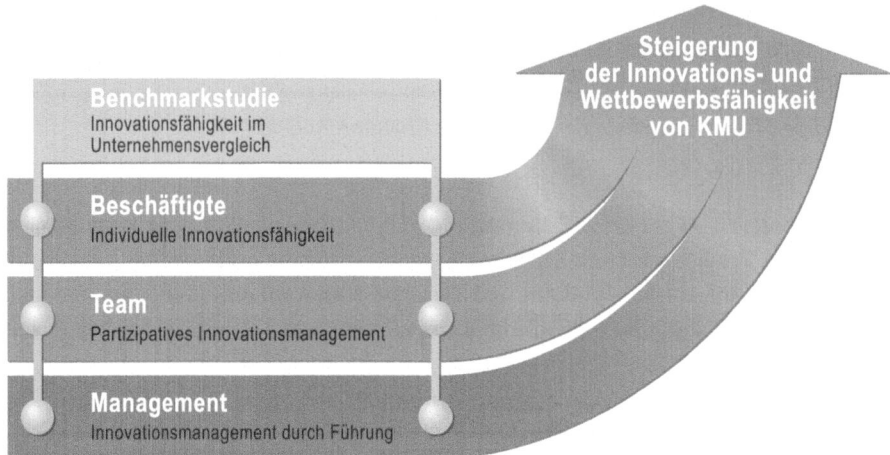

Abb. 2.8 Integratives Interventionskonzept zur Innovationssteigerung auf mehreren betrieblichen Ebenen (nach Küper et. al, im Druck)

2.3.1   Innovationsförderung durch Kompetenzentwicklung auf Beschäftigtenebene

In Zusammenarbeit mit Belegschaft, Geschäftsführung und Personalvertretung der beiden Partnerunternehmen wurden modularisierte Trainingspläne zur Kompetenzentwicklung von Beschäftigten entwickelt, die die operativen und strategischen Interessen der jeweiligen Unternehmen berücksichtigen und folglich einen sinnvollen Beitrag zur Wertschöpfung leisten können.

2.3.1.1   Kognitives Training

Auf der Ebene individueller Beschäftigter sind Lern- und Innovationspotenzial eng mit Leistungsmerkmalen im Bereich der fluiden kognitiven Funktionen verknüpft, zu denen beispielsweise Arbeits-/Kurzzeitgedächtnis, Handlungsplanung, mentale Flexibilität und mentale Kontrolle gehören. Fluide kognitive Kompetenzen verschlechtern sich zwar kontinuierlich ab dem mittleren Erwachsenenalter (Li et al., 2004), altersbedingte Defizite lassen sich allerdings durch verschiedene kognitive Trainingsmaßnahmen, zumindest teilweise, kompensieren (Karbach & Schubert, 2013). Dabei zeigen sogenannte Transfereffekte, dass der Trainingserfolg nicht nur auf die tatsächlich trainierten kognitiven Fähigkeiten beschränkt bleiben muss: Sowohl für jüngere als auch für ältere Altersgruppen können bereits relativ einfache kognitive Trainingsmaßnahmen zu einer eindrucksvollen Leistungsverbesserung in Alltagstätigkeiten wie z. B. dem Autofahren führen (Cassavaugh & Kramer, 2009).

2.3.1.2 Erprobung in der Praxis

Auf Basis der Software Fresh Minder 2 und Fresh Minder 3 (www.freshminder. de) wurden computergestützte Trainingsmodule konzipiert, die gezielt einzelne kognitive Funktionen trainieren und flexibel zu maßgeschneiderten Trainingskonzepten kombiniert werden können.

Da der Trainingserfolg maßgeblich von Trainingsbereitschaft und Motivation der Teilnehmer abhängt, gilt es, bei der Auswahl und Zusammenstellung von kognitiven Trainingsmodulen Folgendes zu beachten:

- Auswahl von Aufgaben mit spielerischem Charakter
- Abwechslung schaffen durch unterschiedliche Trainingsaufgaben
- Häufige Leistungsrückmeldung
- Adaptive Anpassung des Schwierigkeitsgrads an die Leistung

Bei den Deutschen Gasrußwerken GmbH & Co. (DGW) wurde mit einer altersgemischten Gruppe von Beschäftigten aus allen Unternehmensabteilungen zunächst ein gezieltes Arbeitsgedächtnistraining durchgeführt, das folgende Aufgaben umfasste:

- Behalten und Wiedergeben von Ton- und Farbsequenzen
- Behalten und Wiedergeben von Sequenzen räumlicher Positionen
- Behalten und Addieren von Zahlenfolgen
- Behalten und Addieren von Würfelaugen unter Beachtung wechselnder Zählregeln

Über einen Zeitraum von vier Wochen nahmen Beschäftigte der DGW in Kleingruppen an insgesamt acht 60-minütigen Trainingssitzungen am PC teil (siehe Abbildung 2.9).

Mithilfe dieser Trainingsmaßnahmen wurde eine Verbesserung des Arbeitsgedächtnisses angestrebt, die weitreichende förderliche Konsequenzen für die Leistungs- und Innovationsfähigkeit einer Person haben kann. Als Arbeitsgedächtnis wird die Fähigkeit bezeichnet, eine begrenzte Menge an Informationen kurzfristig zu speichern und zu manipulieren. Unter Einsatz des Arbeitsgedächtnisses können deswegen beispielsweise Aufgaben wie das Kopfrechnen bewältigt werden. Darüber hinaus sind aber auch hochkomplexe Fähigkeiten, wie das Lösen von Problemen oder der Erwerb neuen Wissens, vom Arbeitsgedächtnis abhängig. So konnten Jaeggi und Kollegen (2008) zeigen, dass bereits ein relativ einfaches vierwöchiges Arbeitsgedächtnistraining zu einer deutlichen Verbesserung des logischen Denkvermögens führen kann.

Um die Wirksamkeit des Trainings und mögliche Transfereffekte zu evaluieren, wurden jeweils vor und nach der Maßnahme Gedächtnis- und Aufmerksamkeitsfunktionen, Verarbeitungsgeschwindigkeit, kognitive Kontrollfähigkeit und Flexibilität, logische Denkfähigkeit, Kreativität sowie subjektive Arbeitsbelastung und Stressempfinden der Trainingsteilnehmer mithilfe einer umfassenden Testbatterie (IFACOG) gemessen. Aufgrund umfangreicher Vorstudien wird erwartet, dass insbesondere die Funktionen Arbeitsgedächtnis, Aufmerksamkeit, kognitive Kontrollfähigkeit und Flexibilität sowie die

Abb. 2.9 Beschäftigte der Deutschen Gasrußwerke GmbH & Co. beim kognitiven Training

Verarbeitungsgeschwindigkeit sich verbessern, wodurch die individuelle Kreativität und Innovationsfähigkeit sowie die subjektive Selbstwirksamkeit gesteigert werden können.

2.3.1.3   Stress-Management-Training

Kurzfristige Stressreaktionen sind in der Regel nicht schädlich und stellen häufig eine sinnvolle Anpassungsreaktion des Körpers dar. Ein chronisch erhöhtes Stresserleben beeinträchtigt allerdings nicht nur die körperliche und psychische Gesundheit, sondern kann auch eine Abnahme der kognitiven Leistungsfähigkeit zur Folge haben (Gianaros et al., 2007; VonDras et al., 2005).

Dies ist für die Kompetenzentwicklung auf Beschäftigtenebene von maßgeblicher Bedeutung, da Stressreaktionen mit steigendem Erwerbsalter ansteigen und chronisch werden können (Martin et al., 2001). Frühzeitige präventive Maßnahmen bei jüngeren Arbeitnehmern können deshalb zur Stärkung der Stressresilienz beitragen und so einen Beitrag zur Steigerung der individuellen Leistungs-, Lern- und Innovationsfähigkeit und der damit verbundenen Verlängerung der Lebensarbeitszeit leisten. Auch für ältere Beschäftigte konnte gezeigt werden, dass Maßnahmen zur Verbesserung der Stressbewältigungskompetenzen nachweislich zu einer Verminderung des Cortisolspiegels führen können, der einen objektiven Indikator für das erlebte Stressniveau darstellt (Gajewski

& Falkenstein, 2011). Stress-Management-Trainings können somit nicht nur zur psychischen und physischen Gesundheit von Beschäftigten beitragen, sondern können darüber hinaus eine leistungs- und innovationsförderliche Wirkung für alle Altersgruppen haben.

2.3.1.4 Erprobung in der Praxis

Im Rahmen des Projekts INNOKAT wurde die Methode des „Trainings emotionaler Kompetenzen" (Berking, 2010) für den Arbeitskontext adaptiert und in den Partnerunternehmen implementiert.

Das so konzipierte Stress-Management-Training beinhaltet zum einen psychoedukative Elemente, im Rahmen derer den Teilnehmern beispielsweise die physischen und psychischen Auswirkungen von Stress vermittelt werden. Zum anderen erlernen die Teilnehmer mithilfe praktischer Übungen verschiedene Techniken zur Reduktion von Stress, z. B. zur Atem- und Muskelrelaxation. Auf diese Weise werden im Verlauf des Trainings sieben Kernkompetenzen erworben (siehe Abbildung 2.10).

Bei der ABC Logistik GmbH wurde das Stress-Management-Training in Kleingruppen durchgeführt, die von einer geschulten Trainerin angeleitet wurden. Veränderungen des Stressempfindens infolge der Maßnahme wurden mithilfe von Fragebögen zur Selbsteinschätzung und der Messung des Stresshormons Cortisol ermittelt. Wie auch beim kognitiven Training wurde der Trainingserfolg zusätzlich mithilfe der Testbatterie IFACOG evaluiert. So kann genau quantifiziert werden, inwieweit eine trainingsbedingte Verminderung des subjektiven Stressempfindens eine positive Wirkung auf die kognitive und innovative Leistungsfähigkeit entwickelt.

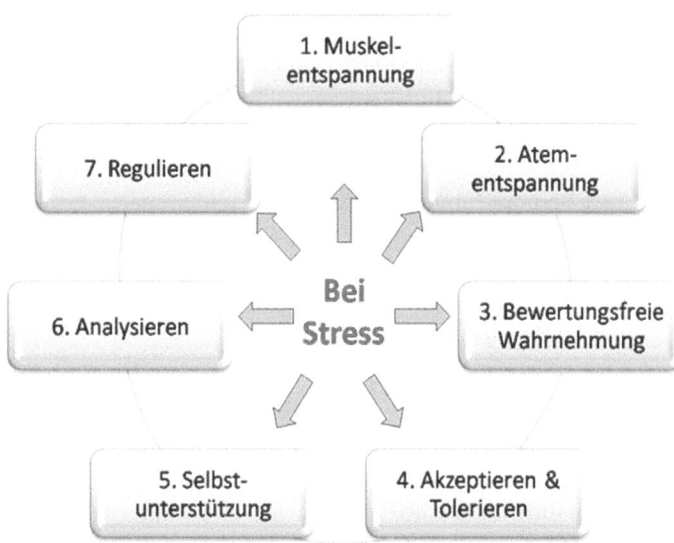

Abb. 2.10 Sieben Kernkompetenzen des Stress-Management-Trainings (nach Berking, 2010)

2.3.2   Innovationsförderung durch Organisationsentwicklung auf Teamebene

Innovation ist der Motor der Wirtschaft und der demografische Wandel die größte Herausforderung für den Arbeitsmarkt der Zukunft. Um diesen Trends gerecht zu werden, werden aktuell in vielen Betrieben weitreichende Versuche im Bereich der Organisationsentwicklung mit dem Ziel unternommen, die Innovationsfähigkeit von altersgemischten Teams zu fördern.

Eine Vielzahl von Firmen ist jedoch unzufrieden mit dem wirtschaftlichen Erfolg ihrer Innovationsbemühungen (BCG, 2009). Zudem herrscht weitgehend Unsicherheit bezüglich der Auswahl von Messgrößen, mit denen Innovationsleistungen bewertet werden können. Daraus resultiert bei vielen Unternehmen sowohl die Notwendigkeit als auch der Wunsch nach strukturierten Innovationsprozessen, die eigenständig gesteuert und evaluiert werden können.

Vor diesem Hintergrund wird im Projekt INNOKAT auf Teamebene eine Intervention zur Steigerung der Innovationsleistung altersgemischter Teams entwickelt, methodisch und instrumentell unterstützt sowie hinsichtlich der erzielten Wirksamkeit evaluiert. So sollen vor allem mittelständische Unternehmen dazu befähigt werden, nachhaltige organisatorische Strukturen aufzubauen, die altersgemischten Innovationsteams eine Selbststeuerung ihrer Innovationsarbeit und eine langfristige Sicherung ihrer Innovationsfähigkeit ermöglichen.

2.3.2.1   Theoretische Grundlage

Zur Bestimmung relevanter und von Beschäftigten akzeptierter Erfolgsindikatoren von Innovationsarbeit wird der motivationspsychologisch fundierte, empirisch überprüfte Ansatz des Partizipativen Produktivitätsmanagements (PPM) (siehe Schmidt 2004 bzw. Productivity Measurement and Enhancement System, nach Pritchard, 1993) aufgegriffen und auf das Innovationsmanagement übertragen.

PPM beschreibt in seiner Grundform einen vielfach erprobten, kennzahlen- bzw. indikatorbasierten Ansatz zur Messung, Steuerung und Rückmeldung der Produktivität von Arbeitsgruppen. Unter Berücksichtigung der spezifischen Merkmale von altersgemischter Innovationsarbeit wurde im Rahmen von INNOKAT ein abgewandeltes Instrument zur aktiven Steuerung und Messung von Innovationsprojekten in Unternehmen entwickelt und erprobt, das „Partizipative Innovationsmanagement" (PIM). Nachfolgend wird die Vorgehensweise zur Einführung von PIM kurz skizziert.

2.3.2.2   Vorgehen

In einer Reihe von moderierten Workshops entwickeln altersgemischte Innovationsteams Innovationsziele bzw. -aufgaben sowie Kennzahlen, die die Grundlage für ein selbstgesteuertes Bewertungssystem ihrer Teamarbeit bilden.

Die Kennzahlen sind zur selbstorganisierten Messung der Innovationstätigkeiten notwendig und ermöglichen dem Innovationsteam gleichzeitig eine kontinuierliche

Rückmeldung ihrer Innovationsproduktivität. Die Implementierung des PIM-Systems innerhalb eines Innovationsteams erfolgt dabei in vier aufeinander aufbauenden Schritten:

- *Schritt 1: Festlegung der Innovationsziele und -aufgaben*
  In moderierten Gruppendiskussionen legt das Innovationsteam die Ziele und Aufgaben der Gruppe fest. Diese werden im Anschluss in Aufgabenbereiche gegliedert und mit dem Management, unter Berücksichtigung der übergeordneten Unternehmensziele, abgestimmt. Hierbei ist es besonders wichtig, darauf zu achten, dass Aufgaben, die das Innovationsteam zu bearbeiten hat, erfasst werden, da diese die Grundlage des Messsystems bilden.
- *Schritt 2: Bestimmung von Indikatoren zur Messung der Innovationsleistung*
  Sobald Ziele und Aufgaben des Innovationsteams in Aufgabenbereiche gegliedert wurden, werden für jeden Aufgabenbereich Indikatoren erarbeitet, anhand derer die Teamleistung gemessen werden kann. Das Team selbst legt also die Indikatoren zur Leistungsbewertung fest. Durch Rücksprache mit dem Management wird den Mitgliedern des Innovationsteams somit ermöglicht, dass ihre Leistung der Teamrealität entsprechend bewertet wird. Dadurch werden die Grundlagen für ein zielbezogenes Arbeiten im Team geschaffen. Als Kennzahlen können sowohl harte Indikatoren (z. B. finanzielle Einsparungen) als auch weiche Indikatoren (z. B. verbesserte Kommunikation) verwendet werden. Entscheidendes Kriterium ist, dass die Kennzahlen unmittelbar von der Arbeit des Teams beeinflusst werden können.
- *Schritt 3: Erstellung von Bewertungsfunktionen*
  Für jeden entwickelten Indikator werden nun Bewertungsfunktionen aufgestellt. Diese dienen sowohl der Berechnung der Effektivität des Innovationsteams als auch der grafischen Illustration der Leistungsentwicklung. Die Erstellung der Bewertungsfunktion erfolgt für jeden einzelnen Indikator in zwei Schritten. Zunächst werden für jeden Indikator, unabhängig voneinander, Norm-, Minimal- und Maximalwerte festgelegt; also die drei Ausprägungen eines Indikators, die das Innovationsteam im „normalen" (Normwert), im besten (Maximalwert) und im schlechtesten (Minimalwert) Fall erzielen kann. Die Werte müssen realitätsgetreu abgebildet werden, d. h., nicht das theoretische Maximum, sondern ein realistisch erreichbarer Wert des Indikators sollte gewählt werden. Minimalwerte entsprechen dem Punkt, an dem das Vorhaben aus Sicht des Innovationsteams als gescheitert gilt.

Anschließend legt das Team gemeinsam fest, wie stark jeder Indikatorwert zur Gesamtleistung der Gruppe beiträgt, indem den Norm-, Minimal- und Maximalpunkten Effektivitätswerte zugeordnet werden. Dem Normwert wird dabei der Effektivitätswert 0 zugewiesen; er entspricht also einer Teamleistung, die unter „normalen" Umständen zu erwarten ist und für die das Team keinerlei besondere Anerkennung erwartet. Der Maximalwert, dem das Team die größte Priorität in Bezug auf die Gesamtleistung der Gruppe zugeordnet hat, erhält den fest definierten Wert von +100, während die anderen Indikatoren relativ daran ausgerichtet werden. Dieses Vorgehen wird für die Minimalwerte wiederholt. Hierbei wird analog zum höchst priorisierten Maximalwert häufig der Wert -100 verwendet.

- *Schritt 4: Regelmäßiges Feedback*
  Basierend auf den Bewertungsfunktionen, erhalten die Teams regelmäßig einen Feedbackreport für jeden Aufgabenbereich. In moderierten Feedbackrunden werden die Ergebnisse vorgestellt, besprochen und sind Grundlage für Leistungsverbesserungen. Mittelfristig wird dabei der Übergang zu einem selbstgesteuerten Feedbacksystem angestrebt.

2.3.2.3   Zusammenfassung

Durch die gemeinsame Entwicklung von Innovationszielen und Kennzahlen soll zum einen die valide Messung und Steuerung der Innovationstätigkeiten in altersgemischten Innovationsteams verbessert werden und zum anderen der Zusammenhalt und die gegenseitige Wertschätzung von Altersunterschieden innerhalb der Gruppe gestärkt werden.

Neben der methodischen Beratung werden den Unternehmen zudem notwendige Unterstützungssysteme (z. B. in Form eines softwarebasierten Tools) zur Verfügung gestellt, die den Teams eine kontinuierliche Verfolgung und Rückmeldung ihrer Innovationsleistung ermöglichen.

2.3.2.4   Erprobung in der Praxis

Im Rahmen des Projekts INNOKAT wird das PIM-System in verschiedenen altersgemischten Innovationsteams mittelständischer Unternehmen angewandt und hinsichtlich seiner Praktikabilität evaluiert. Bei der ABC-Logistik GmbH wurde PIM u. a. in einem interdisziplinären, altersgemischten Team entwickelt, das sich mit der Optimierung interner Prozesse beschäftigt; also interne Innovationen für Organisationsabläufe generiert und implementiert. Laut Geschäftsführung sind die Themen Demografie und Innovation für die Zukunft des Unternehmens von größter Bedeutung, da der Erfolg der Unternehmensprodukte unmittelbar vom Innovationspotenzial der Mitarbeiter abhängt.

Durch die Einführung von PIM im internen Innovationsteam hat das Unternehmen eine Methodik erlernt, mit der es auch nach Projektende seine alters- und abteilungsübergreifende Innovationsarbeit in Gruppen selbstständig steuern und evaluieren kann. Als Erfolgskriterium für die Einführung des Systems und für die gesteigerte Akzeptanz im Unternehmen hat sich eine frühzeitig beginnende und kontinuierliche aufrechtzuerhaltende Informationskultur bei den Mitarbeitern des gesamten Unternehmens herauskristallisiert. Ebenso hat sich das frühzeitige und regelmäßige Feedback der Geschäftsführung zu den verschiedenen Schritten der Systementwicklung als sehr wertvoll erwiesen.

Laut Geschäftsführung hat vor allem das durch PIM erlangte Methodenwissen im Umgang mit Innovationsprozessen und die dadurch ermöglichte, zielbezogene Form der Zusammenarbeit dazu beigetragen, dass das Innovationsteam auch in Zukunft selbstgesteuert an internen Innovationen arbeiten kann. Zudem soll das interne Innovationsteam als Multiplikator der PIM-Methodik für zukünftige Innovationsteams im Unternehmen eingesetzt werden und somit eine Verankerung des Systems in die Organisationsstrukturen gewährleisten.

2.3.3   Innovationsförderung durch Personalentwicklung auf Managementebene

Der demografische Wandel und die damit einhergehende zunehmende Altersheterogenität von Teams stellen vor allem Führungskräfte vor besondere Herausforderungen. Zu diesen gehören Vorurteile innerhalb von Teams, die zu Konflikten zwischen jüngeren und älteren Mitarbeitern führen können, oder eine geringere Wertschätzung von älteren Mitarbeitern. Studien belegen, dass solche Faktoren die Leistungs- und Innovationsfähigkeit von altersgemischten Teams erheblich beeinträchtigen können. Bei gutem Teamklima, komplexen Aufgaben, geringen Vorurteilen und einer hohen Wertschätzung von älteren Mitarbeitern hingegen kehren sich die oben beschriebenen Zusammenhänge um und führen zu einem positiven Einfluss von Altersunterschieden in Teams auf Innovationsfähigkeit und Leistung (Ries et al., 2010a, b, 2012, ADIGU). In Unternehmen haben vor allem Führungskräfte einen starken Einfluss auf die oben beschriebenen Prozesse. Dadurch können sie maßgeblich dazu beitragen, dass Altersheterogenität in Teams nicht zum Innovationshemmnis wird, sondern als Chance zur Steigerung von Leistung und Innovationsfähigkeit genutzt werden kann.

Im Projekt INNOKAT wurde daher ein Management-Training entwickelt, das Führungskräfte gezielt auf den Umgang mit den besonderen Herausforderungen in altersheterogenen Teams vorbereitet. Dieses Training basiert auf dem Führungsstil „Servant Leadership", welcher sich durch eine sozialverantwortliche und nachhaltige Art der Führung auszeichnet (Greenleaf, 2002). Wissenschaftliche Untersuchungen belegen, dass dieser Führungsstil die o. g. Team- Prozesse positiv beeinflusst und damit zur Steigerung von Leistungs- und Innovationsfähigkeit in Teams beitragen kann (Rivkin et al., 2014).

Um Wissenschaftlern und Praktikern zugleich einen detaillierten Einblick in die Bestandteile des Trainings zu geben, gehen wir in Abschnitt 2.4 „Training von Führungskompetenzen zur Steigerung der Innovation und Produktivität in altersgemischten Teams" auf die theoretischen Grundlagen sowie die praktische Umsetzung des Trainings mit den Partnerunternehmen gesondert ein.

2.3.4   Sichtbarkeit der gesteigerten Innovations- und Wettbewerbsfähigkeit beim Kunden und am Markt durch das integrative Interventionskonzept

Unternehmen agieren, nicht zuletzt aufgrund der zunehmenden Globalisierung der Märkte, in einem immer dynamischeren Umfeld, dessen steigende Komplexität eine kontinuierliche Anpassung unternehmensinterner an unternehmensexterne Einflussgrößen unumgänglich macht. Dabei besteht im Zusammenhang mit unternehmensgetriebenen Innovationsvorhaben Konsens dahingehend, dass die für das Hervorbringen innovativer Produkte und Dienstleistungen notwendigen Ressourcen und Potenziale vor allem von Mitarbeitern in den unternehmenseigenen Innovationsprozess eingebracht werden. Aufgabe des Managements ist es, diese Ressourcen und Potenziale im Spannungsfeld zwischen Technologie, Umfeld und Markt im Hinblick auf die Effektivität und die Effizienz des angestrebten Innovationsvorhabens zu koordinieren (vgl. Abbildung 2.11).

Insbesondere vor dem Hintergrund des demografischen Wandels sind die unterschiedlichen Auswirkungen eines solchen stetigen Innovationsprozesses auf Unternehmen bisher noch nicht ausreichend betrachtet worden. Zur Bewertung der Wirksamkeit der einzelnen Interventionsmaßnahmen des Projekts INNOKAT wurde deshalb zunächst ein Ebenenkonzept auf Basis des Balanced-Scorecard-Ansatzes abgeleitet. Dieses berücksichtigt die unterschiedlichen Gruppen von Einflussfaktoren der jeweiligen Ebenen (Potenziale – Prozesse – Kunden – Finanzen) und bettet diese in einen unternehmerischen Gesamtkontext ein (vgl. Ahlfeld et al., 2013).

Der entwickelte Ansatz wurde unter Berücksichtigung der wesentlichen Ziele des Verbundprojektes in ein messbares Modell überführt, um zum einen Ursache-Wirkungs-Beziehungen der relevanten Variablen beschreiben zu können und um zum anderen Aussagen über die Wirkung der einzelnen Interventionen im Hinblick auf die Innovationsfähigkeit eines Unternehmens treffen zu können. Das Modell basiert auf den folgenden elf Variablen, die im weiteren Verlauf detaillierter beschrieben werden.

- Erfolg
- Sichtbarkeit
- Subjektbezogene Innovationsdimension

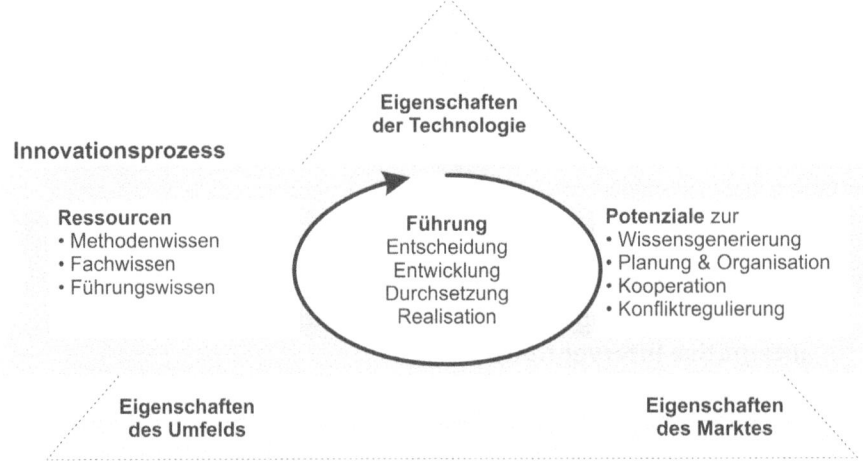

Abb. 2.11 Spannungsfeld unternehmensgetriebener Innovationsprozesse

- Innovationsergebnis
- Zielverständnis
- Leistungsvermögen
- Zusammenarbeit
- Altersheterogenität
- Teamorientierung der Führungskraft
- Wertschätzung
- Autonomie

Die zu beurteilende Innovationsfähigkeit eines Unternehmens wird durch die beiden (Ergebnis-)Variablen *Erfolg* und *Sichtbarkeit* der Innovationsbemühungen beschrieben. Diese Zweiteilung basiert zum einen auf dem Umstand, dass „Inventionen erst zu Innovationen [werden], wenn sie sich auf einem Markt durchsetzen" (Hauschildt, 2011: 40), im besten Fall Gewinne erwirtschaften und damit bspw. die Marktposition eines Unternehmens beeinflussen *(Erfolg)*. Zum anderen darf in diesem Kontext die Wahrnehmung eines Unternehmens am Markt, vor allem als kreativer Innovator, und dessen Bemühungen, Kunden entlang des gesamten Innovationsprozesses zu integrieren, nicht vernachlässigt werden, denn nach Cooper (1998) stellt insbesondere die Kundenintegration im Zusammenhang mit Innovationsvorhaben einen der wesentlichsten Erfolgsfaktoren dar *(Sichtbarkeit)*. Die Sicht des Marktes ist darüber hinaus zur Beurteilung des tatsächlichen Neuartigkeitsgrades entscheidend, denn „neu, [Anm.: also innovativ] kann nur sein, was neu für den Markt ist" (Wentz, 2008: 17) *(subjektbezogene Innovationsdimension)*.

Diese marktorientierte Perspektive ist zur Beurteilung der Wirksamkeit der im Projekt durchgeführten Interventionen um eine innerbetriebliche Perspektive insofern zu ergänzen, als dass neben dem eigentlichen Ergebnis des Innovationsprozesses *(Innovationsergebnis)* solche Aspekte Berücksichtigung finden, die für das Hervorbringen von Innovationen, zunächst gleich welcher Art, als ursächlich anzusehen sind. Ausgehend von einem einheitlichen, gemeinsamen Verständnis im Hinblick auf die übergeordnete Unternehmensvision und die daraus abgeleiteten Ziele des Unternehmens *(Zielverständnis)*, sind dies die dem Unternehmen zur Verfügung stehenden Kompetenzen und Fähigkeiten der beschäftigten Mitarbeiter, die wiederum zur Generierung kreativer und innovativer Lösungen in den Innovationsprozess eingebracht werden *(Leistungsvermögen)*. Unter der Annahme, dass Mitarbeiter i. d. R. in aufgabenspezifischen Arbeitsgruppen, bspw. in einem Innovationsteam, organisiert sind, ist folglich auch die Ausgestaltung der Zusammenarbeit innerhalb einer Arbeitsgruppe im Hinblick auf die Umsetzung innovativer und kreativer Ideen als nicht unerheblicher Einfluss auf die Innovationsfähigkeit eines Unternehmens zu berücksichtigen *(Zusammenarbeit)*. Speziell im Hinblick auf das Ergebnis dieser Zusammenarbeit wird untersucht, wie innerhalb eines Unternehmens grundsätzlich mit dem Umstand der zunehmend veränderten Altersstruktur der Belegschaft umgegangen wird *(Altersheterogenität)* und welche Einflüsse sich im Hinblick auf die Effektivität und die Effizienz der Gruppenarbeit identifizieren lassen. Analog dazu wird untersucht, inwieweit Führungskräfte die gemeinschaftliche Zusammenarbeit unterstützen bzw. fördern

(Teamorientierung der Führungskraft) und auf welche Art und Weise das Unternehmen individuelle Leistungen honoriert und welche Anreize es zur (Leistungs-)Motivation der Mitarbeiter setzt *(Wertschätzung)*. Denn insbesondere Innovationsteams sind auf die Unterstützung des Managements und die wertschätzende Anerkennung ihrer Leistungen angewiesen (vgl. Lechler, 1998), um die gesetzten Ziele erreichen zu können. Zur Beurteilung der Innovationsfähigkeit muss weiterhin das unternehmensinterne Spannungsfeld zwischen Routineprozessen auf der einen und „kreativem Chaos" auf der anderen Seite dahingehend analysiert werden, ob den Mitarbeiten ausreichende Handlungs- und Gestaltungsfreiräume zur Entfaltung der eigenen Kompetenzen und Fähigkeiten im Hinblick auf die Generierung innovativer und kreativer Ideen zugesprochen werden *(Autonomie)*. Es ist nämlich evident, dass zum einen „[…] innovative Aufgaben andere organisatorische Rahmenbedingungen als Routineaufgaben erfordern" und dass zum anderen „[…] Spezialisierung, Formalisierung, Standardisierung und klare formale Kommunikationsstrukturen [dem] besonderen Bedarf an Flexibilität, Reaktionsfähigkeit [und] Offenheit […] bei innovativen Aufgaben entgegenstehen" (Lühring, 2007: 143 f.).

Mithilfe des entwickelten Modells wird es möglich sein, die im Verbundprojekt durchgeführten Interventionen auf Mitarbeiter-, Team- und Führungsebene im Hinblick auf mögliche intermediäre Ursache-Wirkungs-Beziehungen zu untersuchen und eine Aussage über die Innovationswirksamkeit der einzelnen Maßnahmen im unternehmerischen Gesamtkontext zu treffen.

Literaturverzeichnis Abschnitt 2.3

Ahlfeld, Christian; Frießem, Martina; Huber, Miriam; Zülch, Joachim (2013): *Ansatz eines markt- und kundenbezogenen Einflussfaktorenmodells zur Messung des Innovationspotentials.* In: Petra Winzer (Hrsg.): Berichte zum Generic-Management. Band 4. Aachen: Shaker Verlag, S. 1-22.

Berking, Matthias (2010): *Training emotionaler Kompetenzen.* 2. Auflage. Berlin/ Heidelberg: Springer.

Boston Consulting Group (2009): *Measuring innovation: The need for action. Boston,* MA: The Boston Consulting Group.

Cassavaugh, Nicholas D.; Kramer, Arthur F. (2009): *Transfer of computer-based cognitive training to simulated driving in older adults.* Applied Ergonomics, 40, S. 943–952.

Cooper, Robert G. (1998): *Product Leadership. Creating and Launching Superior New Products.* Cambridge: Perseus Books.

Gajewski, Patrick D.; Falkenstein, Michael (2011): *Neurocognition of aging in working environments.* Journal of Labour Market Research, 44, S. 307-320.

Gianaros, Peter J.; Jennings, Richard J.; Sheu, Lei K.; Greer, Phil J.; Kuller, Lewis H.; Matthews, Karen A. (2007): *Prospective reports of chronic life stress predict decreased grey matter volume in the hippocampus.* Neuroimage, 35, S. 795–803.

Greenleaf, Robert K. (2002). *Servant Leadership: A Journey into the Nature of Legitimate Power and Greatness.* New York: Paulist Press.

Hauschildt, Jürgen; Salomo, Sören (2011): *Innovationsmanagement.* 5. überarbeitete, ergänzte und aktualisierte Auflage. München: Franz Vahlen.

Ilmarinen, Juhani (1999): *Ageing workers in the European Union: status and promotion of work ability, employability and employment.* Helsinki: Finnish Institute of Occupational Health and Ministry of Social Affairs and Health.

Jaeggi, Susanne M., Buschkuehl, Martin; Jonides, John; Perrig, Walter J. (2008): *Improving fluid intelligence with training on working memory.* Proceedings of the National Academy of Sciences of the United States of America, 105, S. 6829-6833.

Karbach, Julia; Schubert, Torsten (Hrsg.) (2013): Training-induced cognitive and neural plasticity. Research Topic, Frontiers in Human Neuroscience, 7, S. 48.

Küper, Kristina; Rivkin, Wladislaw; Diestel, Stefan; Schmidt, Klaus-Helmut; Myskovszky von Myrow, Theresa; Przbysz, Philipp; Ahlfled, Christian; Frießem, Martina; Zülch, Joachim; Kleibömer, Susanne; Günnewig, Julia; te Heesen, Michael; Falkenstein, Michael (im Druck): *Exploring Demographics – Transdisziplinäre Perspektiven zur Innovationsfähigkeit im demografischen Wandel.* Springer, im Druck.

Lechler, Thomas; Gemünden, Hans G. (1998): *Kausalanalyse der Wirkungsstruktur der Erfolgsfaktoren des Projektmanagements.* DBW, 58, S. 435-450.

Li, Shu-Chen; Lindenberger, Ulman; Hommel, Bernhard; Aschersleben, Gisa; Prinz, Wolfgang; Baltes, Paul B. (2004): *Transformations in the couplings among intellectual abilities and constituent cognitive processes across the life span.* Psychological Science, 15, S. 155-163.

Martin, Mike; Grünendahl, Martin; Martin, Peter (2001). *Age differences in stress, social resources, and well-being in middle and older age.* The Journals of Gerontology, Series B: Psychological Sciences and Social Sciences, 56, S. 214–222.

Pritchard, Robert D.; Holling, Heinz; Lammers, Franz; Clark, Barbara (Hrsg.) (2002): *Improving organizational performance with the productivity measurement and enhancement system: An international collaboration.* New York: Nova Science Publishers.

Pritchard, Robert David; Kleinbeck, Uwe; Schmidt, Klaus-Helmut (Hrsg.) (1993): *Das Managementsystem PPM: Durch Mitarbeiterbeteiligung zu höherer Produktivität.* München: Beck Verlag.

Ries, Birgit C.; Diestel, Stefan; Wegge, Jürgen; Schmidt, Klaus-Helmut (2010a): *Die Rolle von Alterssalienz und Konflikten in Teams als Mediatoren der Beziehung zwischen Altersheterogenität und Gruppeneffektivität.* Zeitschrift für Arbeits- und Organisationspsychologie, 54, S. 117-130.

Ries, Birgit C.; Diestel, Stefan; Wegge, Jürgen; Schmidt, Klaus-Helmut (2010b): *Altersheterogenität und Gruppeneffektivität – Die moderierende Rolle des Teamklima.* Zeitschrift für Arbeitswissenschaft, 64, S. 137-146.

Ries, Birgit C.; Diestel, Stefan; Wegge, Jürgen; Schmidt, Klaus-Helmut (2012): *Altersheterogenität und Gruppeneffektivität: Der Einfluss von Konflikten und Wertschätzung für Altersheterogenität.* Zeitschrift für Arbeitswissenschaft, 66, S. 58-71.

Rivkin, Wladislaw; Diestel, Stefan; Schmidt, Klaus-Helmut (2014): *The positive relation-ship between servant leadership and employees' psychological health: A multi-method approach.* Zeitschrift für Personalforschung, 28, S. 52-72.

Schmidt, Klaus-Helmut (2004): *Förderung von Gruppenleistungen durch das Partizipative Produktionsmanagement (PPM).* In: Heinz Schuler (Hrsg.): Beurteilung und Förderung beruflicher Leistung. 2. Auflage. Göttingen: Hogrefe, S. 239-253.

VonDras, Dean D.; Powless, Mark R., Olson, Angela K.; Wheeler, Darryl; Snudden, Amy L. (2005): *Differential effects of everyday stress on the episodic memory test performances of young, mid-life, and older adults.* Aging & Mental Health, 9, S. 60–70.

Wentz, Rolf-Christian (2008): *Die Innovationsmaschine. Wie die weltbesten Unternehmen Innovationen managen.* Berlin/Heidelberg: Springer.

2.4 Training von Führungskompetenzen zur Steigerung der Innovation und Produktivität in altersgemischten Teams

Laura Bröker, Wladislaw Rivkin, Julia Günnewig

2.4.1 Einführung

Auf Management-Ebene ist im Rahmen des INNOKAT-Projekts ein Führungskräftetrai-ning mit dem Ziel entwickelt worden, klein- und mittelständische Unternehmen für das Innovationspotenzial älterer Mitarbeiter zu sensibilisieren und negative Effekte von Alters-diversität zu vermeiden. Im Rahmen des Projekts ADIGU (Ries, Diestel, Shemla, Lieber-mann, Jungmann, Wegge & Schmidt, 2012) konnten negative Effekte von Altersdiversität auf Teamleistung nachgewiesen werden. Dieser Zusammenhang wurde durch Altersste-reotype, emotionale und inhaltliche Konflikte sowie den Fokus auf Altersunterschiede im Team von einzelnen Teammitgliedern vermittelt.

Die Konzeption des Trainings basiert auf dem theoretischen Ansatz des „Servant Leadership"-Führungsstils (Liden et al., 2008; Ehrhart, 2004). Einer der Gründe für die Wahl eben dieses Ansatzes liegt im positiven Einfluss dieses Führungsstils. Aktuelle Stu-dien belegen, dass Servant Leadership positiven Einfluss auf die affektive Organisations-bindung, Arbeitszufriedenheit, soziale Unterstützung und die empfundene prozedurale Gerechtigkeit ausübt (Ehrhart, 2004) und somit den negativen Zusammenhang zwischen Altersdiversität und Teamleistung mindern kann.

Der Führungsstil Servant Leadership wurde von Greenleaf (2002) begründet. Inspi-riert durch Hermann Hesses „Die Morgenlandfahrt", stellt Greenleaf die Führungsperson einer Gruppe erstmals als prinzipientreuen „Dienstleister" dar, dessen Priorität darin liegt, die Interessen und Bedürfnisse seiner Mitarbeiter, der Stakeholder und des Unternehmens in Einklang zu bringen (Rivkin et al., 2014). Ein zentrales Anliegen ist dabei die Entfaltung des individuellen Potenzials der geführten Mitarbeiter. Dabei fördert die Führungskraft ihre Mitarbeiter in den Bereichen Leistungsfähigkeit, gesellschaftliche und soziale Verantwortung, Eigenmotivation und Führungskompetenz. Die individuellen Bedürfnisse der Mitarbeiter stehen hierbei im Vordergrund (Boyatzis & McKee, 2005; George, 2003). Durch Empathie, Akzeptanz, die Pflege von langfristigen Beziehungen zu Mitarbeitern und das Einbinden von Mitarbeitern in Entscheidungsprozesse fördert Servant Leadership bei Mitarbeitern den Glauben an die eigenen Fähigkeiten und die Widerstandsfähigkeit bei Stress, Konflikten und Kritik. Folglich können „Servant Leader" die Leistungsfähigkeit ihrer Mitarbeiter steigern, ohne auf manipulative Strategien wie z. B. das Ausnutzen ihrer Machtstellung oder materielle Anreize zurückgreifen zu müssen. Servant Leadership hat jedoch nicht nur positiven Einfluss auf Mitarbeiterebene. Auf gesamtgesellschaftlicher Ebene zeichnet sich Servant Leadership darüber hinaus durch faire Löhne, vertrauensvolle Betriebspartnerschaften und transparente Zusammenarbeit aus.

Basierend auf den Überlegungen von Greenleaf (2002), haben Ehrhart (2004) und Liden et al. (2008) sieben Kerndimensionen von Servant Leadership identifiziert (siehe Tabelle 2.7; Liden, et al., 2008: 171).

Besonders die, sich durch Moralität und Prinzipientreue auszeichnenden, Dimensionen „sozialverantwortliches Verhalten", „Die Mitarbeiter- und Stakeholderinteressen vor die eigenen stellen" und „Schaffen eines Mehrwerts für die Gesellschaft" veranschaulichen einen bedeutenden Unterschied zu anderen Führungsstilen. Studien im Bereich der Führungsforschung konnten Unterschiede speziell zwischen Servant Leadership und charismatischer/transformationaler Führung zeigen. Obwohl charismatische Führung als äußerst erfolgreicher Führungsstil gilt, belegen Studien, dass dieser Führungsstil auch unmoralisches Verhalten fördern kann. Zum einen können transformationale Führungskräfte

Tab. 2.7 Dimensionen des Servant Leadership nach Liden et al. (2008)

Konzeptuelle Fähigkeiten	Fähigkeit, mithilfe des eigenen Wissens über die Organisation und ihre Aufgaben Mitarbeiter effektiv zu unterstützen, zu begleiten und zu entwickeln.
Empowerment	Mitarbeiter dazu ermutigen und befähigen, Aufgaben und Probleme eigenständig/proaktiv zu erkennen und zu lösen.
Entwicklungs- und Erfolgsförderung	Durch fachliche und soziale Unterstützung die persönliche Entwicklung und Karriere der Mitarbeiter fördern.
Die Mitarbeiter- und Stakeholderinteressen vor die eigenen stellen	Den Mitarbeitern und Stakeholdern zeigen, dass ihre Probleme und Anliegen ernst genommen, gehört und berücksichtigt werden.
Sozialverantwortliches Verhalten	Ehrlicher, fairer und ethisch korrekter Umgang mit anderen.
Empathie	Auf die Probleme von Personen mit Sensibilität und Einfühlungsvermögen eingehen.
Schaffen eines Mehrwerts für die Gesellschaft	Starkes authentisches Interesse am Wohlergehen der Gesellschaft zeigen.

ihre Mitarbeiter instrumentalisieren, um Unternehmensziele zu erreichen. Zum anderen führt der idealisierte Einfluss der Führungskraft dazu, dass Mitarbeiter moralische Prinzipien der Führungskraft weniger oder gar nicht hinterfragen. Solga und Effelsberg (2013) bezeichnen dieses Verhalten als unethisch pro-organisationales Verhalten, das zwar einen großen Nutzen für das Unternehmen haben, dies jedoch auch Kosten für Personen außerhalb des Unternehmens nach sich ziehen kann. Die Bereitschaft, sich unmoralisch zugunsten des eigenen Unternehmens zu verhalten, wird durch affektive Organisationsbindung verstärkt. Je stärker sich eine Person im Sinne der sozialen Identität an ein Unternehmen gebunden fühlt und sich mit dem Unternehmen identifiziert, desto höher ist die Neigung, für dieses Unternehmen unethische Entscheidungen zu treffen. Servant Leader hingegen berücksichtigen alle Stakeholder-Interessen und leben ethisch korrekte Verhaltensweisen vor. Aufgrund des daraus resultierenden reziproken Miteinanders werden Entscheidungen, die nur auf den Unternehmensgewinn ausgerichtet sind, abgelehnt.

Verschiedene Studien konnten positive Auswirkungen von Servant Leadership auf verschiedenen Unternehmensebenen nachweisen. Auf Mitarbeiterebene führt Servant Leadership zu einer erhöhten Arbeitsleistung, Arbeitszufriedenheit, mehr Engagement sowie erhöhter physischer und psychischer Gesundheit (Liden et al., 2008; Rivkin et al., 2014). Auf Teamebene zeigten Studien eine gesteigerte Gesamtleistung, erhöhtes gegenseitiges Vertrauen, verbesserte Kommunikation und gegenseitige soziale Unterstützung (Dierendonck & Nuijten, 2011: 262). Und auch in der Gesamtperspektive lassen sich ein verbessertes Unternehmensimage, verstärkte Kunden- und Lieferantenbindungen sowie steigende Unternehmensgewinne als Folge von „Servant Leadership" nachweisen (Rivkin et al., 2014: 360).

Bei der Konzeption des Trainings fanden vier Kerndimensionen von Servant Leadership besondere Berücksichtigung. Die Umstellung der Führungsroutinen in den Bereichen „sozialverantwortliches Verhalten", „Entwicklungsförderung", „Empowerment" und „Wertschätzung" soll sich fördernd auf den Umgang der Führungskräfte mit altersgemischten Belegschaften auswirken und im Führungsalltag kurz-, aber auch langfristig zu einer gesteigerten Innovationsfähigkeit führen. Dabei werden den Führungskräften mittels verständlicher Vorträge und praktikabler Strategien alltagstaugliche, direkt umsetzbare Führungsmethoden an die Hand gegeben.

Die übrigen Dimensionen „Konzeptionelle Fähigkeiten", „Empathie" und „Mehrwert für die Gesellschaft" sind bei der Entwicklung der einzelnen Trainingsblöcke berücksichtigt worden. Z. B. werden konzeptionelle Fähigkeiten von den Führungskräften im Bereich der praktischen Übungen gefordert, Empathie findet besondere Berücksichtigung im Block Wertschätzung und der Mehrwert der Gesellschaft stellt sich als langfristige Folge sozialverantwortlichen Verhaltens ein.

Das Servant-Leadership-Führungskräftetraining ist in seiner Konzeption neuartig. Die Schulung der Führungskräfte in den vier Trainingsabschnitten 1. Sozialverantwortliches Verhalten, 2. Entwicklungs- und Erfolgsförderung, 3. Empowerment und 4. Wertschätzung soll dabei, neben den o. g. positiven Effekten, zu verbesserter Zusammenarbeit und einem positiven Teamklima führen. In Übereinstimmung mit den Ergebnissen von Ries et al. (2010a; 2010b; 2012) erwarten wir durch das Training eine Abnahme der negativen Effekte von Altersheterogenität auf Gruppenprozesse und Einstellungen wie z. B. Altersstereotype, mangelnde Wertschätzung von Diversität, vermehrte Konflikte etc. Obwohl auch Trainings anderer Führungsstile Aspekte wie Wertschätzung, wertschätzende Kommunikation und Empowerment behandeln, sind die Vernetzung und Kombination der einzelnen Trainingsdimensionen als innovatives Alleinstellungsmerkmal unseres Trainings hervorzuheben. So ist z. B. davon auszugehen, dass die Kombination der Themen „sozialverantwortliches Verhalten" und „Wertschätzung" zu einer authentisch wahrgenommenen Wertschätzung unter den Mitarbeitern führt. Und auch die Verbindung von „Entwicklungsförderung" und „Empowerment" stärkt bei den Mitarbeitern das Erleben einer ernst gemeinten und glaubwürdigen Förderung. Außerdem gehen wir davon aus, dass besonders die noch wenig verbreiteten Konzepte Ethik, Integrität, Authentizität und personenzentrierte Führung eine Vertrauenskultur entfalten, die Innovation und Kreativität in Teams erhöht und somit letztendlich die gesamte Unternehmensleistung verbessert.

2.4.2   Trainingsbeschreibung

Das Führungskräftetraining wurde als Zwei-Tages-Training konzipiert, das sich für kleine Gruppen von zehn bis 15 Teilnehmern eignet. Die einzelnen Module umfassen praktische Übungen, Fallstudien, Rollenspiele, den Einsatz multimedialer Komponenten sowie eine theoretische Untermauerung anhand konkreter Studien und Lehrwissen. Im Folgenden stellen wir die einzelnen Dimensionen des Trainings mit den jeweiligen Inhalten dar.

2.4.2.1   Einführung

Der erste Abschnitt des Trainings dient dem Kennenlernen der Teilnehmer mit ihren Trainern und der Einführung in die Thematik.

Das Ziel dieses Abschnitts besteht darin, das Wissen der Teilnehmer in den Bereichen Führung, Führungsstile sowie positive/negative Implikationen verschiedener Führungsstile aufzufrischen. Hierbei wird den Teilnehmern u. a. vermittelt, dass bekannte Führungsstile wie z. B. der autoritäre, laissez-faire oder auch charismatische Führungsstil zu ethisch bedenklichem Verhalten und persönlichen Nachteilen führen können. Neben den Nachteilen charismatischer Führung gehen mit autoritärer Führung außerdem wenig Autonomie, langfristig geringe Eigenmotivation und Unzufriedenheit der Mitarbeiter einher. Der Laissez-faire-Stil ist geprägt von unpersönlichem Umgang miteinander, wenig Feedback seitens der Führungskräfte und langwierigen Informationswegen.

Neben dem theoretischen Input besteht ein weiteres Anliegen darin, die Teilnehmer bereits in der Einführungsphase für die zentralen Themen des Führungsstils „Servant Leadership" zu sensibilisieren und eine Identifikation mit Servant Leadership zu ermöglichen. Hierzu wird den Teilnehmern die Abschiedsrede von Präsident Barack Obama vorgestellt, die anlässlich der Trauerfeier von Nelson Mandela im Juli 2013 gehalten wurde. Obama verweist an mehreren Stellen seiner Rede auf die selbstlose, menschennahe Führung

Mandelas, die sich durch einen ausgeprägten Sinn für Gerechtigkeit, für die Konsequenzen des eigenen Handelns und auch für Kompromisse zum Wohle anderer auszeichnete. Diese Rede soll den Fokus der Teilnehmer auf eine werteorientierte Persönlichkeitsbeschreibung einer idealen Führungskraft lenken und dient der Vorbereitung der anschließenden Übung. In dieser Übung werden die Führungskräfte aufgefordert, stichwortartig festzuhalten, welche positiven Attribute Kollegen, Mitarbeiter und die eigenen Führungskräfte ihnen zuschreiben und bei einer Abschiedsrede (anlässlich der eigenen Pensionierung o. Ä.) anführen könnten und sollten (siehe Tabelle 2.8). Anschließend werden diese Attribute im Plenum gesammelt und den vier Trainingsdimensionen zugeordnet, um zu verdeutlichen, wie sich die Trainingsinhalte auf die Wahrnehmung der Teilnehmer als Führungskraft auswirken können.

Tab. 2.8 Übung „Die Abschiedsrede" nach Küper et al. (in Druck)

Activity	**Die Abschiedsrede**
♥ (affektiv)	Sensibilisierung für die Kernaspekte von Servant Leadership
(kognitiv)	Selbstreflexion der eigenen Einstellungen und moralischen Grundlagen stärken
(behavioral)	Verhalten fördern, welches transparenten ethischen Prinzipien entspricht
	Stellen Sie sich vor, Sie sind bereits am Ende Ihrer Karriere angekommen und Ihre Rente steht kurz bevor. Da Sie seit vielen Jahrzehnten im Unternehmen sind, gibt es anlässlich Ihres Abschiedes eine Feier. Nachdem ausgiebig gegessen und getrunken wurde, hat nun jeder die Gelegenheit, ein paar Worte über Sie zu sagen.
	Was denken Sie: Wie würden Ihre Mitarbeiter, Kollegen oder Vorgesetzte Sie beschreiben? Sagen sie Dinge wie: „Herr/Frau war immer zuverlässig/engagiert/ pünktlich" oder „Ich habe ihn/sie immer als eine Art Mentor wahrgenommen" oder „Er/sie war immer ein knallharter Verhandlungspartner"?
	Welche Eigenschaften werden die Redner beschreiben? An welche Beiträge und Leistungen sollen sie erinnern?
	Nehmen Sie sich zehm Minuten Zeit und schreiben Sie die Attribute auf Moderationskarten, die in Bezug auf Ihre Person gesagt werden könnten.

2.4.2.2   Sozialverantwortliches Verhalten

Der erste Trainingsabschnitt im Bereich „sozialverantwortliches Verhalten" umfasst die Themengebiete wirtschaftsethische Positionen und Nutzen ethischen Verhaltens, Utilitarismus, Integrität sowie strategische Verhaltensweisen von Führungskräften. Alle Themengebiete verfolgen das Primärziel, die Teilnehmer dazu anzuregen, die eigenen routinierten Handlungsweisen in Bezug auf soziale Verantwortlichkeit zu reflektieren. Hierbei sollen Kosten, Nutzen und Konsequenzen unethischen Verhaltens reflektiert und alternative, ethisch vertretbare Verhaltensweisen gemeinsam erarbeitet werden.

Um unterschiedliche wirtschaftsethische Positionen zu kontrastieren, wird zunächst der Neoliberalismus als polarisierender Gegenpol zum Servant Leadership dargestellt. Der Neoliberalismus zeichnet sich durch die Unterwerfung aller Wirtschaftsbereiche unter die Maxime des Gewinnstrebens und damit die Reduktion der Unternehmensziele auf reine Gewinn- und Ressourcenmaximierung aus. Diese, mit ethischem Verhalten nicht zu vereinbarende Orientierung einerseits und Servant Leadership andererseits werden den Teilnehmern als mögliche Extrempositionen auf einem Kontinuum vorgestellt. Die Trainingsteilnehmer reflektieren, zu welcher Seite des Kontinuums bestimmte Verhaltensweisen zugeordnet werden können und werden ermutigt, stärker nach den Leitlinien des Servant-Leadership-Führungsstils zu führen. Die unternehmenseigenen Leitlinien dienen dabei der praktischen Veranschaulichung beider Positionen und ihrem möglichen Einfluss. Die Teilnehmer diskutieren, wie die Grundsätze ihres Unternehmens lauten müssten, wenn sie einerseits nach dem Neoliberalismus, andererseits nach Servant Leadership ausgerichtet wären, und welche Folgen dies jeweils für ihr Verhalten als Führungskräfte und das gesamte Unternehmen hätte. Ziel ist es zu erkennen, dass eine rein profitorientierte Auslegung der Unternehmensgrundsätze negative Effekte wie z. B. ein schädliches Image, hohe Kündigungsabsichten, misstrauische Kooperationspartner, Konkurrenzdenken und ein konfliktreiches, schlechtes Klima nach sich zieht. Es gilt deshalb zu verstehen, dass Wirtschaft (im Sinne der Ressourcenmaximierung) und Ethik einander nicht ausschließen. Ethik kann auch einen maßgeblichen, messbaren Beitrag zur Wertschöpfung in Form von erhöhter Mitarbeiterzufriedenheit, weniger Fluktuation und geringeren Kündigungsabsichten der Mitarbeiter etc leisten (Liden et al., 2008; Rivkin et al., 2014; Dierendonck & Nuijten, 2011).

Im Folgenden wird der Utilitarismus als weiteres Prinzip für die ethische Bewertung einer Handlung vorgestellt. Das Nützlichkeitsprinzip, die utilitaristische Grundformel, besagt, dass diejenige Handlung im moralischen Sinne richtig ist, deren Folgen für das Wohlergehen aller Beteiligten am besten sind (Bentham, 1781). Das im wirtschaftlichen Kontext bekannteste Beispiel für eine solche Bewertung wäre die Kosten-Nutzen-Analyse. Betrachtet man nun ein Unternehmen in seiner gesamten Komplexität, wird jedoch schnell deutlich, dass eine reine Kosten-Nutzen-Analyse nicht immer möglich ist. Komplexe Problemstellungen, Gerechtigkeit oder persönliche Betroffenheit schränken die Anwendbarkeit dieses Grundsatzes erheblich ein. Diese Grenzen des Utilitarismus werden in einem kurzen Gedankenspiel, das auf dem Trolley-Problem basiert, verdeutlicht. Das ursprüngliche Trolley-Problem schildert das folgende Dilemma: Eine Straßenbahn, die außer Kontrolle geraten ist, droht, fünf Personen zu überrollen. Durch Umstellen der Weiche kann die Bahn umgeleitet werden, jedoch befindet sich auf dem anderen Gleis eine weitere Person. Darf, durch Umlegen der Weiche, der Tod einer Person in Kauf genommen werden, um das Leben von fünf Personen zu retten? Gemäß dem Nützlichkeitsprinzip ja. Um den Teilnehmern also Grenzen dieses Prinzips aufzuzeigen, haben wir das Dilemma um einige Varianten erweitert. Eine mögliche Variante lautet: Wenn die einzelne Person ein 40-jähriger Forscher wäre und kurz vor der Entdeckung eines Heilmittels gegen Krebs stünde und die anderen fünf Personen Rentner im Alter von 80 bis 90 Jahren wären, wen würde man dann retten? Bezogen auf den Unternehmensalltag lassen sich ähnliche, wenn auch nicht gleichermaßen extreme Vergleiche finden. In Bezug auf Altersheterogenität kann z. B. die Frage gestellt werden, ob es sich lohnt, ältere Mitarbeiter fortzubilden. Gemäß dem utilitaristischen Grundprinzip müsste diese Frage verneint werden, da anzunehmen ist, dass eine Investition in den Mitarbeiter sich nicht amortisiert. In Fragen der Gerechtigkeit und Fairness den Mitarbeitern gegenüber stößt das Prinzip jedoch an seine Grenzen.

Neben dem Utilitarismus als Entscheidungsgrundlage wird im Training außerdem die Beurteilung einer Entscheidung auf ihre Güte hin besprochen. Eine effektive Methode der Beurteilung besteht darin, die Konsequenzen einer Entscheidung im Sinne der öffentlichen Vertretbarkeit zu überprüfen. Vergangene Finanz- und Immobilienmarktkrisen liefern für diese Art der Beurteilung eindrucksvolle negative Beispiele. Es ist davon auszugehen, dass die meisten Makler und Bankiers sich vor der Wirtschaftskrise anders verhalten hätten, wenn sie im Vorfeld gewusst hätten, dass Dokumente und Entscheidungen, die im Zusammenhang mit ihrer Person standen, in die Öffentlichkeit gelangen würden. Anhand eines Telefonmitschnitts, in dem ein Gespräch zwischen zwei Bankern zu hören ist, soll deshalb das Konzept Integrität erarbeitet werden. In jenem Gespräch erheitern sich Banker der Anglo Irish Bank daran, den sich abzeichnenden Untergang ihrer Bank durch falsche Auskünfte an Kreditgeber hinauszuzögern. In dem Gespräch wird deutlich, dass die Banker schon vor der Wirtschaftskrise 2012 gewusst haben, dass Kredite nicht hätten zurückgezahlt werden können und dass der irische Staat mit insgesamt 30 Mrd. Euro für diese Pleite würde haften müssen. Dennoch wurden in Gelder anderer Länder als Finanzspritzen angenommen. Ein Verhalten, das nicht nur kriminell ist, sondern im Hinblick auf Führung auch mangelnde Integrität illustriert. Integer zu sein bedeutet in diesem Zusammenhang, sich in *jeder* Situation moralisch einwandfrei und auf Grundlage von transparenten Prinzipien zu verhalten. Die wichtigsten Attribute eines integren Menschen sind Charakterstärke, Vertrauenswürdigkeit und Unbestechlichkeit. Studien haben gezeigt, dass integre Führungskräfte, die transparent und prinzipientreu handeln, langfristig erfolgreicher sind als weniger integre Führungskräfte, da ihr Verhalten und potenzielle Reaktionen für Mitarbeiter transparent und vorhersehbar sind (Lautenschläger, 2009). Besonders die Vorbildfunktion der Führungskräfte soll akzentuiert vermittelt werden, da integres Verhalten von Mitarbeitern nachgeahmt wird. Das beiderseitige integre Verhalten stärkt die unternehmensinterne Vertrauenskultur und führt zu einer effizienten Zusammenarbeit, die aufwendige Kontrollmechanismen auf Dauer überflüssig macht.

Zum Abschluss des ersten Trainingsblocks werden den Teilnehmern typische, strategische Verhaltensweisen von Führungskräften vorgestellt. In Bezug auf Durchführbarkeit und Erfolg zwar unumstritten, sind einige dieser Handlungsweisen jedoch ethisch bedenklich. Die Führungskräfte sollen deshalb im Rahmen einer Gruppendiskussion, vor dem Hintergrund der erlernten Themen Verhaltensoptionen in Bezug auf ihre Akzeptierbarkeit farblich kennzeichnen (siehe Tabelle 2.9 und Abbildung 2.12).

Tab. 2.9 Gruppenübung „Strategische Verhaltensweisen von Vorgesetzten"

Activity	**Typische Verhaltensweisen von Führungskräften**
♥ (affektiv)	Kritischer Umgang mit unerwünschten Verhaltensweisen.
🗣 (kognitiv)	Vorgegebene Verhaltensweisen gemäß ihrer ethischen Vertretbarkeit überprüfen.
✋ (behavioral)	Das eigene Führungsverhalten reflektieren und anpassen, insofern das eigene Verhalten unerwünschte Verhaltensweisen beinhaltet.
🗒	Auf der vor Ihnen angebrachten Metaplanwand sehen Sie typische Verhaltensoptionen von Führungskräften. Bitte stufen Sie die Verhaltensweisen mithilfe von farblichen Klebepunkten gemäß ihrer ethischen Vertretbarkeit ein. Grün steht hierbei für ethisch korrektes Verhalten, Gelb für Verhalten, das zumindest teilweise zu ethischen Bedenken führen kann, und rote Marker verdeutlichen ein unethisches, nicht akzeptierbares Verhalten für Servant Leader.

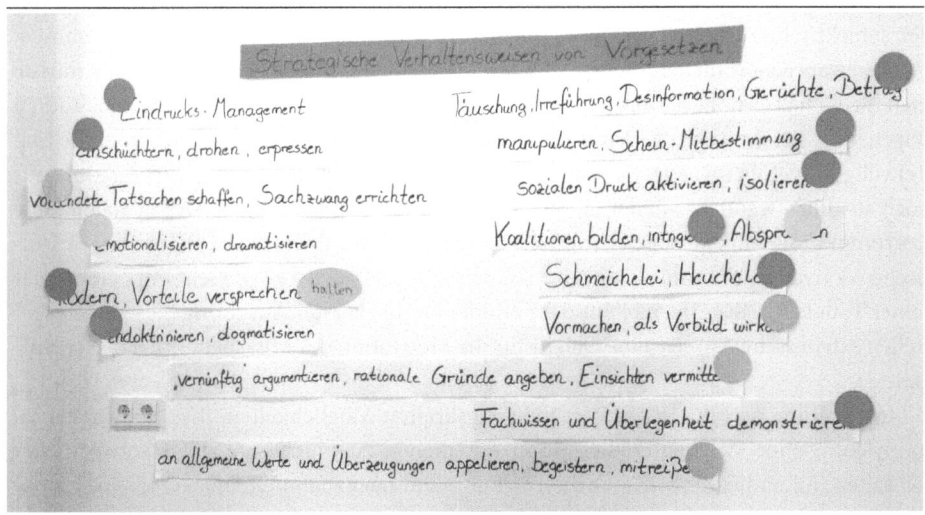

Abb. 2.12 Gruppenübung „Strategische Verhaltensweisen von Vorgesetzten"

Die Übung bietet die Möglichkeit, das eigene Verhalten zu überdenken, Verhaltensoptionen für verschiedene Situationen zu diskutieren und vor allem die Konsequenzen der „rot markierten" Verhaltensweisen zu reflektieren.

2.4.2.3   Entwicklungs- und Erfolgsförderung

Der zweite Trainingsabschnitt umfasst die Themengebiete Motivation und Kompetenz und dient dazu, den Führungskräften zu vermitteln, wie sie ihre Mitarbeiter individuell fördern und fordern können. Im Bereich Motivation, die im Kern das „Wollen" des Mitarbeiters beinhaltet, werden intrinsische/extrinsische Motivation, berufsbezogene Motive, motivgerechte Anreizsysteme sowie sich ändernde Motive im Alter thematisiert. Der Bereich „Können", im Training unter dem Begriff „Kompetenz" zusammengefasst, wird anhand eines allgemeinen Kompetenzmodells sowie einer Selbstreflexionsübung dargestellt.

Motivation ist der Zustand einer Person zu einem bestimmten Zeitpunkt, der sowohl durch die in der Person verankerten Motive als auch durch situative Anreize entsteht. Erst das Zusammenspiel von Motiven und Anreizen löst Motivation aus, die in Erleben und Verhalten mündet (Heckhausen, 1980). Den Führungskräften wird deshalb im ersten Abschnitt der Unterschied zwischen Handlung aus eigenem Antrieb (intrinsisch motiviert) und Handlung aufgrund einer Belohnungserwartung (extrinsisch motiviert) erläutert. Auf Flipcharts sollen die Teilnehmer jedem Buchstaben des Alphabets spontane Assoziationen zum Begriff Motivation zuordnen. Die Teilnehmer neigen häufig dazu, Begriffe wie „Geld, Boni, Notebook oder Firmenwagen" spontan mit Motivation zu assoziieren. Assoziationen zur intrinsischen Motivation (z. B. Spaß, Antrieb, Ehrgeiz oder Kreativität) werden dagegen häufig vernachlässigt. Betrachtet man Motivation jedoch im Arbeitskontext, sollte gerade die extrinsische Motivation, im Sinne materieller Anreizsysteme, mit besonderer Vorsicht eingesetzt werden. Obgleich materielle Verstärkung Wirkungen erzielt, sprechen vor allem zwei Argumente gegen den Einsatz materieller Anreize als Führungsinstrument. Erhöht man z. B. das Gehalt eines Mitarbeiters kontinuierlich um dieselbe Summe, so wird der subjektiv betrachtete zusätzliche Mehrwert jedes Mal als geringer wahrgenommen. Um den wahrgenommenen Mehrwert konstant auf einem hohen Niveau zu halten, müsste man die Gehaltserhöhung mit jedem Mal steigen. Dazu konnten psychologische Studien zeigen, dass Belohnungen für eine Tätigkeit, die von einer Person ursprünglich gerne und freiwillig ausgeführt wurde, dazu führen, dass die Person diese Tätigkeit in Zukunft nur noch ausführt, wenn sie wieder eine Belohnung dafür erwarten kann. Dieser sogenannte Korrumpierungs-Effekt demonstriert eindrucksvoll, dass extrinsische Belohnung intrinsische Motivation unterminieren und aufheben kann (Deci, 1971). Geht ein Mitarbeiter seiner Tätigkeit also gerne nach und empfindet Freude bei der Ausübung dieser Tätigkeit, stellen extrinsische Anreize eine Gefahr für die Motivation des Mitarbeiters bei dieser Aufgabe dar.

Im Training vermitteln wir den Führungskräften Möglichkeiten, ihre Mitarbeiter zu motivieren, ohne sich materieller Anreize bedienen zu müssen. Sozialverantwortliches Verhalten mit einhergehender Vorbildwirkung und nachzuahmendem Verhalten, Empowerment mit der Mobilisierung von Mitarbeiterkräften und Eigeninitiative und vor allem

Wertschätzung wirken sich positiv auf das Verhalten der Mitarbeiter aus und fördern Motivation ohne den Einsatz kostenträchtiger und langfristig wenig wirkungsvoller materieller Reize.

Weitere Motive, die eine Führungskraft im Laufe einer Mitarbeiterkarriere in verschiedenen Altersstufen fördern kann, werden mithilfe eines Rankings berufsbezogener Motive (Grube, 2009) präsentiert. Im Rahmen eines Quiz sollen die Führungskräfte Einschätzungen bezüglich der Bedeutsamkeit der Motive im Alter abgeben (siehe Tabelle 2.10 und Abbildung 2.13).

Neben der Motivation, dem im Training eingeführten „Wollen" eines Mitarbeiters, ist jedoch auch die Kompetenz, das „Können", unerlässlicher Faktor für die optimale Karriereförderung eines Mitarbeiters.

Ein Kompetenzmodell (siehe Abbildung 2.14) dient dazu, den Trainingsteilnehmern sowohl die eigenen Ressourcen als auch die Ressourcen der Mitarbeiter bewusst zu machen. Während sich Fachkompetenz auf das berufsbezogene Sachwissen bezieht, beinhaltet Methodenkompetenz die Fähigkeit, neues Wissen integrieren und anwenden sowie kritisches Denken und Analysefähigkeit demonstrieren zu können. Persönliche Kompetenz beinhaltet Eigenverantwortung, Selbstdisziplin und die Überzeugung, mithilfe der eigenen Fähigkeiten Ziele erreichen zu können. Sozial-Kompetenz bezieht sich auf „das Miteinander": Kommunikations- und Konfliktfähigkeit, Empathie, Kooperation, Hilfsbereitschaft und Toleranz. Diese vier Facetten lassen sich unter dem Begriff Handlungskompetenz

Tab. 2.10 Ranking berufsbezogener Motive (Grube, 2009)

Activity	**Quiz: Ranking berufsbezogener Motive**
❤ (affektiv)	Abbau von negativen Altersstereotypen.
🗣 (kognitiv)	Wissenserwerb über die Entwicklung von Motiven im Alter.
✋ (behavioral)	Mitarbeiter unterschiedlichen Alters gemäß ihrer derzeit dominanten Motive führen.
📝	Der Moderator wird Ihnen nun nacheinander verschiedene, berufsbezogene Motive auf Moderationskärtchen vorlegen. Bitte geben Sie Ihre persönliche Einschätzung darüber ab, ob das jeweilige Motiv im Alter an Bedeutung zunimmt, abnimmt oder ob es gar keinen Zusammenhang zwischen dem Alter und dem Motiv gibt. Eine weitere mögliche Option ist der u-förmige Zusammenhang. Dieser beschreibt, dass das jeweilige Motiv sowohl im jungen als auch hohen Alter eine hohe Bedeutung hat, im mittleren Alter zwischenzeitlich jedoch an Bedeutung verliert.

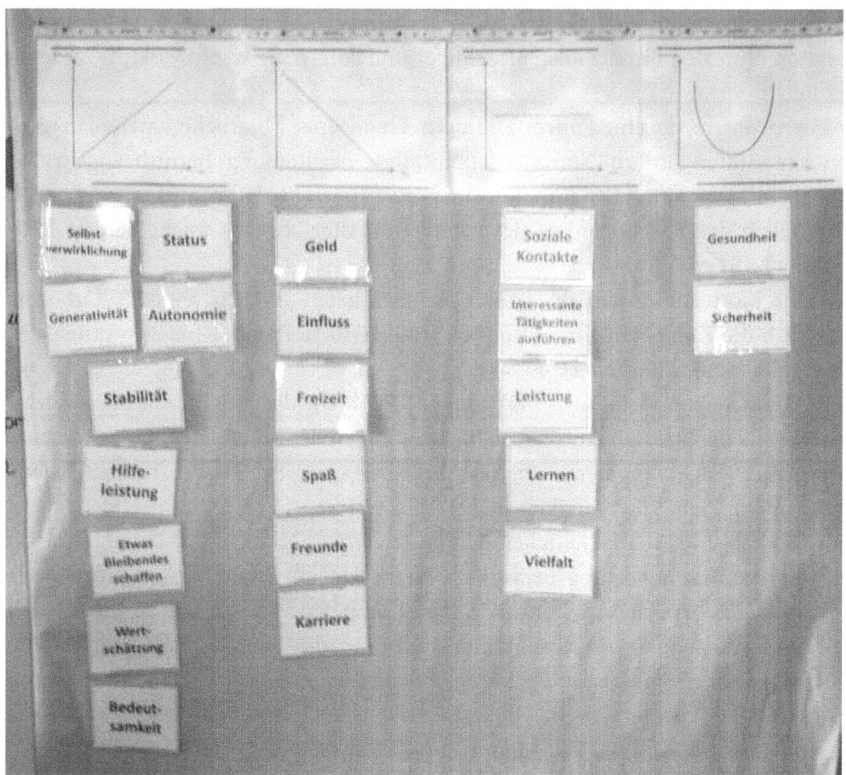

Abb. 2.13 Ranking berufsbezogener Motive (Grube, 2009)

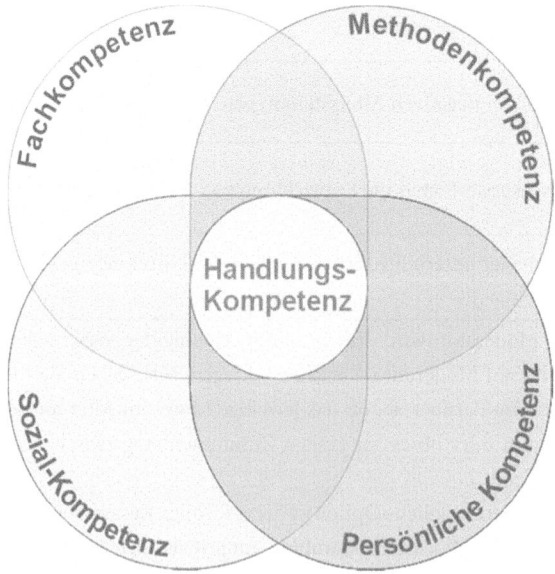

Abb. 2.14 Facetten von Handlungskompetenz

bündeln. Um Entwicklungspotenziale in der Handlungskompetenz identifizieren und um Aufgaben gemäß den spezifischen Kompetenzen der einzelnen Mitarbeiter zuteilen zu können, schulen wir die Führungskräfte in Mitarbeiterbeurteilungen anhand dieses Rasters. An einem Fallbeispiel, in dem ein Mitarbeiter befördert wird, aufgrund von Entwicklungsbedarf in einigen Kompetenzbereichen jedoch scheitert, identifizieren die Teilnehmer notwendige Kompetenzen für bestimmte Aufgaben.

Abschluss des zweiten Trainingsblocks, und damit des ersten Trainingstages, bildet das Reifegradmodell nach Hersey & Blanchard (1982). Der Reifegrad wird mittels der Kombination aus Motivation (psychologische Reife/Wollen) und Kompetenz (Arbeitsreife/Können) bestimmt. Durch die Ausprägung von niedrig bis hoch ergeben sich vier mögliche Reifegrade eines Mitarbeiters: nicht willig/nicht fähig (1), willig/nicht fähig (2), nicht willig/fähig (3) und willig/fähig (4) (siehe Abbildung 2.15).

Je nach Reifegrad des Mitarbeiters ergeben sich verschiedene Förderungsmöglichkeiten und Wege, Mitarbeiter zu führen, die anhand des Modells diskutiert werden. Die sich daraus ergebenden Führungsmöglichkeiten bauen maßgeblich auf der Vorstellung auf, dass Mitarbeiter des Reifegrades 1 betreut und motiviert werden müssen, während Mitarbeiter des vierten Reifegrades selbstständig arbeiten können, ohne anschließend kontrolliert werden zu müssen. Dieses hohe Maß an Selbstständigkeit kann durch Empowerment gefördert werden, das im nächsten Trainingsabschnitt vorgestellt und behandelt wird.

2.4.2.4   Empowerment

Empowerment bedeutet wörtlich übersetzt „Ermächtigung" und meint die Übertragung von Verantwortung an Mitarbeiter. In der sozialen Arbeit eher als Prozess der Selbstbemächtigung bekannt, spielt Empowerment im Arbeitskontext vor allem als Managementkonzept eine Rolle. Führungskräfte ermutigen ihre Mitarbeiter dazu, Gestaltungsspielräume

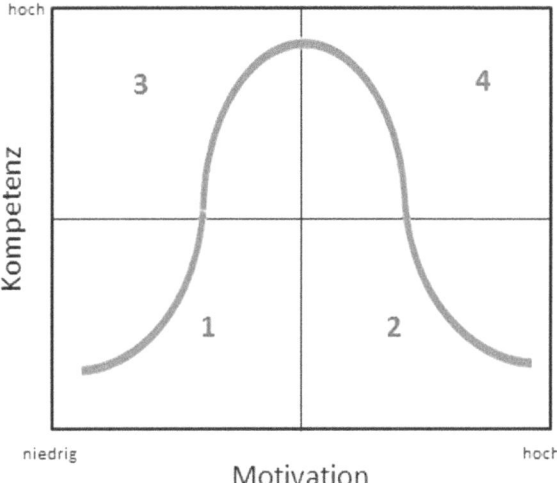

Abb. 2.15 Reifegradmodell von Hersey & Blanchard (1982)

und Ressourcen wahrzunehmen bzw. zu nutzen und selbstständig Verantwortung zu übernehmen. Durch flache Hierarchien, Partizipation an Entscheidungen, ein positives Klima
und Selbstbestimmung können Mitarbeiter ihre vorhandenen Potenziale und Fähigkeiten
optimal nutzen, wodurch die Arbeitszufriedenheit und -leistung gesteigert werden können
(Kurre & Tolksdorf, 2012).

Um den Empowerment-Begriff für die Trainingsteilnehmer leichter verständlich zu
machen, wird er im Training durch drei Facetten charakterisiert: Autonomie, Ermutigung
und Selbstwirksamkeit.

Mithilfe verschiedener Übungen gilt es auch in diesem Trainingsabschnitt, zunächst
den Blick auf sich selbst zu lenken. Die Führungskräfte reflektieren, wann und unter welchen Umständen sie Verantwortung an ihre Mitarbeiter abgegeben und welche Faktoren
sie unter Umständen daran gehindert haben, Verantwortung abzugeben. Zudem bewerten
die Führungskräfte das eigene Bedürfnis nach Kontrolle anhand der folgenden Fragen:
Wie kontrollierend schätzen Sie sich auf der Skala von -2 (kein Verlangen nach Kontrolle)
bis +2 (starkes Verlangen nach Kontrolle) selbst ein? Als wie kontrollierend werden Sie
dabei von Ihren Mitarbeitern wahrgenommen? Und wie kontrollierend sollte ein Servant
Leader sein?

Der Aspekt Kontrolle soll im Training besondere Beachtung finden, da Kontrolle das
logische Gegenstück zu Vertrauen bildet. Mit dem übergeordneten Ziel, eine interne Vertrauenskultur zu schaffen, sollen die Teilnehmer lernen, eine positive Haltung gegenüber
Vertrauen zu entwickeln und ihrem Umfeld Vertrauensvorschüsse zu gewähren. Stichwör-
ter wie *freiwillige Vorleistungen*, *Redlichkeit*, *Verlässlichkeit* und *Authentizität* als Wegbe-
reiter für eine Vertrauenskultur werden mit den Teilnehmern zusammen am negativen
Beispiel der Comedy-Serie „Stromberg" erarbeitet. Kurze Szenen aus dieser Comedy-Serie
verdeutlichen Handlungsweisen, die Vertrauen zerstören und das Verhältnis zu Mitarbeitern beeinträchtigen.

Auch in diesem Abschnitt werden absolutes Vertrauen und vollständige Kontrolle
nicht als Alles-oder-Nichts-Prinzip, sondern als Extreme auf einem Verhaltenskontinuum
dargestellt. Abstufungen gemäß der individuellen Mitarbeiterkompetenz sind hierbei legi-
tim, da nicht allen Mitarbeiter ein gleiches Maß an Kontrollfreiräumen gewährt werden
kann. Als oberstes Ziel sollte jedoch das Vertrauen zu allen Mitarbeitern kontinuierlich
gesteigert werden.

Da es nicht immer einfach ist, das richtige Maß an Kontrolle für jeden Mitarbeiter und
für jede Aufgabe zu finden, werden die Führungskräfte spielerisch an verschiedene Delegationssituationen herangeführt. Beim sogenannten *Delegationspoker* werden in Kleingruppen Situationen vorgestellt, die dem Unternehmensalltag entnommen sind und entweder
selbst übernommen oder vollständig delegiert werden können (wie etwa die alljährliche,
abteilungsinterne Urlaubsplanung). Die Idee des Spiels besteht darin, zur größtmöglichen
Delegation zu ermutigen, ohne zu übertreiben. Der Mitarbeiter soll gemäß seiner Kompetenz weder unter- noch überfordert werden. Spieler, die in adäquatem Maß höchstmöglich
delegieren, erhalten die meisten Punkte. Vor allem in den anschließenden Diskussionen
können die Führungskräfte ihre Erfahrungen über ähnliche, bereits erlebte Situationen

austauschen und erörtern, warum einem Mitarbeiter eine Aufgabe ohne anschließende Kontrolle zuzutrauen ist und warum unter Umständen nicht, siehe Tabelle 2.11.

Tab. 2.11 Delegationspoker

	**Delegationspoker**
 (affektiv)	Spielerisch den Grad der Kontrolle bezüglich der Aufgabenverteilung bestimmen.
(kognitiv)	Lernen, das richtige Maß an Kontrolle zu bestimmen.
 (behavioral)	Kontrolle an Mitarbeiter abgeben und Aufgaben delegieren.
	In der folgenden Übung geht es darum, für verschiedene Situationen das richtige Maß an Kontrolle zu finden. Die sieben Stufen der Autorität geben die Abstufungen für Delegationen vor. Stufe 1 beinhaltet keine Delegation, während Stufe 7 vollständige Delegation bedeutet.
	1. Anweisen: Ich weise Sie an.
	2. Verkaufen: Ich entscheide, versuche aber, Sie zu überzeugen.
	3. Konsultieren: Ich hole mir Meinungen ein und entscheide dann selbst.
	4. Vereinbaren: Wir treffen die Entscheidung gemeinsam.
	5. Beraten: Ich gebe Ihnen Rat, lasse aber Sie entscheiden.
	6. Erkundigen: Ich informiere mich, nachdem Sie sich entschieden haben.
	7. Ich delegiere vollständig und muss nicht informiert werden.
	Ein Teilnehmer zieht eine Karte vom „Situationen-Stapel". Die Situationen sind dem Unternehmensalltag entnommen und für gewöhnlich jedem bekannt (z. B. Urlaubsplanung in der Abteilung). Jeder Spieler wählt nun verdeckt aus seinem Pokerkartenset eine Karte von 1-7 mit der entsprechenden Delegationsstufe, die er für angemessen erachtet. Erst wenn alle Spieler ihre Karten verdeckt platziert haben, werden alle Karten umgedreht. Jeder Spieler erhält die Punktzahl, die seinem Kartenwert entspricht. Eine Ausnahme gilt jedoch bei alleiniger Wahl der höchsten Delegationsstufe. Hat nur eine Person hoch delegiert, erhält sie keine Punkte, da sie im realen Alltag unkontrolliertes Chaos riskiert.

Da Führungskräfte häufig dazu neigen, „lieber alles selbst zu machen", soll deutlich werden, dass Empowerment zu geringerem Energieaufwand und höherer Produktivität in Teams führt. Reine Befehlstaktiken führen zu hoher Frustration seitens der Mitarbeiter und erschweren Engagement, Motivation, Kommunikation sowie effizienten Energieeinsatz. Diese negativen Folgen beeinträchtigen letztendlich Kreativität und Innovation. Ziel ist es, die Führungskräfte dazu zu ermutigen, ihre Hierarchien zu verflachen, ihren Mitarbeitern Gestaltungsfreiräume und Eigeninitiative zu ermöglichen und intrinsische Motivation zu fördern. Ein in der Praxis erprobtes Tool, das den Führungskräften auch im Alltag helfen soll, Aufgaben zu priorisieren, ist die Eisenhower-Matrix; auch bekannt als Delegationsmatrix. Die Matrix erlaubt Aufgaben gemäß ihrer Dringlichkeit und Wichtigkeit zu sortieren, um Delegationsentscheidungen zu erleichtern (siehe Tabelle 2.12). Aufgaben der Bereiche (B) und (C) eignen sich zur Delegation; Aufgaben der Priorität (A) sollten lieber eigenständig erledigt werden. Wenig eilige und wenig wichtige Aufgaben (D) können an weniger erfahrene Mitarbeiter delegiert werden, um auch diese gemäß ihrer Kompetenz zu befähigen und zu fördern.

2.4.2.5 Wertschätzung

Den Abschluss des Trainings bildet das Thema Wertschätzung. Obgleich der Aspekt Wertschätzung in allen drei vorherigen Trainingseinheiten berücksichtigt wird, soll sie im letzten Abschnitt vor allem praktisch umgesetzt werden.

Ein mit einem Rollenspieler simuliertes Mitarbeitergespräch soll die Selbstwahrnehmung der Teilnehmer anregen und die Aufmerksamkeit auf kommunikative Signale und Verhaltensalternativen in komplexen sozialen Konfliktsituationen lenken. Gegenstand des Gesprächs ist ein Konflikt zwischen einer Führungskraft (gespielt vom Trainingsteilnehmer) und einem Projektmitarbeiter (gespielt von einem Rollenspieler). Die Situation ist durch folgendes Dilemma gekennzeichnet: Obwohl der Mitarbeiter kompetent, fachlich herausragend und in der inhaltlichen Lösungsfindung kreativ ist, tendiert dieser zu unhöflichem, rigidem Auftreten gegenüber den Kollegen und der Überschreitung seines Verantwortungsbereiches.

Tab. 2.12 Delegationsmatrix

		Dringlichkeit	
		Dringend	Nicht dringend
	Wichtig	A Sofort selbst erledigen	B Terminieren und selbst erledigen oder an erfahrene Mitarbeiter abgeben
Wichtigkeit	Nicht wichtig	C An erfahrene Mitarbeiter delegieren	D Nicht bearbeiten (weniger erfahrenen Mitarbeitern zur Erprobung übergeben/mit anschließender Kontrolle der Ergebnisse)

Aufgabe des Teilnehmers ist es, die Probleme, die mit dem Projektmitarbeiter verbunden sind, zu klären und die eigenen Emotionen zugunsten einer zielorientierten Kommunikation zu steuern. Die übrigen Teilnehmer fungieren als Beobachter des Gesprächs und beurteilen die Führungskraft anhand konkreter Verhaltensanker in Bezug auf das Ausmaß der Wertschätzung, Motivation, Durchsetzungskraft, Kooperationsbereitschaft und des Einfühlungsvermögens. Eine gemeinsame, durch den Trainer moderierte Reflexion soll im Anschluss positive und negative Aspekte identifizieren und deutlich machen, wie ein Servant Leader sich in derselben Situation verhalten hätte.

Es folgt ein kurzer informativer Input, der Wertschätzung näher illustrieren soll. Voraussetzungen für wirksame Wertschätzung im Kommunikationsprozess sowie Beispiele zielführender, deplatziert wirkender und authentischer Wertschätzung sollen zeigen, wie Wertschätzung im Arbeitsalltag realisiert werden kann und welche Art der Wertschätzung vermieden werden sollte.

Da der Kommunikationsprozess zwischen zwei Personen anfällig für Störfaktoren ist, wird im Anschluss gemeinsam das TALK-Modell nach Schulz von Thun (1981) erarbeitet. Dieses Modell sensibilisiert für verschiedene subtile Signale und schult die Teilnehmer darin, sowohl die Perspektive des Senders als auch die Perspektive des Empfängers einer Nachricht zu verstehen und bei der eigenen Kommunikation zu berücksichtigen.

Selbstreflexion im Kommunikationsprozess ist auch Gegenstand der folgenden Übung. Die Übung „Drei Arten des Zuhörens" sensibilisiert für offene und verdeckte Aspekte der Kommunikation und schult das sogenannte *aktive Zuhören* (siehe Tabelle 2.13). Es werden Gruppen von vier Teilnehmern gebildet. Person A berichtet von einem persönlichen Ereignis bei der Arbeit oder im Privatleben. Person B fasst danach mit eigenen Worten den Inhalt des Gesagten zusammen. Person C spiegelt die Gefühle, die er bei As Schilderungen wahrgenommen hat. Person D spiegelt die wahrgenommenen Bedürfnisse und Wünsche, die hinter der Erzählung stehen könnten. Im Anschluss an diese Spiegelung soll Person A wiederum Rückmeldung geben, inwiefern sie sich von den anderen Teilnehmern verstanden fühlt, was unter Umständen nicht gehört oder ob etwas falsch verstanden worden ist. Dieses Feedback soll abermals verdeutlichen, dass Gefühle und Gedanken auf Senderseite nicht immer den Gefühlen und Gedanken der Empfängerseite entsprechen müssen und dass Gesagtes nicht immer auch mit Gemeintem übereinstimmt.

2.4.2.6 Abschluss

Am Ende des zweiten Tages fasst der Trainer alle Kernthemen der vergangenen zwei Trainingstage noch einmal kurz zusammen und geht dabei auf die wichtigsten Aspekte von Servant Leadership ein.

Die am ersten Trainingstag bearbeitete Abschiedsrede soll den Teilnehmern helfen, die gelernten Inhalte noch einmal zu reflektieren. Hierzu überprüfen die Teilnehmer, ob die am Vortag gewählten Attribute sich ändern würden, wenn sie Servant Leadership in ihren Führungsalltag übernehmen, oder ob die Beschreibungen der Kollegen und Mitarbeiter größtenteils der einer dienenden Führungsperson entsprechen.

Mit einer Feedbackrunde wird das Training abgeschlossen.

Tab. 2.13 Übung „Drei Arten des Zuhörens"

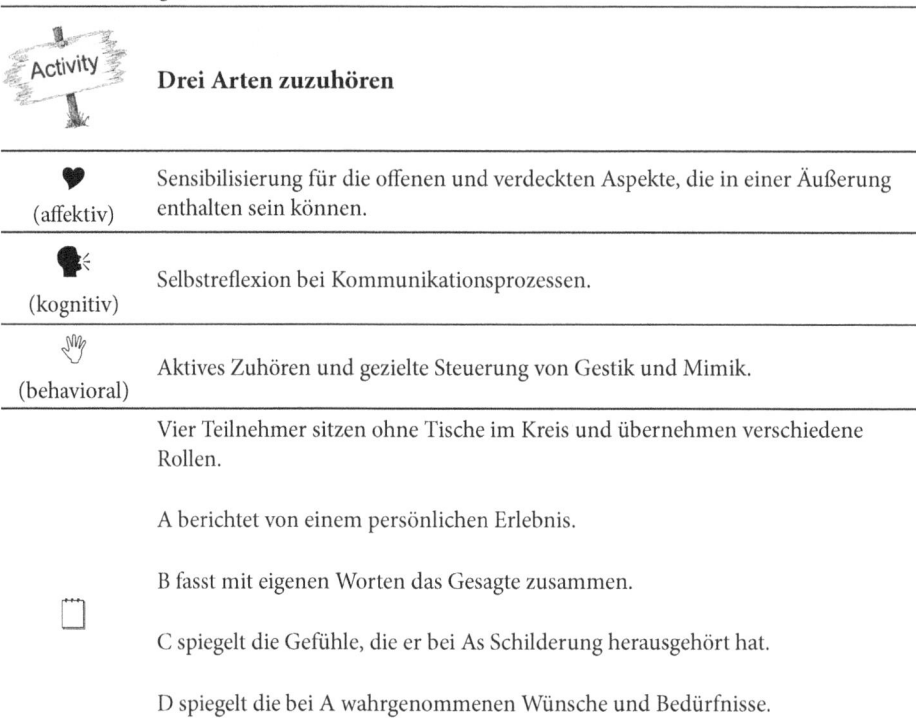

Activity	**Drei Arten zuzuhören**
♥ (affektiv)	Sensibilisierung für die offenen und verdeckten Aspekte, die in einer Äußerung enthalten sein können.
(kognitiv)	Selbstreflexion bei Kommunikationsprozessen.
(behavioral)	Aktives Zuhören und gezielte Steuerung von Gestik und Mimik.
	Vier Teilnehmer sitzen ohne Tische im Kreis und übernehmen verschiedene Rollen. A berichtet von einem persönlichen Erlebnis. B fasst mit eigenen Worten das Gesagte zusammen. C spiegelt die Gefühle, die er bei As Schilderung herausgehört hat. D spiegelt die bei A wahrgenommenen Wünsche und Bedürfnisse. Im letzten Schritt spiegelt A, ob und inwiefern er/sie sich von den Personen B bis D verstanden fühlt.

2.4.3 Resonanz aus der Praxis

Die Erwartungen der Betriebspartner im Vorfeld des Trainings waren vielschichtig. Zu den wichtigsten Wirkungen, die die teilnehmenden Unternehmen sich von der Maßnahme versprochen haben, gehören ein gesteigertes Bewusstsein für altersbedingte Probleme und Unterschiede in Teams sowie eine Verbesserung der Führungskompetenz in Bezug auf altersgemischte Abteilungen. „Fähigkeiten bei jungen Mitarbeitern zu erkennen und diese so bewusst mit dem entsprechendem Wissen älterer Mitarbeiter zusammenzuführen und gleichzeitig die Kapazitäten optimal zu nutzen, steht somit ganz oben auf der Liste der erwünschten Vorteile, die wir mithilfe des hierauf ausgerichteten Führungskräftetrainings erreichen wollen", so Michael te Heesen, Assistenz des geschäftsführenden Gesellschafters der abc Logisitk GmbH Düsseldorf.

Zu den antizipierten, sich aus dem Training ergebenden Vorteilen zählen außerdem die Steigerung des Wohlbefindens und der Belastbarkeit der Mitarbeiter, die verbesserte Förderung der Mitarbeiter gemäß ihrer Kompetenzen sowie die Ermutigung zu selbstständigem

Arbeiten. Durch die bedürfnis-, kompetenz- und altersgerechte Förderung sollen die individuelle Zufriedenheit und Leistungsbereitschaft gesteigert werden.

Neben den oben genannten Erwartungen erstreben die Forscher ein ökonomisches Training, das zu einer Umstellung der Führungspraktiken in den Bereichen sozialverantwortliches, nachhaltiges Verhalten und Wertschätzung von Altersheterogenität führt. Die Führungskraft als „Servant Leader" wird dazu ermutigt, Verantwortung abzugeben, um die Fähigkeiten und Potenziale der Mitarbeiter zu stärken. Die hierzu im Training vermittelten Handlungsstrategien sollen mit möglichst wenig Aufwand in den Alltag der Führungskräfte integriert werden können.

Mithilfe von Befragungen der Teilnehmer und ihrer Mitarbeiter vor und bis zu sechs Monate nach dem Training werden die positiven Auswirkungen des Trainings messbar gemacht und evaluiert. Die Mitarbeiter und Führungskräfte der teilnehmenden Unternehmen sind gebeten worden, verschiedene Variablen (Vermittelnden- und Ergebnisvariablen, siehe Abbildung 2.16) zu beurteilen. Als Folge der Trainingsmaßnahme erwarten wir eine verstärkte emotionale Bindung an das Unternehmen sowie dem Unternehmen dienliche Verhaltensweisen, die über die vertraglich vereinbarten Aufgaben eines Mitarbeiters hinausgehen (sog. Extra-Rollenverhalten). In Übereinstimmung mit den Ergebnissen der Studien von Rivkin et al. (2014) soll sich das Servant Leadership Training auch positiv auf die Gesundheit der Mitarbeiter auswirken. Eine Steigerung der im INNOKAT-Projekt angesetzten Zielgrößen Innovation und Kreativität soll sich in den Ergebnissen der Folgebefragungen ebenfalls widerspiegeln.

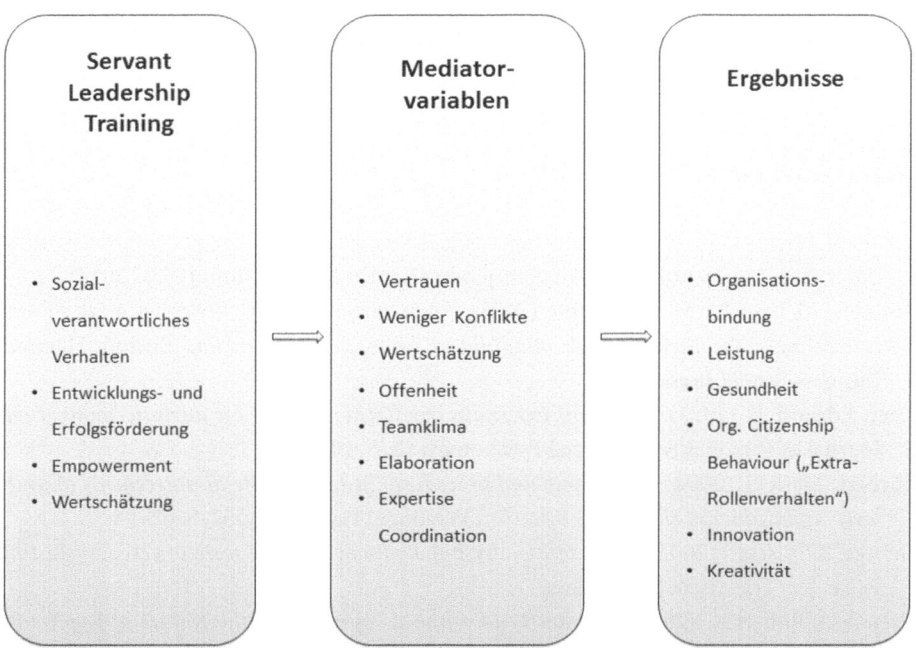

Abb. 2.16 Erwartete Effekte des Servant Leadership Trainings

Die Resonanz der am Training teilnehmenden Personen war positiv. Als methodische Stärken wurden von den Teilnehmern besonders die mediale Vielfalt und Diversität der Übungen hervorgehoben. Das Training sei interessant und interaktiv und durch den stetigen Wechsel von Aktivitäten, Audiopräsentationen, Theorie, Videosequenzen und Diskussionen stets abwechslungsreich gewesen. Die Teilnehmer gaben übereinstimmend wieder, dass die Übungen praxisnah konzipiert wurden und die Teilnehmer durch persönliche Beteiligung realitätsnah auf den Führungsalltag vorbereitet wurden. Besonders hervorgehoben wurden hierbei das fiktive Mitarbeitergespräch und die branchenspezifischen Delegationssituationen beim Delegationspoker.

Vor allem inhaltlich weist das Training bestimmte Stärken auf. Die Inhalte des Konzepts „Servant Leadership" regen Führungskräfte dazu an, das eigene Verhalten aus der Routine heraus zu überdenken, um nach bestem Wissen und Gewissen zu handeln. Dies beinhaltet die Berücksichtigung jeglicher Kosten, Nutzen und Konsequenzen, die mit diesem Handeln verbunden sind. Ethik im Bereich wirtschaftlicher Entscheidungen ist zwar nicht neu, jedoch noch selten im Rahmen von Führungskräftetrainings berücksichtigt worden. Nur wenige Teilnehmer der Trainings hatten vorher eine detaillierte Kenntnis der Konzepte wie z. B. Utilitarismus, Integrität oder Wirtschaftsethik.

Und auch der Abschnitt Empowerment überzeugte durch innovative Inhalte und die Kombination von Vertrauen, Autonomie und Kontrolle.

Hohes Maß an Vertrauen zeigte sich während der Trainings außerdem im Umgang miteinander. Neben den methodischen und inhaltlichen Stärken, zeichnet sich das Training durch eine dem Servant Leadership entsprechende offene und faire Umgangsweise sowie freundliche Atmosphäre aus. Diese soll die künftige Zusammenarbeit, die in Form von Gruppencoachings fortgeführt wird, erleichtern und helfen, individuelle, abteilungsspezifische Probleme anzugehen.

Literaturverzeichnis Abschnitt 2.4

Bentham, Jeremy (1781): *An Introduction to the Principles of Morals and Legislation.* Online unter: http://www.utilitarianism.com/jeremy-bentham/index.html [15.07.2014]

Boyatzis, Richard E.; McKee, Annie (2005): *Resonant Leadership: Renewing yourself and connecting with others through mindfulness, hope, and compassion.* Boston: Harvard Business School Press.

Deci, Edward L. (1971): *Effects of externally mediated rewards on intrinsic motivation.* Journal of Personality and Social Psychology, 18, S. 105-115.

Ehrhart, Mark G. (2004): *Leadership and procedural justice climate as antecedents of unit-level organizational citizenship behavior.* Personnel Psychology, 57, S. 61–94.

George, Bill (Hrsg.) (2003): *Authentic leadership: Rediscovering the secrets to creating lasting value.* San Francisco: Jossey-Bass.

Greenleaf, Robert K. (2002). *Servant Leadership: A Journey into the Nature of Legitimate Power and Greatness.* New York: Paulist Press.

Grube, Anna (2009): *Alterseffekte auf die Bedeutung berufsbezogener Motive und die Zielorientierung.* veröffentl. Dissertation. WWU Münster.

Heckhausen, Heinz (1980): *Motivation und Handeln. Lehrbuch der Motivationspsychologie.* Berlin: Springer.

Hersey, Paul; Blanchard, Ken (1982): *Management of Organizational Behavior.* New Jersey: Prentice Hall.

Küper, Kristina; Rivkin, Wladislaw; Diestel, Stefan; Schmidt, Klaus-Helmut; Myskovszky von Myrow, Theresa; Przbysz, Philipp; Ahlfled, Christian; Frießem, Martina; Zülch, Joachim; Kleibömer, Susanne; Günnewig, Julia; te Heesen, Michael; Falkenstein, Michael (im Druck): *Exploring Demographics – Transdisziplinäre Perspektiven zur Innovationsfähigkeit im demografischen Wandel.* Springer, in Druck.

Kurre, Rita; Tolksdorf, Nadja (2012): *Mitarbeiterbindung – Faktoren zur Gestaltung der Arbeitsumgebung.* Online unter: http://www.hanse-institut-ol.de/fileadmin/user_upload/downloadpdf/Kurre_Tolksdorf_Mitarbeiterbindung.pdf [16.07.2014]

Lautenschläger, Manfred (2009): *Mut zur Moral: Management braucht Intellekt und Integrität!.* Controlling & Management, 53, S. 288-290.

Liden, Robert C.; Wayne, Sandy J.; Zhao, Hao; Henderson, David (2008): *Servant Leadership: Development of a multidimensional measure and multi-level assessment.* The Leadership Quarterly, 19, S. 161-177.

Ries, Birgit C.; Diestel, Stefan; Wegge, Jürgen; Schmidt, Klaus-Helmut (2010a): *Die Rolle von Alterssalienz und Konflikten in Teams als Mediatoren der Beziehung zwischen Altersheterogenität und Gruppeneffektivität.* Zeitschrift für Arbeits- und Organisationspsychologie, 54, S. 117-130.

Ries, Birgit C.; Diestel, Stefan; Wegge, Jürgen; Schmidt, Klaus-Helmut (2010b): *Altersheterogenität und Gruppeneffektivität – Die moderierende Rolle des Teamklima.* Zeitschrift für Arbeitswissenschaft, 64, S. 137-146.

Ries, Birgit C.; Diestel, Stefan; Wegge, Jürgen; Schmidt, Klaus-Helmut (2012): *Altersheterogenität und Gruppeneffektivität: Der Einfluss von Konflikten und Wertschätzung für Altersheterogenität.* Zeitschrift für Arbeitswissenschaft, 66, S. 58-71.

Ries, Birgit C.; Diestel, Stefan; Shemla, Meir; Liebermann, Susanne C.; Jungmann, Franziska; Wegge, Jürgen; Schmidt, Klaus-Helmut (2012): *Altersheterogenität in Arbeitsgruppen als Determinante von Innovation, Gruppenleistung und Gesundheit (ADIGU),* unveröffentl. Projektbericht

Rivkin, Wladislaw; Diestel, Stefan; Schmidt, Klaus-Helmut (2014): *The positive relationship between servant leadership and employees' psychological health: A multi-method approach.* Zeitschrift für Personalforschung, 28, S. 52-72.

Schulz von Thun, Friedemann (1981): *Miteinander reden 1: Störungen und Klärungen. Allgemeine Psychologie der zwischenmenschlichen Kommunikation.* Reinbek (bei Hamburg): Rowohlt-TB.

Solga, Marc; Effelsberg, David (2013): *Transformational Leaders' In-Group versus Out-Group Orientation: Testing the Link Between Leaders' Organizational Identification, their Willingness to Engage in Unethical Pro-Organizational Behavior, and Follower-Perceived Transformational Leadership.* Journal of Business Ethics, DOI 10.1007/s10551-013-1972-z.

Van Dierendonck, Dirk; Nuijten, Ingrid (2011): *The Servant Leadership Survey: Development and Validation of a Multidimensional Measure.* Business Psychology, 26, S. 249-267.

2.5   Gesundheit – Basis kreativer Leistungen in Forschung und Entwicklung

Birgit Ottensmeier, Alexander Knickmeier, Christoph Kuth

2.5.1   Gesundheitliche Belastungen in Forschung und Entwicklung – Präventives Gestaltungsfeld im demografischen Wandel

Im globalen Innovationswettbewerb ist der nachhaltige wirtschaftliche Erfolg von Unternehmen insbesondere davon abhängig, immer wieder Ideen für neue Produkte, Dienstleistungen oder Verfahren zu entwickeln bzw. Bestehendes zu verbessern. Damit rücken die Forschungs- und Entwicklungsabteilungen (F&E) sowie deren Beschäftigte in den Fokus der Aufmerksamkeit. Von ihnen sind wichtige kreative Impulse für die Weiterentwicklung und Neuausrichtung des Produkt- bzw. Dienstleistungsportfolios zu erwarten. Vor dem Hintergrund aktueller und sich abzeichnender demografischer Entwicklungen drohen diese personellen Ressourcen jedoch knapper zu werden. Einerseits sagen Prognosen eine sinkende Verfügbarkeit kompetenter InnovationsarbeiterInnen voraus (VDI, 2010; Richter & Weiß, 2009; Staudt &Kottmann, 2001). Andererseits ist absehbar, dass die F&E-MitarbeiterInnen in den Unternehmen länger arbeiten müssen. Die Sicherung ihrer Beschäftigungsfähigkeit und der Erhalt ihrer Gesundheit werden dabei allerdings häufig vernachlässigt. Wie kann es aber angesichts der spezifischen Bedingungen von F&E-Arbeit gelingen, die kreative Leistungsfähigkeit länger zu bewahren?

Der vorliegende Beitrag soll das Gestaltungsfeld Gesundheit als Voraussetzung für den Erhalt der kreativen Leistungsfähigkeit erschließen und Ansatzpunkte für Interventionsmaßnahmen aufzeigen. Dazu werden zunächst bestehende Zusammenhänge zu den gesundheitlichen Implikationen von Innovationsarbeit vorgestellt und die Bedeutung gesunder MitarbeiterInnen in F&E für die Innovationsfähigkeit der Unternehmen betont (Abschn. 2.5.2). Anschließend werden empirische Befunde aus einer Befragung unter 424 Beschäftigten aus F&E-Abteilungen deutscher Unternehmen präsentiert (Abschn. 2.5.3) sowie konkrete Ansatzpunkte für Interventionsmaßnahmen aufgezeigt (Abschn. 2.5.4). Ziel ist es, gesundheitliche Belastungen in der F&E-Arbeit zu thematisieren und einen umfassenden Dialogprozess zu ihrer demografiefesten Gestaltung anzustoßen.

2.5.2   Gesundheitliche Implikationen von F&E-Arbeit

Forschung und Entwicklung gilt als die kreative Herzkammer technologie- und innovationsorientierter Unternehmen. Neu- und Weiterentwicklungen von Produkten, Dienstleistungen und Prozessen werden in den Unternehmen immer schneller, vielfach parallel vorangetrieben. Von den F&E-Abteilungen werden diesbezüglich zentrale Beiträge erwartet. Für die Beschäftigten in Forschung und Entwicklung bedeutet das eine zunehmende

Arbeitsverdichtung in Tätigkeitsfeldern, in denen sehr hohe kognitive Leistungen zu erbringen und organisationale sowie technische Widerstände zu überwinden sind und in denen vielfach ein hohes Engagement sowie eine starke emotionale Verbundenheit zu den bearbeiteten Projekten entwickelt werden. Das Bewältigen dieser Aufgaben setzt besondere Ressourcen voraus. Individuelle Faktoren wie die Fachkompetenz (Staudt & Kriegesmann, 2002; Kriegesmann, Kerka & Kottmann, 2007), Kreativitätsfertigkeiten (Herbig & Glaser, 2013) und intrinsische Aufgabenmotivation (Amabile, 1997) interagieren an dieser Stelle in vielfältiger Art und Weise mit den organisationalen Rahmenbedingungen, die in Unternehmen hinreichend ausgeprägt sein müssen, um die Beschäftigten in ihren Innovationsvorhaben wirksam unterstützen zu können (Amabile, 1997: 52 ff.) (vgl. Abbildung 2.17).

Dazu zählen insbesondere eine organisationale Motivation im Sinne einer „strong orientation toward innovation" (Amabile, 1997: 55), materielle, personelle und ideelle Ressourcen und Unterstützungsleistungen der kreativen Bemühungen sowie Managementpraktiken, die zu eigeninitiativem Handeln ermutigen und Freiheitsgrade für dezentrale Innovationskräfte (Kriegesmann, Kerka & Kley, 2005) gewähren. Die Innovationstätigkeit der Unternehmen wird so durch die individuelle kreative Leistungsfähigkeit der F&E-Beschäftigten gefördert, die wiederum selbst durch die organisationalen Rahmenbedingungen im Unternehmen beeinflusst wird.

Der Faktor Gesundheit bildet in diesem Zusammenhang eine wichtige Voraussetzung für die kreative Leistungsfähigkeit. „Innovative behavior and sustained ability for performance breakthroughs (...) depend on employee capability, motivation, and (...) well being" (Pratt, 2001: 16).

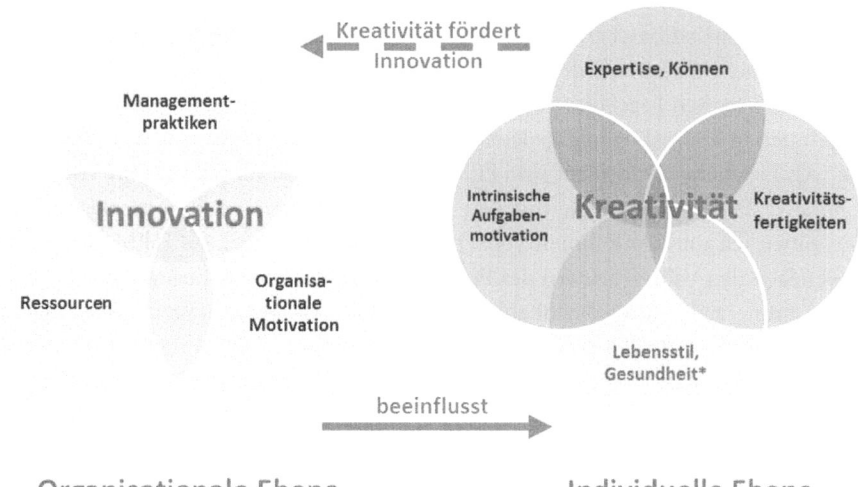

Abb. 2.17 Individuelle und organisationale Ressourcen für Kreativität und Innovationen in F&E (in Anlehnung an Amabile 1997)

Doch welchen Einfluss hat die F&E-Arbeit auf die Beschäftigten und welche altersbezogenen Unterschiede lassen sich in diesem Zusammenhang feststellen? Es scheint zunächst plausibel, dass sich die Arbeit in F&E-Kontexten bspw. durch weitreichende Gestaltungs- und Partizipationspotenziale sowie die häufige Möglichkeit, Neues zu lernen, tendenziell schonend auf die individuellen Ressourcen und die Gesundheit der Beschäftigten auswirkt. Doch auch gegenteilige Zusammenhänge von F&E-Arbeit und Gesundheit sind naheliegend. Forschungs- und Entwicklungsprojekte sind arbeitsintensiv, fordern unterschiedlichste Widerstände heraus, finden unter meist knapp bemessenen Budget- und Zeitplanungen statt und sind – nicht zuletzt – im Erfolgsausgang ungewiss.[15] Insbesondere psychische Belastungen der F&E-Beschäftigten rücken in dieser Lesart in den Fokus.

Vor diesem Hintergrund sollen im Folgenden empirische Befunde zu den aufgeworfenen Zusammenhängen zwischen Gesundheit und kreativer Arbeit in Forschung und Entwicklung präsentiert werden. Wie ist es um den gesundheitlichen Zustand von Beschäftigten in F&E bestellt? Lassen sich Unterschiede zwischen den Altersgruppen feststellen? Und was können InnovationsarbeiterInnen und Unternehmen im Bereich Prävention tun, um die kreative Leistungsfähigkeit und -bereitschaft aufrechtzuerhalten?

Die vorgestellten Befunde dienen anschließend dazu, konkrete Anknüpfungspunkte für ein mögliches Interventionsprogramm abzuleiten, das abschließend exemplarisch vorgestellt wird.

2.5.3   Arbeiten in Forschung und Entwicklung – Gesundheit als Basis kreativer Arbeitsfähigkeit

„Gesundheit ist nicht alles – doch ohne Gesundheit ist alles nichts."[16] Sie bildet die Basis für kreative Leistungen in Forschungs- und Entwicklungsabteilungen. Es soll daher im folgenden Abschnitt näher beschrieben werden, was Gesundheit im Kontext von Kreativität und Innovation bei F&E-MitarbeiterInnen bedeutet.

Die empirischen Ergebnisse basieren auf einer Querschnittsbefragung von 424 MitarbeiterInnen in F&E-Abteilungen deutscher Unternehmen im Rahmen des Projekts „KreaRe". Als Erhebungsinstrument kam ein Fragenbogen zum Einsatz, der im Vorfeld durch explorative Expertengespräche mit F&E-MitarbeiterInnen forschungsstarker Unternehmen entwickelt und im Rahmen von Pretests validiert wurde. Als Feldzugänge dienten dabei neben den Value-Partnern des Projekts Kontakte über die Business-Plattform Xing sowie kommerzielle Adressdatenbanken. Von den insgesamt 5.000 versandten Fragebögen konnten 424 ausgewertet werden, was einer Rücklaufquote von 8,4 Prozent entspricht. Im Rahmen der Befragung wurde insbesondere der Gesundheitszustand vor dem Hintergrund

---

[15]   So gehen bspw. Studien davon aus, dass von 100 offiziell eingereichten Innovationsideen lediglich 13 das Stadium der Markteinführung erreichen und nur sechs ein kommerzieller Erfolg werden (Kerka et al., 2006: 2).

[16]   Dieses Zitat wird Arthur Schopenhauer (1788 – 1860) zugeschrieben.

besonderer Anforderungen in der Innovationsarbeit und der absehbaren demografischen Verschiebungen in F&E-Belegschaften thematisiert. Wie ist der gesundheitliche Zustand von MitarbeiterInnen in F&E? Was sind die besonderen gesundheitlichen Herausforderungen in der F&E-Arbeit und gehen ältere Beschäftigte mit diesen anders um? Gibt es einen altersabhängigen Handlungsbedarf bei F&E-Fachkräften in Bezug auf ihr Gesundheitsverhalten und potenzielle gesundheitliche Risikofaktoren?

2.5.3.1 Empirische Befunde – Zum Stand der Gesundheit von MitarbeiterInnen in F&E

Beschäftigte in Forschung und Entwicklung sehen sich heute durch einen wachsenden Innovationsdruck und eine steigende Arbeitsverdichtung einer Vielzahl unterschiedlicher Herausforderungen ausgesetzt. Diese beziehen sich in ihrer Wirkung dabei insbesondere auf psychische Belastungen und stellen ArbeitnehmerInnen aller Altersgruppen, aber vor allem diejenigen mit fortgeschrittener Berufsbiografie vor besondere Probleme.

Die durchgeführte Studie enthielt Fragenkomplexe aus insgesamt sechs Themenbereichen, die Aussagen über den Gesundheitsstatus der Beschäftigten und ihr -verhalten, auf Wohlbefinden und Leistungsfähigkeit zulassen. Unsere Forschungsergebnisse zeigen, dass Ältere im Gegensatz zu allgemeinen Annahmen (psychischen) Belastungen gegenüber meist ausreichend widerstandsfähig (resilient) sind. Bezüglich der allgemeinen krankheitsbezogenen Fehltage weisen in unserer Untersuchung die über 55-Jährigen verglichen mit jüngeren Kollegen sogar die geringsten krankheitsbedingten Ausfalltage auf.

Um psychische Belastungs- und Erschöpfungssymptome abzubilden und zu messen, wählten wir das Konstrukt der Vitalen Erschöpfung (VE). Appels et al. (2000) beschreiben es als das depressive Symptom mit der höchsten Korrelation zur Mortalität. Entwickelt wurde das Konzept aus der Beobachtung heraus, dass Patienten vor einem Herzinfarkt eine Phase von annähernd zwölf Monaten mit Erschöpfungsgefühl erleben (Appels, 2004). Die Prävalenz der Vitalen Erschöpfung liegt bei kardiologischen Patienten zwischen 35 Prozent und 60 Prozent (Kop, 1999). Der Summenscore für Vitale Erschöpfung setzt sich zusammen aus Antworten nach der Einschlaf- und Durchschlafqualität, den Empfindungen, ausgelaugt und lustlos zu sein, Irritierbarkeit, Entmutigung, dem Gefühl, leere Batterien zu haben, erschöpftem oder ermüdetem morgendlichem Erwachen sowie der Empfindung, sich im Hamsterrad zu drehen, ohne anzukommen. Für beide Geschlechter ist die VE ein ungünstiger prognostischer Faktor für das Auftreten von kardiovaskulären Erkrankungen und die Wahrscheinlichkeit, daran zu sterben (Ladwig et al., 2008).

Für die Datenanalyse haben wir die von uns befragten F&E-Arbeitneh-merInnen in unserem Sample in fünf Altersklassen aufgeteilt (siehe Diagramm Abbildung 2.18). In der Altersklasse der unter 35-Jährigen weisen 18 Prozent Anzeichen einer starken Vitalen Erschöpfung auf. Ähnliche Werte zeigt die Altersgruppe der 46- bis 55-Jährigen (19 Prozent) und der 56- bis 65-Jährigen (17 Prozent). Fünf Prozent der über 66-Jährigen geben an, stark vital erschöpft zu sein. Nur die Gruppe der 35- bis 45-Jährigen weist mit 32 Prozent einen deutlich höher liegenden Anteil an starker Vitaler Erschöpfung auf. Anders sieht die Verteilung bei der mittleren Vitalen Erschöpfung aus. Hier geben alle Altersgruppen

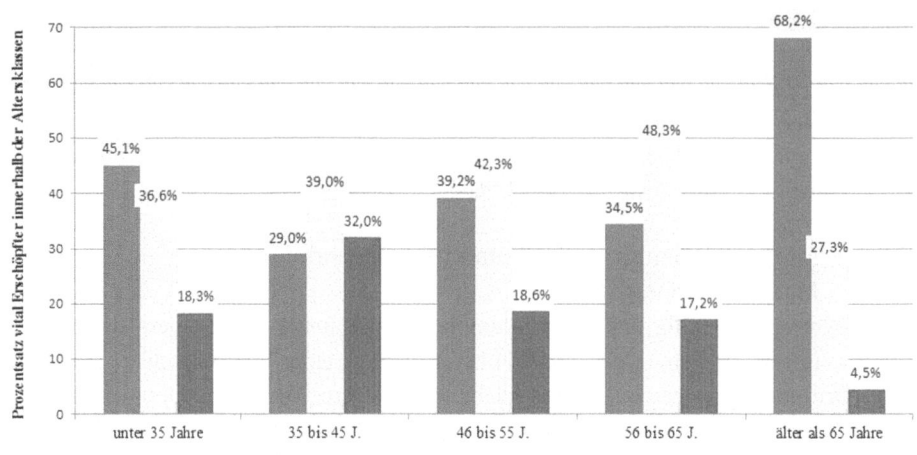

Abb. 2.18 Anzahl der Beschäftigten nach Ausprägung von Vitaler Erschöpfung in fünf Altersgruppen, N=424

zwischen 37 Prozent (jüngste Gruppe) und 48 Prozent (56 bis 65 Jahre) diesen Erschöpfungsgrad an. Auch hier ist die älteste Gruppe der über 66-Jährigen mit nur 27 Prozent deutlich geringer vertreten. *Insgesamt gaben mit 62* Prozent *fast zwei Drittel aller Befragten an, Symptome mittlerer und starker Erschöpfung aufzuweisen,* d. h. unter Schlafstörungen zu leiden, sich ausgelaugt und lustlos zu fühlen, schnell irritierbar sowie generell erschöpft, müde und ausgebrannt zu sein. Die mittlere Altersgruppe ist demnach besonders stressbelastet, möglicherweise aufgrund multifaktorieller und gleichzeitiger Anforderungen im Spannungsfeld zwischen Beruf und Familie. Alter und Erfahrung scheinen demnach durchaus Protektivfaktoren zu sein und ein wertvolles Sozialkapital älterer ArbeitnehmerInnen in F&E darzustellen.

Das Institut der Deutschen Wirtschaft Köln (IW) bescheinigt Ingenieuren, dass sie nur in einem relativ geringen Umfang physisch belastende Tätigkeiten ausüben und mit zunehmendem Alter und Berufserfahrung in leitenden Positionen tätig sind. Diese Rahmenbedingungen, verbunden mit relativ großen Gestaltungsmöglichkeiten und hohem Einkommen können ebenfalls als Faktoren angesehen werden, die wesentlich zu einem guten Gesundheitsstatus beitragen. Wenn das IW in seinem Zukunftspanel von 2009 veröffentlichte, dass präventive gesundheitliche Maßnahmen zur Förderung älterer IngenieurInnen mit 17,5 Prozent und therapeutische Gesundheitsmaßnahmen mit lediglich 6,4 Prozent das Schlusslicht der genannten Maßnahmen zur Förderung älterer Ingenieure bilden, dann trägt das vielleicht den derzeitigen Anforderungen im Hinblick auf die körperliche Gesundheit dieser Berufsgruppe Rechnung, zeigt jedoch wenig Sensibilität für die Auswirkungen des demografischen Wandels auf den Ingenieursarbeitsmarkt (Erdmann & Koppel, 2009: 14).

In unserer Untersuchung konnte bestätigt werden, dass im Bereich der körperlichen Arbeitsanforderungen bei den MitarbeiterInnen kaum Einschränkungen vorliegen, d. h. beispielsweise im Bereich Muskel- und Skeletterkrankungen in diesen Berufsgruppen die Arbeitsfähigkeit bis ins höhere Erwerbsalter gegeben ist. Doch bestätigen die Studienergebnisse unserer Arbeitsgruppe die in den Unternehmen noch immer fehlende Sensibilität für psychische Belastungen über alle Altersgruppen hinweg. Hiervon sind – wie erwähnt – ältere ArbeitnehmerInnen nicht mehr als jüngere betroffen. Im Hinblick auf demografische Entwicklungen und präventives Handeln sollten allerdings schon frühzeitig die psychischen Arbeitsanforderungen in den Blick genommen werden, von denen in unserer Untersuchung insbesondere Frauen und Männer ohne Führungsverantwortung überproportional betroffen sind. Zur Veranschaulichung: Rund zehn Prozent der Befragten waren Frauen. Von diesen wiesen 30 Prozent eine hohe Vitale Erschöpfung auf. Auch Männer ohne Führungsaufgabe sind in unserer Untersuchung mit etwas mehr als 20 Prozent doppelt so häufig mittel und sehr erschöpft wie MitarbeiterInnen mit Team- oder Führungsverantwortung.

Zusätzlich zu den hohen psychischen Arbeitsanforderungen, unter deren Einfluss F&Eler stehen, führen auch eine hohe Identifikation bis hin zu Aufopferung für den Beruf zu Belastungs- und Erschöpfungssymptomen. In der Untersuchung konnte ein eindeutiger Zusammenhang zwischen Vitaler Erschöpfung und Über-Identifikation (Overcommitment) mit der Arbeit nachgewiesen werden. Zustimmende Antworten bei Fragen nach hohem Zeitdruck, einem Nicht-Abschalten-Können, Arbeitsinhalte bereits beim morgendlichen Erwachen zu bedenken, Arbeitsinhalte mit nach Hause zu nehmen oder Angaben, dass diese gar am Einschlafen hindern, belegen eindeutig einen Zusammenhang, der die Aussage erlaubt, dass Overcommitment (OC) bei gleichzeitig hohen psychischen Arbeitsanforderungen nicht nur zu Vitaler Erschöpfung, sondern darüber hinaus auch zu deutlichen Einbußen im emotionalen Wohlbefinden führen kann. So konnte im Projekt „KreaRe" nachgewiesen werden, dass für MitarbeiterInnen im Forschungs- und Entwicklungsbereich sogar ein Risiko für eine depressive Erkrankung besteht, wenn sie zusätzlich im Bereich der affektiven Stimmungen, des allgemeinen Interesses, der Spannungsregulation, des Schlafverhaltens und des Antriebs negative Werte aufweisen. Um diesen Zusammenhang zu belegen, wurde der „WHO-Kurz-Fragebogen zum Wohlbefinden" eingesetzt, ein Instrument zur Erhebung von Depressionen. Sowohl eingeschränktes Wohlbefinden als auch OC sind in dieser Untersuchung signifikant erhöht (WHO Kurzfragebogen – Fragen 1-4: Cronbachs Alpha 0,79).

Um die Arbeitsfähigkeit abzubilden, wurde im Projekt der Kurzfragebogen „Work Ability Index" eingesetzt. Die Auswertung zeigte, dass über alle Altersgruppen hinweg die eigene Arbeitsfähigkeit als insgesamt „gut" bis „sehr gut" eingeschätzt wurde. Nur rund zehn Prozent der Befragten geben ihre Arbeitsfähigkeit als „kritisch" bis „mäßig" an. Knapp 90 Prozent der Befragten sehen ihre Arbeitsfähigkeit als „gut" bis sehr gut" an. Interessant ist diese Selbsteinschätzung vor dem Hintergrund der relativ hohen Vitalen Erschöpfung sowie des eingeschränkten Wohlbefindens in der untersuchten Gruppe. Diese Diskrepanz legt die Vermutung nahe, dass Belastungssymptome im täglichen Arbeitsleben verdrängt werden.

„Präsentismus" ist kein Randphänomen mehr, zahlreiche Untersuchungen weisen dieses nach. Rund zwei Drittel der deutschen Erwerbstätigen geben an, im Jahr 2010 mindestens einmal trotz Krankheit zur Arbeit gegangen zu sein (Badura & Steinke, 2011: 37 ff.). Unsere Untersuchung und die dahinterliegende vermutete Motivation deckt sich mit der angeführten Untersuchung, die Pflichtgefühl und Kollegialität als Hauptgründe hierfür angibt. Insgesamt führt Präsentismus zu einem hohen Herzinfarkt-Risiko (Kivimäki, 2005: 98 ff.), zu Verschleppung von Krankheiten, zu Chronifizierung einfacher Beschwerden usw. Neben der nachweislichen Gesundheitsgefährdung führt Präsentismus darüber hinaus zu Produktivitätseinbußen (Tschamezki, 2010: 7) und ist daher ein bedeutender Kostenfaktor für Unternehmen.

Für die Entwicklung von betrieblichen Interventionsprogrammen sind auch Angaben zum gesundheitsbeeinflussenden Lebensstil interessant. Während 95 Prozent der Befragten im Bereich Bewegung (z. B. Radfahren, Joggen, Schwimmen) aktiv sind, beschäftigen sich nur knapp zehn Prozent jeweils mit Ernährungsfragen und Entspannungsmethoden wie z. B. Yoga oder Meditation. Wünsche nach Änderung ihres Gesundheitsverhaltens lagen in den drei Altersgruppen der unter 35-Jährigen, der 35- bis 55-Jährigen sowie der über 55-Jährigen jedoch bei jeweils deutlich über der Hälfte der Befragten vor. Aus dieser Erkenntnis lässt sich ableiten, dass der Großteil der ForscherInnen und EntwicklerInnen potenziell Interesse an Angeboten zur Förderung der gesundheitsbezogenen Lebensführung haben. Konkrete Nachfragen nach den Änderungspräferenzen für die erfragten gesundheitsrelevanten Lebensbereiche ergaben für alle Altersgruppen ähnlich verteilte Präferenzen. So lagen die Veränderungswünsche im Bereich Bewegung bei rund 55 Prozent, im Bereich Ernährung bei etwas über 30% und im Bereich Suchtprävention bei zehn Prozent. Einzig im Bereich der Stressbewältigung ergaben sich größere altersbezogene Differenzen. Am höchsten lag mit 31,2 Prozent der Anteil der an Stressbewältigung Interessierten bei den 35- bis 55-Jährigen, gefolgt von der Gruppe der unter 35-Jährigen mit 26,2 Prozent. Von den 55-Jährigen gaben lediglich 16,1 Prozent an, im Bereich der Stressbewältigung ihr Verhalten ändern zu wollen. Diese Aussage korrespondiert mit den zuvor erwähnten Ausprägungen von Vitaler Erschöpfung bei den unterschiedlichen Altersgruppen. In der besonders vulnerablen mittleren Altersgruppe fanden wir ein potenziell großes Interesse an Angeboten für einen gesunden Lebensstil in den Bereichen Bewegung, Ernährung und Stressbewältigung (siehe Abbildung 2.19).

Selbstachtsamkeit als protektiver Faktor?

Der Großteil der Befragten (90 Prozent) nimmt sich einerseits als leistungsfähig wahr, zugleich lassen die Angaben von über 60 Prozent auf eine Vitale Erschöpfung schließen. Dies lässt vermuten, dass die Selbstwahrnehmung bei vielen der Betroffenen vor allem in Bezug auf ihre eigene Vulnerabilität nicht mit der Realität übereinstimmt. Eine realistische Selbstwahrnehmung aber bildet die Basis für die Fähigkeit zum Erhalt einer Balance zwischen Verausgabung und Erholung, denn eine realistische Selbstwahrnehmung liegt der Selbstregulation und damit der Selbstfürsorge zugrunde. Mit dem zunehmenden Wegfallen äußerer Regulierungen von Arbeitszeit und -ort, d. h. wachsender Entgrenzung von Arbeits- und Erholungszeit, werden diese internalisierten Selbstmanagementfähigkeiten

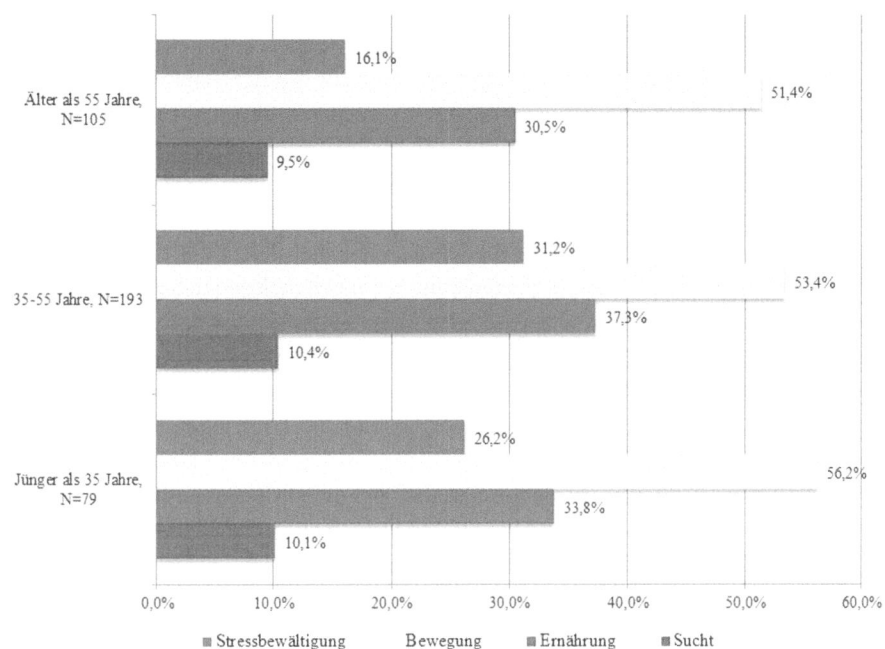

Abb. 2.19 Änderungswünsche in gesundheitsbezogenen Lebensbereichen nach Altersgruppen

immer wichtiger (Altner & Paul, 2014). Selbstentfremdung aber erschwert auf Dauer den selbst regulierten Erhalt der Gesundheit.

Wie lässt sich Selbstentfremdung messen? Ein überhöhter internalisierter Leistungsanspruch und die damit einhergehende Tendenz zu sehr selbstkritischem, harschem Selbstbezug können Hinweise darauf geben. Deshalb stellten wir vier Fragen zur Selbstachtsamkeit aus dem Freiburger Fragebogen zur Achtsamkeit (FFA) (Walach et al., 2006). Der Summenscore dieser Fragen erreichte in unserem Sample mit einem Cronbachs Alpha von 0,643 eine akzeptable innere Konsistenz. Ein hoher Wert dieses Selbstbezug-Scores spricht dafür, dass die Person sich für ihre eigenen Fehler und Schwierigkeiten nicht verurteilt, dass sie sich selbst freundlich behandelt, wenn Dinge im Leben schiefgehen, dass sie mit Humor wahrnehmen kann, wie sie sich manchmal das Leben schwer macht, und dass sie auf die Motive ihrer Handlungen achtet.

Die Personen in unserem Sample, die hohe Werte für einen solchen bewussten und freundlich achtsamen Selbstbezug aufweisen, zeigen zugleich geringe Anzeichen für eine Vitale Erschöpfung (p = 0,001). Außerdem finden sich signifikante Korrelationen mit der Lebens- und Arbeitszufriedenheit (0,001 und 0,005) sowie mit ihrer von anderen wahrgenommenen Kreativität (0,01). Und Selbstachtsamkeit korrelierte interessanterweise auch mit der Angabe, dass es ihre Vorgesetzten verstünden, Arbeitssituationen so zu gestalten, dass jede/r die eigene tatsächliche Leistungsfähigkeit entfalten kann (0,01). Keine Zusammenhänge fanden sich hingegen mit Alter, Geschlecht, Krankentagen, Berufserfahrung und beruflicher Position.

Unsere Daten legen nahe, dass ein achtsamer Selbstbezug als ein protektiver Faktor angesehen werden kann. Wie lässt sich dieser Bezug zwischen hoher Selbstachtsamkeit und niedriger Vitaler Erschöpfung erklären? Das Konzept der Achtsamkeit umfasst u. a. die individuell mehr oder weniger ausgeprägte Fähigkeit zur Bewusstheit für die eigene körperliche und psychische Verfassung im gegenwärtigen Moment sowie eine akzeptierende, nicht abwertende Haltung dazu. Menschen mit ausgeprägter Achtsamkeit sind in der Lage, ihre Aufmerksamkeit bewusst nach innen oder außen zu lenken und auf das gewählte Objekt fokussiert zu halten (Heidenreich & Michalak, 2004: 14). Meditative Achtsamkeitsübungen, die diese Fähigkeiten kultivieren helfen, legen nahe, den Fokus der Aufmerksamkeit auf aktuell im gegenwärtigen Moment stattfindende Körperwahrnehmungen zu richten wie z. B. Atembewegungen oder Bewegungen beim Gehen, Qigong- oder Yoga-Üben. Dabei wird zudem angeregt, die geistige Präsenz für die momentanen Wahrnehmungen mit einer akzeptierenden und wohlwollenden Haltung auszuüben, die wach und achtungsvoll bezogen ist (Altner, 2006: 25). In diesem Sinne lässt sich Achtsamkeit als eine Haltung verstehen, durch die sich die oben beschriebene Selbstentfremdung reduzieren lässt. Ein achtsamer Selbstbezug fördert eine realistische Selbstwahrnehmung. Diese bildet die Basis für einen Lebensstil, der sorgsam mit den eigenen Gesundheitsressourcen umgeht. Belastungsgrenzen und Bewältigungsressourcen können dann eingeschätzt werden, und ein Maßhalten bezüglich der eigenen Verausgabung wird möglich. Für ausreichend Erholung und eine wirksame Selbstregulation kann gesorgt werden. Eine solch nachhaltige Selbstfürsorge schützt vor Vitaler Erschöpfung.

Als ein Beispiel dafür, wie das konkret aussehen kann, beschreibt eine der von uns befragten innovationstreibenden Führungskräfte in einem Tiefeninterview, nachdem sie einen mehrtägigen Kurs zum Thema Achtsamkeit und Selbstmitgefühl besucht hatte, wie sie in dessen Verlauf wieder in Kontakt zu sich kam und wie sich dadurch ihre Stressbewältigung und Resilienz verbesserten:

Beispiel

„Ich hatte die Ecken und Kanten, wo es mir nicht gut geht, so weit abgekapselt, dass ich sie nicht als Leiden wahrgenommen habe. Im Sinne von ´Das ist halt so, da muss man jetzt durch´ ... Ich hatte das nicht nach draußen gelassen. In dieser Auszeit bin ich dann wieder zum Spüren gekommen, dass ich unter meinen Bewegungseinschränkungen und Schmerzen wirklich leide und um meine verstorbene Mutter trauere. Es geht darum, damit auch zu sein ...

Wenn ich mein Leiden zulasse, fühle ich mich durchlässiger, lebendiger, auch fröhlicher. Die Gefühlspalette erweitert sich wieder. Und das erlaubt mir dann auch, wenn ich im Beruf wieder funktionieren und kämpfen muss, mich nicht so anzustrengen. Ich bin dann mir selber gegenüber wieder offener ...

In meinem Job muss ich beinahe täglich Auseinandersetzungen führen. Dafür muss ich gerüstet sein, da muss ich mich schützen. Aber sobald ein Kampf vorbei ist, muss ich die Rüstung ablegen können. Nur dann kann ich mir selbst spürfähig und beweglich begegnen und auch den Menschen, mit denen ich nicht kämpfen muss. Wenn ich die Rüstung nicht mehr ablegen kann, kann ich auch nicht mehr unterscheiden, wann ich kämpfen muss und wann nicht. Die Kampfbereitschaft bleibt dann permanent und das äußert sich schnell in allen möglichen Stresssymptomen. Einmal bin ich nachts aufgewacht und fand mich mit geballten Fäusten vor der Brust und hochgezogenen Schultern, bereit für den Kampf im Bett liegen. Wie ein Boxer im Bett …

Die Rüstung abzulegen gelingt, wenn ich Auszeiten nehme. Das braucht Zeit. Aber es geht auch im Alltag, wenn ich mich dran erinnere. Und wenn das nicht mehr geht, brauche ich die mehrtägigen Blocks, in denen ich aus meinem Berufsalltag herausgehe und mit anderen Menschen bin. Danach geht es dann für eine Weile wieder einfacher. Und wenn ich in einer weniger feindlichen Umgebung arbeiten würde, bräuchte ich die Auszeiten sicher seltener."

Hier wird sehr differenziert beschrieben, wie eine achtsame Wahrnehmungs- und Schwingungsfähigkeit für den eigenen Zustand die Person für ihre beruflichen Anforderungen stärkt, indem sie ihre Regulationsfähigkeit erhält. Eine realistische Selbstwahrnehmung ermöglicht ihr den Wechsel von Anspannungs- und Erholungsphasen. Die letzte Aussage im Zitat erhellt möglicherweise den auch in unserem Befragungssample gefundenen, weiter oben schon erwähnten Zusammenhang zwischen achtsamem Selbstbezug und „weniger feindlichen" Arbeitsbedingungen, die den Beschäftigten erlauben, ihre persönliche Leistungsfähigkeit zu entfalten. Es scheint plausibel, dass das bewusste Gestalten von Arbeitsbedingungen, die den Fähigkeiten und Bedürfnissen der F&ElerInnen entsprechen, sie weniger dauerhaft in einer Anspannungs- oder Verteidigungshaltung verharren lässt und damit Selbstachtsamkeit möglich wird, die wiederum die Selbstregulation der An- und Entspannungszustände fördert. Ein regenerativer Umgang mit den eigenen Ressourcen für Leistungsfähigkeit und Gesundheit bietet gute Voraussetzungen für eine ausgeglichene, heitere und beziehungsfähige Gestimmtheit. Der Umgang mit Kollegen und MitarbeiterInnen lässt sich dann empathisch, humorvoll, kooperativ und kokreativ gestalten, selbst wenn die äußeren Bedingungen kompetitiv sind. Ein solches Arbeitsklima motiviert zu Leistungsfähigkeit und Kreativität und stärkt einen selbstachtsamen Selbstbezug (siehe Abbildung 2.20).

2.5.3.2   Intervention – Achtsamkeitsbasierte Gesundheitsförderung

Um Kreativität und Leistungsfähigkeit von MitarbeiterInnen in F&E zu erhalten und zu fördern, setzt das Projektteam direkt auf der Ebene der Gesundheit mit seinem Interventionsprogramm an. Aufgrund der beschriebenen Notwendigkeit zum achtsamen Selbstbezug, einer Fokussierung von Aufmerksamkeit oder auch der akzeptierenden Wahrnehmung eigener Belastungsgrenzen wird hier die Ebene adressiert, auf der wirksame Selbstregulation und nachhaltige Selbstfürsorge eingeführt werden können, um anhand dieser Wirkprinzipien u. a. Vitaler Erschöpfung vorzubeugen. Konkret setzt die Intervention im Bereich der Stressbewältigung an, da die Untersuchung aufzeigt, dass insbesondere auf dieser Handlungsebene eine hohe Nachfrage vorherrscht und diese Nachfrage vor allem von der stark belasteten mittleren Altersgruppe formuliert wurde. Anhand

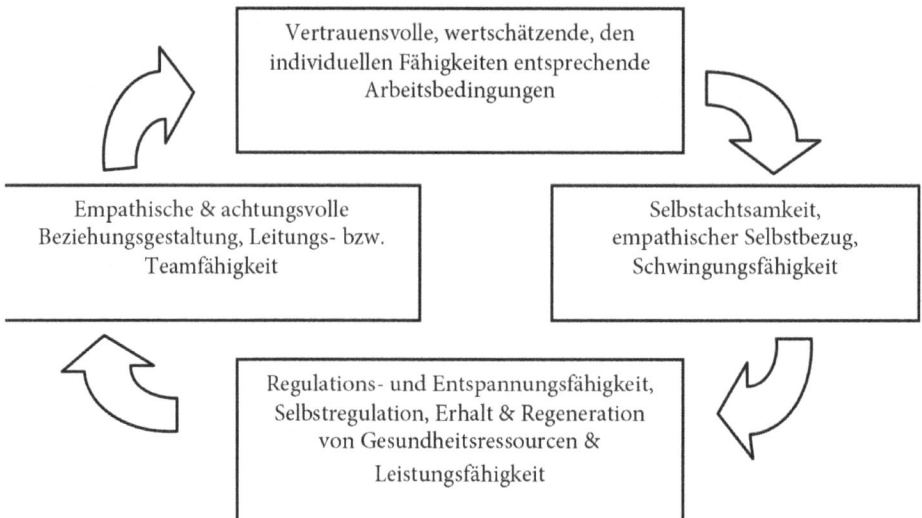

Abb. 2.20 Bedingungskreislauf zwischen Arbeitsverhältnissen, individuellem Selbstbezug, Verhalten und Beziehungsgestaltung

achtsamkeitsfördernder Interventionen im untersten Stockwerk können darüber hinaus Impulse gesetzt werden für Änderungen auch auf den anderen Ebenen von Kompetenz, Werten und Führung.

Dabei sind diese systemischen Wirkungen umso größer, je mehr Gestaltungseinfluss die an der Intervention teilnehmenden Personen im Unternehmen haben und je besser es ihnen gelingt, ihre MitarbeiterInnen einzubeziehen. Zugänge von Führungspersonen zu achtsamkeitsbasierten Methoden der Stressbewältigung wurden im Projekt „KreaRe" dort gefunden, wo diese im Rahmen eines individuellen Coachings, einer Therapie oder eines Klinikaufenthalts Zugang hierzu fanden. Wenn die betroffene Person in diesem Rahmen erlebte, wie die Einbeziehung von Achtsamkeitselementen in ihren Alltag die eigene Ausgeglichenheit, Konzentrationsfähigkeit und Kreativität fördert, wirkt sich diese Erfahrung motivierend darauf aus, auch ihre MitarbeiterInnen mit den Methoden in Kontakt zu bringen.

Für MitarbeiterInnen auf allen Hierarchieebenen gilt: Beschleunigungsdruck, Multitasking und ständige Erreichbarkeit erhöhen die Anforderungen an ein persönliches Stressmanagement extrem. Mit steigender Stressbelastung nehmen nicht nur die Risiken für das Auftreten von Vitaler Erschöpfung, Burn-out, Herz-Kreislauf-Erkrankungen, Diabetes, psychischen Erkrankungen und Krebs zu, auch die sozialen und familiären Beziehungen leiden, die Kreativität, Lebensfreude und die Leistungsfähigkeit nehmen ab. Die im Folgenden vorgestellte Intervention vermittelt Methoden zur Förderung von Entspannung, Fokussierung und Gestaltungsfähigkeit, die wissenschaftlich untersucht und klinisch erprobt sind. Ziel ist die individuelle Erarbeitung von alltagstauglichen Kompetenzen der Stressbewältigung.

Es gilt zu beachten, dass Inhalte und Formate von bestehenden achtsamkeitsbasierten Stressbewältigungsprogrammen variieren: Von impulssetzenden Workshops, die in zwei Tagen erste Erfahrungen mit dieser Methode vermitteln, bis hin zu klinisch evaluierten Kursen, die in der Regel auf acht bis zehn Wochen terminiert werden. An dieser Stelle soll exemplarisch ein achtwöchiger Inhousekurs à 2,5 Stunden pro Woche als Format zur Durchführung eines personenzentrierten Achtsamkeitskurses zur Stressbewältigung vorgestellt werden (siehe Tabelle 2.14).

Metaanalysen zeigen, dass Interventionen wie dieses als MBSR (Mindfulness-Based Stress Reduction) bekannte Programm mit mittleren Effektstärken zwischen 0,51 und 0,62 lindernd auf psychische Symptome von Angst, Depressivität und Stress wirken. Bei muskuloskelettalen Erkrankungen, Krebs, HIV, Herz- und Suchterkrankungen lassen sich ebensolche Wirkungen nachweisen. Auch nehmen Empathie, Coping, Schlaf- und

Tab. 2.14 Stressbewältigung durch Achtsamkeit – Acht-Wochen-Inhouse-Trainingskurs

Woche	Schwerpunktthema und Methode
1.	Kennenlernen: Der TeilnehmerInnen untereinander und des Ablaufs
	Einführung ins Thema: Was ist Achtsamkeit?
	Methode: Achtsame Körperwahrnehmung (Body Scan)
2.	Themen: Wahrnehmung und kreativer Umgang mit schwierigen Situationen
	Methoden: Einführung in die Atembeobachtung und Körperwahrnehmung
3.	Themen: Leben im Augenblick und Wahrnehmung angenehmer Ereignisse
	Methode: Einführung ins Yoga
4.	Themen: Adäquat auf Stress reagieren und Umgang mit unangenehmen Ereignissen
	Methoden: Einführung ins Qigong und Sitzmeditation
5.	Themen: Persönliche Stressverstärker und Stressbewältigung sowie Achtsamkeit im Alltag
	Methoden: Einführung in die Gehmeditation, Vertiefung der Sitzmeditation
6.	Themen: Schwierige zwischenmenschliche Kommunikation, Umgang mit Schmerz und schwierigen Gefühlen
	Methoden: Einführung in die Drei-Minuten-Atempause und Kommunikationsübungen
7.	Themen: Lebensstil und Perspektivwechsel
	Methoden: Üben aller Methoden, Einführung ins Schweigen
8.	Themen: Rückblick und Ausblick, Plan für weitere Umsetzung von Achtsamkeit im Alltag
	Methoden: Wiederholung

Lebensqualität zu (de Vibe et al., 2012). Die Evidenz für die präventive und therapeutische Wirksamkeit achtsamkeitsbasierter Verfahren und Programme ist mittlerweile so belastbar, dass sie sich in der Interdisziplinären S3-Leitlinie für die Diagnostik, Therapie und Nachsorge des Mammakarzinoms (2012), der Behandlungsleitlinie von depressiven Störungen bei Kindern und Jugendlichen (2013) sowie zur Rückfallprophylaxe in der Leitlinie für die Behandlung von an Depression erkrankten Erwachsenen finden (Nationale Versorgungsleitlinie Unipolare Depression, 2009). Von der Zentralen Prüfstelle Prävention werden MBSR-Kurse nach § 20, Sozialgesetzbuch V. Buch (SGB V) zertifiziert und von den gesetzlichen Krankenkassen als Präventionsmaßnamen anteilig refinanziert.

2.5.4   Gesund und kreativ arbeiten in Forschung und Entwicklung

Der Erhalt gesundheitlicher Ressourcen in der F&E gewinnt vor dem Hintergrund der demografischen Entwicklungen strategische Bedeutung. Ziel des Beitrags war es daher, Befunde zum Stand der gesundheitlichen Belastungen in F&E-Abteilungen vorzustellen. Welche Schlussfolgerungen ergeben sich aus diesen Ergebnissen für Unternehmen und mögliche präventive Maßnahmen im Rahmen des betrieblichen Gesundheitsmanagements?

Zunächst kann konstatiert werden: Die Ausbildung und Verfeinerung von Strategien zur Lösung kognitiver Anforderungen sowie die Fähigkeiten der Selbstwahrnehmung und Selbstregulation vor allem bezogen auf die Balance zwischen Verausgabung und Erholung sind zentrale gesundheitliche Ressourcen im Alter. Diese Ressourcen können von Unternehmen aktiv gefördert werden, beispielsweise durch Fort- und Weiterbildungsangebote, durch flexible Arbeitszeitmodelle, durch flache Hierarchien und Gestaltungsräume sowie durch strukturelle und verhaltensorientierte Angebote der Gesundheitsförderung. Mit Blick auf die Ergebnisse dieser Untersuchung ist festzuhalten, dass ältere ArbeitnehmerInnen in Forschung & Entwicklung keine spezifischen Angebote in Bezug auf Gesundheitsförderung benötigen. Unsere Daten legen stattdessen nahe, dass vor allem bei der mittleren Altersgruppe der 35- bis 55-Jährigen bezüglich der Kultivierung von Selbstachtsamkeit und Selbstregulation ein größerer Entwicklungsbedarf vorhanden ist. Dieser entspricht einem in dieser Altersgruppe am deutlichsten ausgedrückten Änderungswunsch in den Lebensstilbereichen der Stressbewältigung und Entspannung. Diesbezüglich formulierte Änderungswünsche sind nicht zu unterschätzende Anliegen. Diese Angaben können als ein wertvoller Gestaltungshebel verstanden werden, den Unternehmen aufgreifen sollten, um ihre Beschäftigten zu unterstützen und zu fördern.

Neben den häufig gewünschten Angeboten zu Bewegung und Ernährung sind vor allem achtsamkeitsbasierte multimodale Verfahren zur Stressbewältigung zu nennen, die auch von den Krankenkassen bezuschusst werden. Es erscheint dabei unwesentlich, ob diese Angebote firmenintern vorgehalten werden oder ob die Teilnahme an externen Kursen von Unternehmen, z. B. durch Freistellung, gefördert wird. Wesentlicher erscheint, dass im Bereich Forschung & Entwicklung tätige Unternehmen eine firmeninterne Kultur fördern, die für Belastungssymptome und deren Folgen sensibilisiert, die Auswirkungen von Arbeitsbelastungen auf die psychische Gesundheit ihrer Beschäftigten ernst nimmt und in der die multifaktoriellen Hintergründe für Stressentwicklung und Stresserleben nicht individualisiert und privatisiert werden. Die Ergebnisse zur psychischen Belastung in F&E sollten vielmehr in einen betrieblichen Dialogprozess eingebracht werden, der einer Vielzahl von Gestaltungsfeldern auf individueller und organisationaler Ebene Rechnung trägt. Angesichts der absehbaren und aktuellen Probleme in der nachhaltigen Gestaltung demografiefester F&E-Arbeit liegt hier sicherlich ein wichtiges Handlungsfeld zur Sicherung der Innovationsfähigkeit F&E-intensiver Unternehmen.

Literaturverzeichnis Abschnitt 2.5

Altner, Nils (Hrsg.) (2006): *Achtsamkeit und Gesundheit.* Immenhausen: Prolog Verlag.

Altner, Nils; Paul Anna (2014): *Achtsamkeit und Selbstführung als Basis für gesundes und kreatives Führen.* In: Marianne Giesert (Hrsg.) Führung und Selbstführung in Zeiten von Entgrenzung und Krisen. Tagungsband zum 5. DGB Gesundheitsgipfel. Hamburg: VSA, (I.E.).

Amabile, Teresa M. (1997): *Motivating Creativity in Organizations: On doing what you love and loving what you do.* California Management Review, 40. Jg., S. 39-58.

Appels, Adrian (2004): *Exhaustion and coronary heart disease: the history of a scientific quest.* Patient Education Counseling, 55, S. 223-229.

Appels, Adrian; Kop, Willem J., Schouten, Erik (2000): *The Nature of the Depressive Symptomatology Preceding Myocardial Infarction.* Behavioral Medicine, 26(2), S. 86-89.

Asdonk, Jupp; Bredeweg, Udo; Kowol, Uli (Hrsg.) (1993): *Innovation, Organisation und Facharbeit.* Bielefeld: USP Publishing Kleine Verlag.

Astor, Michael (2003): *Innovation – eine Domäne der Jugend? Betriebliche Strategien zur Stärkung der Innovationsfähigkeit.* In: Badura, Bernhard; Schellschmidt, Henner; Vetter, Christian (Hrsg.): Fehlzeiten-Report 2002. Demographischer Wandel: Herausforderung für die betriebliche Personal- und Gesundheitspolitik. Berlin: Heidelberg, S. 153-166.

Badura, Bernhard; Steinke, Mika (Hrsg.) (2011): *Die erschöpfte Arbeitswelt. Durch eine Kultur der Achtsamkeit zu mehr Energie, Kreativität, Wohlbefinden und Erfolg.* Gütersloh: Bertelsmann Stiftung.

Barrick, Murray R.; Mount, Michael K. (2006): *The Big Five Personality Dimensions and Job Performance: A Meta-Analysis.* Personnel Psychology, 44, S. 1-26.

Cox, Catherine M. (1926): *Genetic Studies of Genius Vol. 2. The Early Mental Traits of Three Hundred Geniuses.* Stanford: Stanford University Press.

de Vibe, Michael; Bjørndal, Arild; Tipton, Elizabeth; Hammerstrøm, Karianne; Kowalski Krystyna (2012): *Mindfulness based stress reduction (MBSR) for improving health, quality of life and social functioning in adults.* Campbell Systematic Reviews 2012:3.

Erdmann, Vera; Koppel, Oliver (2009): *Beschäftigungsperspektiven älterer Ingenieure in deutschen Industrieunternehmen. IW-Trends.* Vierteljahresschrift zur empirischen Wirtschaftsforschung aus dem Institut der deutschen Wirtschaft Köln, 36(2).

Fiske, Donald W. (1949): *Consistency of the Factorial Structures of Personality Rating from Different Sources.* Journal of Abnormal Social Psychology, 44, S. 329-344.

Giesert, Marianne (Hrsg.) (2011): *Arbeitsfähig in die Zukunft. Willkommen im Haus der Arbeitsfähigkeit!.* Hamburg: VSA.

Glaser, Jürgen; Herbig, Britta; Gunkel, Jennifer (2006): *Kreativität und Gesundheit im Arbeitsprozess. Bedingungen für eine kreativitätsförderliche Arbeitsgestaltung im Wirtschaftsleben.* In: Berichte aus dem Lehrstuhl für Psychologie der TU München, Nr. 85, München.

Gunkel, Jennifer; Herbig, Britta; Glaser, Jürgen (2007): *Kreativität und Gesundheit im Arbeitsprozess.* Wirtschaftspsychologie, 9, S. 4-15.

Hacker, Winfried (1995): *Vollständige vs. unvollständige Arbeitstätigkeiten.* In: Siegfried Greif; Heinz Holling; Nigel Nicholsen (Hrsg.): Arbeits- und Organisationspsychologie: Internationales Handbuch in Schlüsselbegriffen. 2. Auflage, Weinheim: Beltz, S. 463-467.

Heidenreich, Thomas; Michalak, Johannes (Hrsg.) (2004): *Achtsamkeit und Akzeptanz in der Psychotherapie.* Tübingen: dgvt-Verlag.

Herbig, Britta; Glaser, Jürgen (Hrsg.) (2013): *Kreativität und Gesundheit im Arbeitsprozess – Bestandsaufnahme, Intervention und Evaluation.* Dortmund: Bundesanstalt für Arbeitsschutz und Arbeitsmedizin.

Illmarinen, Juhani (2011): *Förderung des aktiven Alterns am Arbeitsplatz. European Agency for Safety and Health at Work.* Online unter: https://osha.europa.eu/de/publications/articles/promoting-active-ageing-in-the-workplace [23.06.2014].

Kivimäki, Mika; Head, Jenny; Ferrie, Jane E.; Hemingway, Harry; Shipley, Martin J.; Vahtera, Jussi; Marmot, Michael G. (2005): *Working while ill as a risk factor for serious coronary events: the Whitehall II study.* American Journal of Public Health, 95(1), S. 98-102.

Kley, Thomas; Lücke, Christina; Thomzik, Markus (2009): *„Ambivalente Innovationsarbeit" im Spiegel qualitativer empirischer Befunde: Nachhaltige Präventionsstrategien für Innovationsarbeiter entwickeln!.* In: Klaus Henning; Ingo Leisten; Frank Hees (Hrsg.): Innovationsfähigkeit stärken – Wettbewerbsfähigkeit erhalten. Präventiver Arbeits- und Gesundheitsschutz als Treiber, Aachen: Mainz Verlag, S. 249-262.

Kop, Willem J. (1999): *Chronic and Acute Psychological Risk Factors for Clinical Manifestations of Coronary Artery Disease.* Psychosomatic Medicine 61(4), S. 476-487.

Kriegesmann, Bernd et al. (2011): *KreaRe – Kreativität älterer Mitarbeiter/-innen durch Ressourcenmanagement aktivieren und erhalten.* Unveröffentlichter Projektantrag.

Kriegesmann, Bernd; Kerka, Friedrich; Kottmann, Marcus (2007): *Innovationen warden von Menschen gemacht – Kompetenzentwicklung jenseits von Weiterbildung und Wissensmanagement.* In: Bernd Kriegesmann; Friedrich Kerka (Hrsg.): Innovationskulturen für den Aufbruch zu Neuem, Wiesbaden: DUV.

Kriegesmann, Bernd; Kunhenn, Horst; Kley, Thomas; Lücke, Christina; Dobos, Gustav J.; Paul, Anna; Altner, Nils; Lange, Silke (Hrsg.) (2010): *Innovation durch Prävention. Empirische Ergebnisse und Ideen zur nachhaltigen Gestaltung von Innovationsarbeit.* Bochum: IAI-Verlag.

Kruse, Andreas; Wahl, Hans-Werner (Hrsg.) (2007): *Alter neu Denken – Gesellschaftliches Altern als Chance begreifen.* Gütersloh: Bertelsmann Stiftung.

Ladwig, Karl-Heinz; Lederbogen, Florian; Völler, Heinz; Albus, Christian; Herrmann-Lingen, Christoph; Jordan, Jochen; Köllner, Volker; Jünger, Jana; Fritzsche, Kurt (2008): *Positionspapier zur Bedeutung von psychosozialen Faktoren in der Kardiologie.* In: Deutsche Gesellschaft für Kardiologie – Herz- und Kreislaufforschung e.V. (Hrsg.): Der Kardiologe. Bd. 2, Nr. 4. Springer Medizin Verlag, S. 274-287.

MacKinnon, Donald W. (1975): *IPAR's Contribution to the Conceptualization and Study of Creativity.* In: Irving A. Taylor; Jacob W. Getzels (Hrsg.): Perspectives in Creativity. Chicago: Aldine, S. 60-89.

Nationale Versorgungsleitlinie Unipolare Depression (2009): *S3-Leitlinie/Langfassung.* Version Dezember 2009.

Pratt, Danielle (2001): *The Healthy Scorecard,* Victoria: Trafford Publishing.

Richter, Ansgar; Weiß, Christian (2009): *Fachkräftemangel – (k)ein Problem?* In: Klaus Schmidt; Ronald Gleich; Ansgar Richter (Hrsg.): Gestaltungsfeld Arbeit und Innovation: Perspektiven und Best Practices aus dem Bereich Personal und Organisation. München: Rudolf Haufe Verlag, S. 61-80.

Shalley, Christina E.; Zhou, Jing (2008): *Organizational Creativity Research – A Historical Overview.* In: Christina E. Shalley; Jing Zhou (Hrsg.): Handbook of Organizational Creativity. New York: Lawrence Erlbaum, S. 3-32.

Staudt, Erich; Kottmann, Marcus (Hrsg.) (2001): *Deutschland gehen die Innovatoren aus. Zukunftsbranchen ohne Zukunft?* Frankfurt am Main: Frankfurter Allgemeine Buch.

Staudt, Erich; Kriegesmann, Bernd (2002): *Zusammenhang von Kompetenz, Kompetenzentwicklung und Innovation – Objekt, Maßnahmen und Bewertungsansätze der Kompetenzentwicklung – Ein Überblick,* Münster: Waxmann.

Tempel, Jürgen; Ilmarien, Juhani (2013): *Arbeitsleben 2025. Das Haus der Arbeitsfähigkeit im Unternehmen bauen.* Hamburg: VSA.

Teuber, Stephan (2013): *BGM-Report. Wissenswertes rund um Betriebliches Gesundheitsmanagement.* Online unter: http://www.bgm-report.de/allgemein/das-haus-der-arbeitsfahigkeit-nach-ilmarinen [23.06.2014]

Tscharnezki, Olaf (2010): Gesundheitsförderung als Unternehmenskultur. Präsentation vom 3. Oktober 2010.

Verein Deutscher Ingenieure (VDI) e.V./Institut der Deutschen Wirtschaft Köln (Hrsg.) (2010): *Ingenieurarbeitsmarkt 2009/2010, Berufs- und Branchenflexibilität, demografischer Ersatzbedarf und Fachkräftelücke.* Köln, Studie vom 19.04.2010.

Walach, Harald; Buchheld, Nina; Buttenmüller, Valentin; Kleinknecht, Norman; Schmidt, Stefan (2006): *Measuring mindfulness – the Freiburg Mindfulness Inventory (FMI).* Personality and Individual Differences, 40, S. 1543-1555.

West, Michael A. (2002): *Sparkling Fountains or Stagnant Ponds. An Integrative Model of Creativity and Innovation Implementation in Work Groups.* Applied Psychology, 51, S. 355-387.

2.6   Altersdiversität und Leistung in Innovationsteams

Madlen Hiller, Anne Köhn, Philipp Przybysz

Das Verbundprojekt derobino beschäftigt sich mit der altersmäßigen Zusammensetzung der betrieblichen Belegschaften und damit der Erwerbstätigen in Deutschland. Dabei wird gemeinhin angenommen, dass sich zum Ersten diese Zusammensetzung quantitativ zugunsten älterer Beschäftigter verschiebt und dass zum Zweiten dadurch die Innovationsfähigkeit deutscher Unternehmen bedroht ist. Ersterer Annahme ist faktisch kaum zu widersprechen, wobei unklar ist, wie sehr sich die aktuelle Migrationsbereitschaft in vielen europäischen Ländern auf die hiesigen Belegschaften auswirken wird. Die zweite Annahme hingegen erscheint spekulativ. Zwar zeigt sich über mehrere Untersuchungen hinweg, dass das Lösen von neuartigen Problemen mit zunehmendem Alter schwerer fällt, allerdings nimmt das Wissen in der Spanne des Erwerbstätigenalters (20 – 67 Jahre) leicht zu. Zudem finden sich in Meta-analysen nur geringfügige oder keine systematischen Zusammenhänge zwischen dem Alter eines Erwerbstätigen und seiner Arbeitsleistung (Salthouse, 2012). Es erscheint außerdem plausibel, dass potenzielle Altersdefizite durch kompensatorische Maßnahmen ausgeglichen werden können, wie es etwa das SOK-Modell mit seinen Komponenten des Selektierens, Optimierens und Kompensierens nahelegt (Baltes & Baltes, 1990). Schließlich ist zu prüfen, ob altersgebundene Fähigkeits- und Wissensunterschiede nicht auch und vor allem durch geeignete strukturelle Maßnahmen, und hierzu zählen im Besonderen eine gezielte Zusammensetzung der Belegschaft nach Diversitätsgesichtspunkten, eine verbesserte Teamstruktur und auch eine verbesserte Gestaltung von Innovationsprozessen, auszugleichen sind. In diesem Sinne müssen deutsche Unternehmen die demografische Entwicklung hinnehmen, wie sie ist, können ihr aber durch verschiedene strukturelle Gestaltungsmaßnahmen etwa bei der Zusammenstellung von Innovationsteams, bei der Gestaltung von Teamarbeit oder bei der Durchführung von Innovationsprozessen konstruktiv entgegenwirken. Es ist vermutlich nicht mehr als ein Vorurteil, dass Kreativität und Innovationsfähigkeit ausschließlich mit jugendlichem Alter assoziiert werden. Der Begriff des Jugendwahns deutet dies an. Statt angesichts des demografischen Wandels mit einer Angst vor dem Alter zu reagieren, erscheint es vielmehr sinnvoll, den Blick verstärkt auf die strukturellen Rahmenbedingungen in Unternehmen zu legen, die die kognitive Leistungsfähigkeit stimulieren und erhalten, und zwar unabhängig von der Alterszusammensetzung der Belegschaft. Gute betriebliche Strukturen, anregende Arbeitsplätze, gut koordinierte Teams und gut gestaltete Prozesse sind in der Regel wirksamere Randbedingungen für die Leistungsfähigkeit als Merkmale von Personen wie etwa das Alter, das Geschlecht oder die Ausbildung von einzelnen Mitarbeitern (vgl. Hacker & Sachse, 2014).

2.6.1 Kooperative Innovationsprozesse in strukturierten Teams

Das Projekt derobino setzt sich mit der Gestaltung eines Ausschnitts der Arbeitswelt auseinander, mit Teams und mit einzelnen Prozessen, die in diesen Teams ablaufen und zur Innovation von Produkten, Prozessen oder Services führen. Innovationsprozesse in strukturierten Teams stehen damit im Mittelpunkt aller Überlegungen. Arbeitsprozesse werden angesichts der Knappheit von Ressourcen arbeitsteilig gestaltet, Arbeitsaufgaben auf verschiedene Positionen aufgeteilt und über eine koordinative Steuerung auf ein gemeinsam verfolgtes Ziel ausgerichtet. Wo in diesen Prozessen personale Ressourcen gebündelt werden, entstehen die Voraussetzungen für die Bildung von Arbeitsgruppen oder Teams, in denen interaktiv und kooperativ gearbeitet wird.

Arbeitsgruppen sind soziale Systeme, in denen eine überschaubare Zahl von Personen in strukturierter Anordnung auf ein gemeinsames Ziel hin kooperiert. Kooperation kann hinsichtlich des interaktiven Moments in unterschiedlich intensiver Weise erfolgen. Eine Kooperation im weiteren Sinne liegt vor, wenn die Bewältigung interdependent gestalteter Aufgaben ohne viel Austausch zwischen den Gruppenmitgliedern abläuft. Jedes Mitglied erledigt seine Aufgabe, und es kommt für den Erfolg der Gruppe darauf an, dass jedes Mitglied ein gutes (Teil-)Ergebnis abliefert. Eine Kooperation im engeren Sinne liegt vor, wenn die Bewältigung der Aufgaben mit einem intensiven Austausch zwischen den Gruppenmitgliedern einhergeht. Für den Erfolg der Gruppe ist entscheidend, dass sich jedes Mitglied abgestimmt in den Austausch einbringt und dadurch das Gesamtergebnis positiv beeinflusst.

Die Kooperation, also der durch spezifische Tätigkeiten der Mitglieder getragene Interaktionsprozess, ist für Gruppenleistung unerlässlich. Dabei kommt es in der Gruppe entscheidend darauf an, durch die Gestaltung von Aufgabeninterdependenz und sozialer Interaktion die Gruppenleistung zu maximieren. Das erfordert einen erheblichen Aufwand, der ab einer bestimmten Größe der Gruppe nicht mehr durch direkte kommunikative Anweisungen zu bewältigen ist. Von daher wird die Arbeitsgruppe oder das Arbeitsteam in der Regel als eine relativ kleine und freiwillige Ansammlung von Mitgliedern verstanden (Levine & Moreland, 2006).

Jedes Mitglied einer Gruppe erhält eine oder mehrere Aufgaben, die arbeitsteilig in Interaktion mit anderen Mitgliedern zu bewältigen sind und zum Erreichen des Gruppenziels beitragen. McGrath (1982) unterteilt die Aufgaben inhaltlich in kooperative und konfliktäre sowie konzeptuelle und ausführende Typen, wobei diese Typologie offen lässt, wo die Abgrenzungen liegen und wie sehr einzelne Aufgaben nicht auch durch Komponenten der anderen Aufgaben durchdrungen sein können. Innovationsteams sind in diesem Sinne Gruppen, die in der Anfangsphase vornehmlich kooperativ-konzeptuelle Aufgaben der Ideengenerierung zu bewältigen haben. In der Endphase hingegen dominieren kooperativ-ausführende Aufgaben der Umsetzung und Markteinführung. Dabei wird zusätzlich davon ausgegangen, dass alle mit einer Aufgabe betrauten Mitglieder über eine koordinative Intervention auf das gemeinsame Ziel hin ausgerichtet sind und dadurch eine höhere oder bessere Gruppenleistung erbracht wird. Diese koordinative Intervention umfasst die Steuerung von Wissens- und Wollenskomponenten: Erstere betreffen Regeln und Anleitungen, Letztere die Setzung von motivierenden Anreizen.

Die Strukturierung einer Arbeitsgruppe ist Aufgabe des Managements. Zu dieser Aufgabe gehören u. a. die Herausarbeitung eines klaren Ziels, die Schaffung einer gemeinsamen mentalen Repräsentation von Aufgabe und Ziel, die Installation der Rahmenbedingungen des Arbeitsprozesses, der über verschiedenste Schritte zum Ziel führt, die Zuordnung von Personalressourcen zu verschiedenen Prozessteilen, die Führung und Überwachung der verschiedenen Personen und Aktivitäten sowie die Bewertung der Zielerreichung nach Aspekten der Effektivität und Effizienz. In der Gruppe werden die anfallenden Aufgaben autonom oder kontrolliert aufgeteilt, werden die Beiträge der einzelnen Mitglieder zeitlich synchronisiert und wird der Prozess hin zum Endergebnis kontinuierlich überwacht und anlassbezogen korrigiert. Entscheidend für den Erfolg sind die vorgegebenen Strukturen und Regeln sowie die Kooperationsfähigkeit und -bereitschaft der Mitglieder.

Eine erste zentrale Aufgabe betrifft die Zuordnung von Personalressourcen: Personen werden anderen Personen in vertikaler oder horizontaler Richtung zugeordnet und auf eine gemeinsame Aufgabenbewältigung ausgerichtet. Eine zweite betrifft die Zusammensetzung der Arbeitsgruppe. Im Gegensatz zur privaten Sphäre werden Arbeitsgruppen in Unternehmen nicht spontan gebildet, sondern von Leitungskräften zusammengestellt. Je nach Aufgabenstellung wird sich die Zusammensetzung unterscheiden. Von großer Bedeutung ist dabei die Frage, wie ähnlich oder unterschiedlich die verschiedenen Gruppenmitglieder hinsichtlich verschiedener Merkmale sein sollen, um die Aufgabe in der Gruppe optimal bewältigen zu können. Dabei kann davon ausgegangen werden, dass Routineaufgaben eher von homogeneren, Innovationsaufgaben hingegen eher von diversen Teams erfolgreich ausgeführt werden (Sternberg et al., 2005; Wegge et al., 2008). Gerade in Innovationsteams kommt es also entscheidend darauf an, die Diversität der Arbeitsgruppe angemessen zu gestalten, damit das gemeinsame Ziel erreicht werden kann. Diversität ist eine Ressource der innovativen Leistungserstellung im Team.

2.6.2   Input-Process-Output-Modelle

Diese Beschreibung stellt die Basis des sogenannten Input-Process-Output (IPO)-Modells der Gruppenproduktivität (Hackman, 1987) dar. Der Input wird über vielfältige Eingangsfaktoren, der Prozess über koordinierte Leistungen und der Output über das Gruppenergebnis operationalisiert. Die Abbildung 2.21 gibt ein abgewandeltes Modell von Gladstein (1984) zur Gruppeneffizienz wieder.

Dieses Modell vereinigt auf der Input-Seite Merkmale der Gruppe wie die Gruppenstruktur, die Gruppenzusammensetzung, die verfügbaren Ressourcen und die Anreizstrukturen. Als Gruppenprozesse werden die Kommunikation, Konflikte und wechselseitiger Informationsaustausch innerhalb der Gruppe dargestellt. Auf der Output-Seite werden insbesondere die Gruppenleistung und die Zufriedenheit der Mitglieder thematisiert.

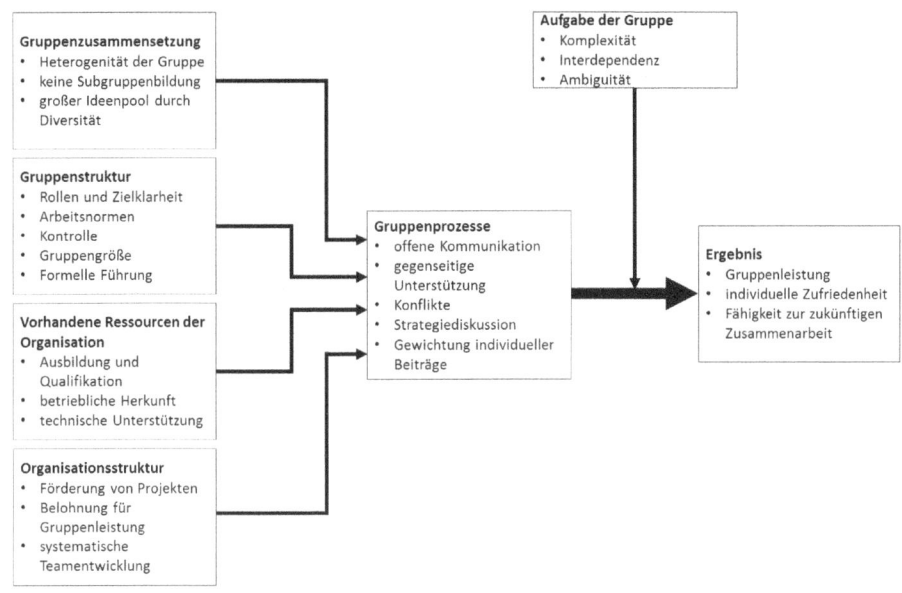

Abb. 2.21 Abgewandeltes IPO-Modell nach Gladstein (1984)

Besondere Beachtung verdient die Rolle der Aufgabe: Sie umfasst quasi alle prozessualen Elemente, weist ihnen jedoch unterschiedliches Gewicht je nach Komplexität, Interdependenz und Klarheit zu. Die Aufgabe hat damit moderierenden Charakter.

Das Verbundprojekt derobino konzentriert sich in seinen wissenschaftlichen Teilen vor allem auf drei Komplexe:

- Wie müssen die Gruppen zusammengesetzt sein, damit über einen spezifischen Prozess hinaus ein zufriedenstellendes Teamergebnis zustande kommt? Für den Fall eines Innovationsteams, bei dem es vornehmlich darauf ankommt, unterschiedliche Informationen zu einer neuartigen Problemlösung zu verknüpfen, ist ein hohes Maß an Diversität erforderlich, wobei diese Diversität nicht allein das Alter, sondern auch verschiedene andere Merkmale wie die Qualifizierung oder die Betriebszugehörigkeit betrifft (vgl. Bornewasser et al., 2014).
- Wie lassen sich die Prozesse in einem Team gestalten, damit möglichst rasch ein zufriedenstellendes Teamergebnis zustande kommt? Diese Frage fokussiert die Abläufe innerhalb eines Innovationsteams auf einer zeitlichen Dimension. Dabei wird davon ausgegangen, dass diese Abläufe zwischen verschiedenen Positionen je nach Gruppenzusammensetzung unterschiedlich lang ablaufen, wobei es weniger auf das Alter der Positionsinhaber als vielmehr auf die Qualifizierung und vor allem auch die Verfügbarkeit der erforderlichen Teammitglieder ankommt. Über Simulationen lassen sich solche Abhängigkeiten erfassen und zeitliche Auswirkungen vorhersagen (vgl. Terstegen et al., 2014).

- Wie müssen erfolgreiche Teams intern strukturiert werden? Altershomogene oder altersdiverse Zusammensetzungen allein reichen nicht aus, um den Ausgang von Teamprozessen vorherzusagen. Über die Zusammensetzung hinaus müssen auch die interaktiven Prozesse bei der Aufgabenbewältigung durch Koordination gestaltet werden. Hierzu zählen vor allem Aspekte der Aufgabenverteilung, der Gestaltung von interdependenten Aufgaben, des Austauschs von Informationen zwischen den Mitgliedern sowie der Kontrolle der Abläufe. Eine hohe Teamwork-Qualität fördert ein zufriedenstellendes Teamergebnis (vgl. Högl & Gemünden, 2001; Ratzmann, 2014).

Das Verbundprojekt derobino widmete sich intensiv diesen Forschungsfragen. Dabei stützten sich die drei Teilprojekte jeweils im Verbund mit dem Praxispartner auf ganz unterschiedliche Methoden, nämlich das Experiment, die Simulation und die Befragung. Im Folgenden werden die zentralen Befunde von zwei psychologischen Experimenten zum Einfluss der Altersdiversität auf innovative Leistungen in Gruppen dargestellt.

2.6.3   Altersdiversität und innovative Gruppenleistung

Vor dem Hintergrund der demografischen Entwicklung ist die Gruppenzusammensetzung, genauer gesagt die Alterszusammensetzung, als eine bedeutsame Einflussgröße im IPO-Modell des Teamerfolgs, zunehmend in den Fokus gerückt (vgl. Webber & Donahue, 2001; Wegge & Schmidt, 2009). Dabei wird einerseits die Annahme aufgegriffen, dass das Innovationspotenzial von Unternehmen unter dem Einfluss der Alterung der Beschäftigten leiden könnte, hält sich doch das Stereotyp, Ältere wären weniger flexibel und angesichts Veränderungen widerständiger (vgl. Posthuma & Campion, 2009). Andererseits haben Ältere im Laufe ihres Lebens und ihrer Arbeitstätigkeit mehr Erfahrungen und Wissen sammeln können (Salthouse, 2012). Möglicherweise führt also eine Kombination der Ressourcen jüngerer und älterer Mitarbeiter zu innovativeren Lösungen. Aus diesen Überlegungen ergaben sich für die Untersuchungen im Projekt derobino folgende Forschungsfragen:

- Unterscheiden sich jüngere Teams von älteren Teams in ihrer Innovationsfähigkeit?
- Sind altersdiverse Teams innovativer als altershomogene Teams?
- Welche Gruppenprozesse beeinflussen die Teaminnovativität?
- Ist es vom Aufgabentyp abhängig, welche Teamzusammensetzung zu innovativen Lösungen führt?

Im Folgenden werden zwei aufeinander aufbauende experimentelle Untersuchungen zum Einfluss der altersdiversen Teamzusammensetzung auf den Innovationserfolg von Gruppen dargestellt. Die experimentelle Untersuchung im Labor ermöglichte es, das Alter der Gruppenmitglieder und damit die Gruppenzusammensetzung gezielt zu variieren und gleichzeitig andere Faktoren wie die Gruppengröße oder das Geschlechterverhältnis im Team konstant zu halten.

Methodischer Ansatz

Stichprobe

An der ersten Untersuchung nahmen 127 Personen teil (67 Frauen und 60 Männer). Die Teilnehmer wurden randomisiert entweder einem altershomogenen Team mit jüngeren Mitgliedern (< 40 Jahre), einem altershomogenen Team mit älteren Mitgliedern (≥ 40 Jahre) oder einem altersgemischten Team (je zwei Teilnehmer älter und zwei Teilnehmer jünger als 40 Jahre) zugewiesen. Es wurde darauf geachtet, dass die Mitglieder einer Gruppe einen unterschiedlichen fachlichen Hintergrund hatten und das Geschlechterverhältnis ausgeglichen war. Erschien einer der Teilnehmer nicht zum vereinbarten Termin, wurde das Experiment mit drei Probanden je Gruppe durchgeführt. Aus Gründen der Vergleichbarkeit wurden diese Teams jedoch abschließend von der weiteren Analyse ausgeschlossen. Es verblieben 21 Gruppen mit 84 Mitgliedern in der finalen Stichprobe. Das Durchschnittsalter der Mitglieder lag bei 44 Jahren.

Aufgaben

Es wurden zwei Aufgaben konzipiert mit dem Ziel, die Herausforderungen von F&E-Teams möglichst realistisch auf das Laborsetting zu übertragen. In der ersten Aufgabe sollte ein innovatives Duschkonzept erstellt werden. Allen Gruppen standen je zehn Minuten zur Verfügung für die 1) Generierung mehrerer Ideen ungeachtet ihrer Realisierbarkeit oder anderer Kriterien, 2) Bewertung der Ideen und Auswahl von drei Elementen, die in einem finalen Duschkonzept integriert werden sollten, und 3) Ausarbeitung des Konzepts in Form einer Skizze samt kurzer Beschreibung. Die zweite Aufgabe bestand darin, ein originelles Gebäude zu entwerfen und anschließend als Modell zu bauen, das sich als Aushängeschild für ein Bauunternehmen eignet. Weitere Vorgaben waren, dass das Gebäude eine Aussichtsplattform besitzt, mindestens 80 cm hoch ist und materialsparend gebaut wird. Auf diese Weise sollten die praktischen Einschränkungen berücksichtigt werden, denen auch organisationale Innovationen immer unterliegen. Für die Planung des Gebäudes standen den Gruppen zehn Minuten zur Verfügung sowie insgesamt weitere 30 Minuten für einen Entwurf und den Bau eines Modells mit den bereitgestellten Legosteinen. Zwischen und nach den Aufgaben füllten die Teilnehmer einen Fragebogen aus.

Variablen

Als Maß für Altersdiversität diente wie in vielen Vorgängerstudien die Standardabweichung des Alters innerhalb der Gruppen. Die Gruppenprozesse im Sinne eines adäquaten Austausches über Informationen und Ideen wurden über den integrativen Konflikthandhabungsstil der Teammitglieder erfasst (basierend auf dem Organizational Conflict Inventory-II, Rahim, 1983; Rahim & Magner, 1995; dt. Übersetzung von Bilsky & Wülker, 2000). Hierunter wird verstanden, dass sich die Teammitglieder um eine Lösung bemühen, die sowohl die eigenen Interessen als auch die Interessen anderer berücksichtigt (win-win). Demgegenüber stehen ein dominanter Konflikthandhabungsstil, bei dem ausschließlich die eigene Meinung durchgesetzt wird (win-lose), ein nachgebender Konflikthandhabungsstil, bei dem die eigenen Interessen zurückgestellt werden (lose-win), sowie ein vermeidender Konflikthandhabungsstil, bei dem Widerspruch oder Zweifel gar nicht erst geäußert und Konflikte ignoriert werden (lose-lose). Abzugrenzen ist die integrative Konflikthandhabung auch von der Suche nach einem Kompromiss, bei dem alle Parteien Abstriche machen müssen (win-win/lose-lose; Blake & Mouton, 1970; Thomas, 1976). Die interne Konsistenz der untersuchten Skala „integrative Konflikthandhabung" war zufriedenstellend (Cronbach's α = .88).

Als Erfolgsmaße wurden sowohl objektive als auch subjektive Größen erhoben. Für die erste Aufgabe (Entwicklung einer Dusche) wurden die Anzahl der Ideen je Gruppe und die Anzahl einzigartiger Ideen je Gruppe erfasst. Als einzigartige Ideen wurden alle Vorschläge gewertet, die von keiner anderen Gruppe der Gesamtstichprobe genannt wurden. Für die zweite Aufgabe (Entwurf eines Gebäudes) wurde als objektives Maß ein Quotient aus der Höhe und dem Gewicht des Modells gebildet, um die Einhaltung der Vorgaben bewerten zu können. Sowohl bei der ersten als auch bei der zweiten Aufgabe wurden die Ergebnisse von Experten (Sanitärexperten bzw. Architekten) auf einer siebenstufigen Skala hinsichtlich der Originalität, des Kundennutzens und der Realisierbarkeit bewertet. Es wurde zusätzlich ein Summenwert aus den drei Größen gebildet.

Ergebnisse der ersten Untersuchung

Zur Überprüfung der Forschungsfragen wurden die korrelativen Zusammenhänge der erhobenen Variablen ermittelt. Das Hauptinteresse galt den Fragestellungen, ob sich Teams mit älteren und jüngeren Mitgliedern in ihrer Innovativität unterscheiden und ob Altersdiversität für die Teaminnovativität förderlich ist.

Das Durchschnittsalter des Teams wies in der vorliegenden Stichprobe mit der Mehrzahl der Innovationsmaße keine statistisch bedeutsamen Zusammenhänge auf. Ausnahmen waren die Originalität und der Kundennutzen des Legomodells, die umso schlechter bewertet wurden, je älter die Teammitglieder waren ($r = -.50$, $p < .05$ bzw. $r = -.54$ $p < .05$).

Die korrelativen Zusammenhänge zwischen der Altersdiversität und den Erfolgsvariablen sind ebenfalls überwiegend nicht signifikant. Lediglich die Einhaltung der Vorgaben in der zweiten Aufgabe (Verhältnis von Modellhöhe zum Gewicht) gelang umso besser, je größer die Altersunterschiede der Mitglieder im Team waren ($r = .37$, $p < .10$).

Der integrative Konflikthandhabungsstil wies signifikant positive Korrelationen zu den Kriterien Originalität ($r = .53$, $p < .05$), Kundennutzen ($r = .45$, $p < .05$) und der Gesamtinnovativität ($r = .49$, $p < .05$) auf. Der Zusammenhang zur Realisierbarkeit des Duschkonzeptes war signifikant negativ, $r = -.46$, $p < .05$. Das bedeutet, je eher die Teammitglieder versuchten, ihre eigenen Ideen und Vorstellungen mit denen der anderen Mitglieder zusammenzuführen, umso origineller und nützlicher wurde das Duschkonzept von den Experten eingestuft. Allerdings wurde das Duschkonzept dann auch als schwieriger zu realisieren bewertet. Zu den Erfolgsmaßen der Modellbauaufgabe bestanden keine signifikanten Korrelationen mit dem integrativen Konflikthandhabungsstil.

In einer zweiten Erhebung wurde die Konstruktionsaufgabe wiederholt und um eine vorgelagerte Phase der Informationssammlung und des Austausches erweitert. Die Überlegung war, dass Effekte von Altersdiversität möglicherweise stärker zum Tragen kommen, wenn ein Austausch über unterschiedliche Perspektiven und Erfahrungen ermöglicht wird.

Methodischer Ansatz

Stichprobe
Für die zweite Untersuchung konnten 156 Personen gewonnen werden. Die Teilnehmer wurden wieder randomisiert entweder einem altershomogenen, jüngeren Team (< 40 Jahre), einem altershomogenen, älteren Team (≥ 40 Jahre) oder einem altersheterogenen Team mit möglichst großer Altersspanne zugewiesen (je eine Frau und ein Mann älter und eine Frau und ein Mann jünger als 40 Jahre). Das Geschlechterverhältnis war in allen Teams ausgeglichen. Es wurde darauf geachtet, dass die Mitglieder einer Gruppe hinsichtlich ihres fachlichen Hintergrunds divers waren. Das Durchschnittsalter der Mitglieder über alle Gruppen hinweg lag bei 39 Jahren.

Aufgaben
Für das zweite Experiment wurde die Konstruktionsaufgabe übernommen, da sie die Erhebung objektiver Kriterien ermöglicht und die Phase der Ideenumsetzung einschließt. Die Aufgabenstellung und die zu erfüllenden Vorgaben blieben konstant, das heißt, das Gebäude sollte originell, repräsentativ, hoch und leicht sein sowie eine Aussichtsplattform besitzen. Damit sich der angenommene Effekt sich ergänzender Ressourcen in altersheterogenen Teams besser entfalten kann, wurde jedoch die Struktur der Aufgabe leicht verändert und der Ideengenerierung ein Schritt des Gedankenaustauschs vorgelagert. So wurden die Gruppen angehalten, sich über bekannte Gebäude auszutauschen, welche die genannten Kriterien erfüllen und sich als Inspiration eignen. Sie sollten sich darüber hinaus überlegen, was bei der Planung eines solchen Gebäudes zu bedenken ist. Hierfür standen zehn Minuten zur Verfügung. Für die anschließende Ideengenerierung hatten die Teilnehmer 15 Minuten, für die Ideendiskussion und -auswahl dann zehn Minuten und die Umsetzung des Modells letztlich 30 Minuten Zeit. Um miteinander vertraut zu werden, wurden die Teilnehmer vor Beginn des Experimentes aufgefordert, sich in ihrer Gruppe kurz vorzustellen (Name, Alter, Beruf). Außerdem bearbeiteten sie zur Aufwärmung gemeinsam eine zehnminütige Aufgabe.

Variablen
Die Altersdiversität wurde über die Standardabweichung gemessen. Der integrative Konflikthandhabungsstil wurde in dieser Untersuchung auf Teamebene erhoben und auf die aktuelle Zusammenarbeit bezogen, um sicherzustellen, dass in der Arbeitssituation gezeigtes Verhalten gemessen wird. Die entsprechenden Items des Organizational Conflict

Inventory-II wurden dazu umformuliert, z. B. „Alle in der Gruppe haben genaue Informationen ausgetauscht, um die Probleme gemeinsam zu lösen". Das Zusammenfassen der individuellen Einschätzungen zu einem Gruppenmittelwert war durch eine ausreichende Übereinstimmung der Teammitglieder gerechtfertigt, rwg(j) = .86. Als abhängige Variable wurden, wie schon in der ersten Erhebung, der Quotient aus der Höhe und dem Gewicht des Modells sowie die Anzahl der Entwürfe, die Originalität, der Kundennutzen und die Realisierbarkeit erfasst. Als zusätzlicher Indikator wurde ein Summenwert aus den vorgegebenen Kriterien gebildet (Quotient aus Höhe und Gewicht, Originalität und Kundennutzen).

Ergebnisse

Das durchschnittliche Alter der Gruppenmitglieder weist in dieser Stichprobe weniger starke Korrelationen zu den Erfolgsmaßen der Konstruktionsaufgabe auf. Es korreliert jedoch signifikant negativ mit der Anzahl der angefertigten Entwürfe (r = -.32, p < .05), das heißt, durchschnittlich ältere Teams haben weniger Ideen zu Papier gebracht als Teams, die im Schnitt jünger waren. Das ist insofern interessant, da Gruppen, die mehr Entwürfe produzierten, auch häufiger repräsentativere Gebäude gebaut haben.

Die Altersdiversität wies keinen signifikanten Zusammenhang mit den Innovationsmaßen auf. Sie ist tendenziell negativ mit dem Kundennutzen korreliert, jedoch nicht in einem statistisch bedeutsamen Ausmaß. Der integrative Umgang mit konfligierenden Meinungen und Vorstellungen wies einen positiven Zusammenhang dazu auf, wie sehr sich das Gebäude als Aushängeschild eignete und somit den Kundennutzen erfüllte (r = .27, p < .10). Die Korrelationen des integrativen Konfliktstils mit anderen Erfolgsmaßen blieben jedoch unter dem festgelegten Signifikanzniveau. Die Überprüfung einer Interaktion zwischen der Altersdiversität und dem integrativen Konflikthandhabungsstil zeigte, dass entgegen den Annahmen nur altershomogene Gruppen davon profitierten, wenn die verfügbaren Informationen ausgetauscht, diskutiert und in dem Innovationsprodukt berücksichtigt wurden (R^2 = .21*; ΔR^2 = .14*; vgl. Abbildung 2.22).

Zusammenfassende Diskussion

Insgesamt entsprechen die Ergebnisse der beiden Untersuchungen den gemischten Befunden zum Alter in der Literatur. Wenig Beachtung fand bisher das Durchschnittsalter von Teams. Die Ergebnisse der Laborstudien sprechen in der Tendenz dafür, dass Gruppen mit durchschnittlich älteren Mitgliedern etwas schlechter abschneiden, wenn es um die Originalität und den Kundennutzen der umgesetzten Lösung geht. Die Ergebnisse sind jedoch grundsätzlich sehr vom Aufgabentyp und dem betrachteten Innovationsmaß abhängig.

Der integrative Konflikthandhabungsstil wirkt vorwiegend als positive Prozessvariable auf die Innovationsergebnisse. Besonders bei altershomogenen Teams hat der integrative

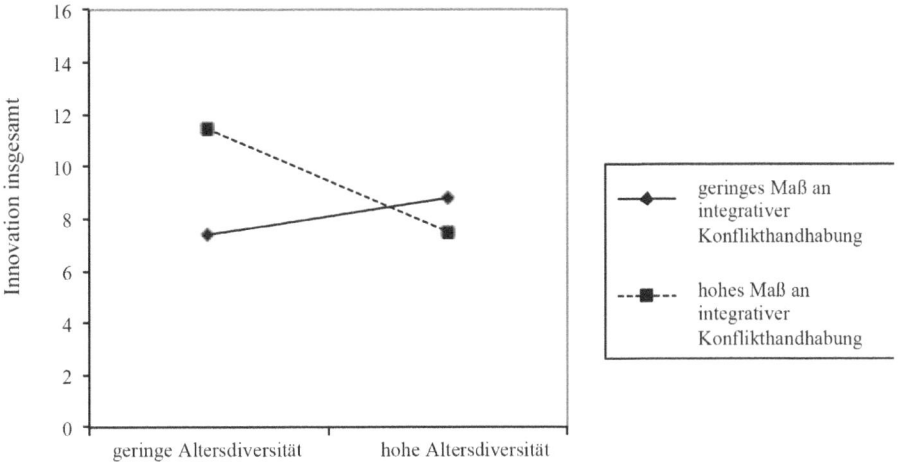

Note. $N = 39$. $R^2 = .21*$; $\Delta R^2 = .14*$.

Abb. 2.22 Der Interaktionseffekt der Altersdiversität und des integrierten Konflikthandhabungs-stils auf die Innovation insgesamt

Austausch verschiedener Perspektiven einen förderlichen Einfluss auf Innovationen. Vielen Projektmanagern ist die Bedeutsamkeit einer guten Kommunikation und eines funktionierenden Konfliktmanagements für den Projekterfolg bewusst. In einer ebenfalls im Rahmen des Projektes derobino durchgeführten Interviewstudie wurden ein konstruktiver Umgang mit Konflikten, ein gutes Abstimmen aller Aktivitäten und eine offene Fehler-kommunikation als essenzielle Kompetenzen in Innovationsteams genannt (Hiller et al., 2013). Trainings in integrativer Konfliktlösung können Teammitglieder und Projektleiter darin unterstützen, das Potenzial der verfügbaren Wissensanteile in der Gruppe und der unterschiedlichen Perspektiven auf ein Problem auszuschöpfen.

2.6.4   Lässt sich die Diversität einer Arbeitsgruppe planen?

Hinter dem Konzept der Diversität verbirgt sich die Frage, ob hinsichtlich individueller Merkmale unterschiedlich oder gleichartig zusammengestellte Gruppen bessere oder schlechtere Leistungen erbringen. Die Antwort der beiden Experimente ist nicht eindeutig und sie kann entsprechend des IPO-Modells (Gladstein, 1984) nur unter Beachtung der moderierenden Aufgabe gegeben werden. Zu vermuten ist also, dass Diversität sich ganz unterschiedlich auswirken wird, je nachdem wie komplex und eindeutig die Aufgabe formuliert ist und wie stark die einzelnen Aufgabenteile interdependent miteinander verbunden sind.

Es kann generell angenommen werden, dass Innovationsteams komplexe und interdependente Aufgaben zu erfüllen haben (vgl. McGrath, 1982) und dass die erfolgreiche Bearbeitung dieser Aufgaben ein hohes Maß an funktionaler Diversität erforderlich macht. Die Wirkung der funktionellen Diversität wird theoretisch durch Ansätze erklärt, die Information und Wissen als Ressourcen für kognitiv geprägte Leistungsprozesse sehen. Beispiele sind etwa Theorien zum „information processing" oder „decision making" in Gruppen (Wittenbaum & Stasser, 1996; Kerschreiter et. al., 2003). Basisidee ist hier, dass aus dem Zusammenwirken von unterschiedlichen Ressourcen wie Fertigkeiten und Wissensstrukturen einzelner Mitglieder ein Ideenpool, ein Ideenraum oder ein Inkubator entsteht, der neuartige Verknüpfungen von Ideen, Konzepten und Modellen ermöglicht und zu besseren Lösungen beiträgt. Dieser Effekt wird noch verstärkt, wenn die einzelnen Mitglieder über verschiedene methodische Herangehensweisen an Problemstellungen verfügen (Ely & Thomas, 2001). Die Interaktion der einzelnen Mitglieder und die Kombination von Wissen und Herangehensweisen machen die Lösung einer komplexen Aufgabe wahrscheinlicher und wirken sich positiv auf die Gesamtleistung aus (Bell et al., 2011).

Die Diversität kann dabei zwar verstärkt zu sachlichen Auseinandersetzungen führen (Jehn et al., 1999, sprechen von task conflict), diese tragen jedoch entscheidend zu kreativen und innovativen Problemlösungen und damit auch zu besseren Gruppenleistungen bei (Bantel & Jackson, 1989; Sternberg et al., 2005). Von daher wäre etwa zu erwarten, dass eine heterogen zusammengesetzte Gruppe von Chemikern, Biologen und Informatikern, die eine neue, wissensrelevante Aufgabe zu bewältigen hat, ein besseres Resultat erzielt als eine homogene, nur aus Chemikern bestehende Gruppe. Gefährlicher für die Gruppenleistung sind soziale Konflikte zwischen den Gruppenmitgliedern. Diese Konflikte entstehen nicht durch kontroverse aufgabenbezogene Beiträge, sondern letztlich durch soziale Kategorisierungen und eine damit einhergehende Bewertung nach sachfremden Gesichtspunkten und dadurch bedingte Blockierungen eines sachlichen Austauschprozesses. Einzelne Beiträge werden dann im Konfliktfall als unzureichend klassifiziert werden, weil sie z. B. von Männern, Alten oder Angehörigen fremder Kulturen stammen, je nachdem welche differenzierende Kategorie infrage kommt und aus welcher Perspektive geschaut wird. Es wird angenommen, dass sachbezogene Auseinandersetzungen zum Erfolg eines Projekts führen, während sachfremde Konflikte zwischen Mitgliedern zu einem Scheitern des Projektes beitragen. Dieses Scheitern kann dann erneut Auslöser weiterer Schuldzuweisungen sein (einen guten Überblick geben van Knippenberg et al., 2004). Beide Konfliktarten müssen bei divers zusammengesetzten Teams bereits bei der Planung der Gruppenzusammensetzung austariert werden.

Für das Management eines Unternehmens stellt sich immer wieder die praktische Frage, wie Innovationsteams zusammengestellt werden sollten. Von daher wird abschließend kurz ein Instrument dargestellt, das auf der Basis zahlreicher empirischer Befunde Anleitung gibt, wie man Innovations- oder Leistungsteams nach dem Gesichtspunkt hoher Diversität plant und optimal zusammenstellt. Dieser Diversitätsplaner basiert auf spezifischen Algorithmen für die Berechnung der unterschiedlichen Diversitäten und deren kombinierten Einfluss auf den Teamerfolg. Die Ergebnisse dieser Berechnungen schlagen sich in spezifischen Grafiken nieder, die dem Management unmittelbar zu erkennen geben, ob ein ausgewähltes Team über ein hohes Maß an Diversität verfügt, welches sachliche Auseinandersetzungen befördert und damit den Teamerfolg erwarten lässt.

Grundlegend ist dabei zunächst einmal, dass ein Team nur dann erfolgreich arbeiten kann, wenn vonseiten des Unternehmens die basal erforderlichen Ressourcen bereitgestellt werden. Diese sogenannten Hardfacts stellen in unseren Analysen Zeit, Geld und Personal dar. Ohne diese Hardfacts kann es keinen Erfolg geben, auch wenn das Team noch so gut zusammenpassen würde. Diese Hardfacts sind besonders dann unverzichtbar, wenn der Neuigkeitsgrad der Aufgabe sehr hoch ist.

Sind die Hardfacts gegeben, dann sind bei der Zusammenstellung der Mitglieder für ein innovationsfähiges Team zwei Dinge wichtig. Auf der einen Seite kommt es auf innovationsförderliche Kompetenzmerkmale an, die jedes Teammitglied mit in das Team einbringt (funktionale Dimensionen): Erfahrung, Ausbildung, Branchenkenntnis, Betriebskenntnis sowie spezielle Sach- und Methodenkompetenzen. Auf der anderen Seite ist darauf zu achten, dass über all diesen Merkmalen ein hohes Maß an Vielfalt realisiert wird, die verschiedenen Mitglieder also über vielfältige und andersartige Kompetenzen verfügen. Es ist wenig sinnvoll, verschiedene Mitglieder mit gleicher Kompetenz in ein Innovationsteam zu stecken. Auf diese Weise wird nur Redundanz erzeugt und die Mitglieder können sich kaum wechselseitig befruchten und anregen.

Der Diversitätsplaner (Bornewasser et al., 2014) basiert in weiten Teilen auf Ausprägungen von Mitgliedermerkmalen mit zeitlicher Erstreckung. Zu nennen sind hier z. B. das Lebensalter, die Betriebszugehörigkeit oder die Anzahl der Jahre in derselben Position z. B. als Einkäufer oder als Produktionsleiter. Über diese Ausprägungen der einzelnen Mitglieder wird die Diversität der Arbeitsgruppe bestimmt, wobei dieses gruppale Merkmal auf drei Aspekten basiert:

- Die theoretisch mögliche Spanne des jüngsten und des ältesten Mitglieds, die entsprechend der Erfahrung und der gesetzlichen Vorgaben von etwa 20 bis 65 Lebensjahre reicht. Von daher können alle Mitglieder eines Teams innerhalb dieser Spanne angesiedelt werden.
- Die absolute Spanne des jüngsten und des ältesten Mitglieds innerhalb des konkret gebildeten Teams. Diese wird immer innerhalb der theoretisch möglichen Spanne liegen, z. B. zwischen 28 und 48 Jahren. Die Ausprägungen des Alters werden ordnungsstatistisch innerhalb dieser Spanne gleichmäßig auf Intervalle verteilt und die Abstände der realen von der idealen Verteilung zu einem einheitlichen Fehler verrechnet. Maximale Diversität liegt vor, wenn das Fehlermaß bei null liegt, minimale Diversität, wenn das Fehlermaß bei eins liegt.
- Die Verteilung der Mitglieder innerhalb der absoluten Spanne. Von optimaler Diversität kann gesprochen werden, wenn die Abstände der einzelnen Mitglieder innerhalb der konkreten Spanne gleich groß sind (z. B. 28, 33, 38, 43 und 48). Weniger optimal wäre die Diversität, wenn eine Subgruppe und ein Ausreißer (28, 30, 33 34, 48) oder gar zwei Subgruppen innerhalb der Spanne gebildet würden (28, 30, 33, 44, 48). In

diesem Sinne kann für jede Konstellation der Altersausprägungen der Mitglieder ein Wert ermittelt werden, der angibt, wie weit die konkrete von der optimalen Konstellation entfernt ist.

Eine Arbeitsgruppe wird dann als altersdivers angesehen, wenn sie eine Spanne von mindestens 15 Jahren aufweist (anderenfalls gilt sie als homogen) und eine nur geringfügige Abweichung von der idealen Gleichverteilung der Mitglieder innerhalb der Spanne vorliegt. So wird eine Konstellation 28, 29, 40, 48, 48 zwar hinsichtlich des erstgenannten Kriteriums als divers eingestuft (28 - 48 > 15), jedoch entsprechend dem zweiten Kriterium als nur geringfügig divers begriffen, da zum einen eine doppelte Teambildung möglich ist (28, 29 vs. 40, 48, 48) und zum anderen das 29-jährige Mitglied ebenso wie eines der beiden 48-jährigen Mitglieder nicht zur Altersdiversität des Teams beitragen. Die Diversität des Teams bleibt damit ein holistisches, ganzheitliches Merkmal des Teams und wird über ein Altersmuster erfasst. Im Gegensatz zu vielen empirischen Untersuchungen im Bereich der sozialen Kategorisierung wird hier in der Konsequenz auch nicht auf absolute Altersangaben sowie die Ermittlung des Mittelwertes und der Standardabweichung der Altersangaben der einzelnen Mitglieder zurückgegriffen. Zudem zeigt sich, dass ein- und dieselbe Standardabweichung für unterschiedliche Muster von Altersangaben stehen kann und auch zu wenig sensibel auf unterschiedliche Verteilungen reagiert.

Auf der Basis dieser Überlegungen führt der Planer die Diversitätsberechnungen für ein Team und für die einzelnen Mitglieder über verschiedene Dimensionen durch. Am Ende aller Berechnungen kann dasjenige Team zusammengestellt werden, dessen Werte die über alle zu berücksichtigenden Dimensionen beste Annäherung an eine ausgefüllte Gesamtfläche, also ein theoretisches Optimum an nutzbarer Diversität, darstellt. Der Diversitätsplaner ermittelt diese Konstellation für maximal acht Teammitglieder. In der Praxis wird für jedes zusammengestellte Team ein Diversitätswert ermittelt, der in aller Regel unterhalb eines Optimalwertes liegt. Alle Werte der einzelnen Diversitäten schwanken zwischen null und eins, wobei der Wert null vollständige Homogenität der Mitglieder anzeigt (Altersspanne geringer als 15 Jahre und keine Gleichverteilung über die konkrete Spanne) und der Wert eins für ein Optimum an Diversität steht (volle Ausschöpfung der Altersspanne und Gleichverteilung über der konkreten Spanne). Damit wird auch zum Ausdruck gebracht, dass sich keine Subgruppen innerhalb des Teams bilden lassen und damit auch die Gefahr eines Auseinanderbrechens über soziale Konflikte gering ist. Berücksichtigung finden im Diversitätsplaner die demografischen Dimensionen des Alters und des Geschlechts, die funktionalen Dimensionen der Fachkompetenz, der Erfahrung in der aktuellen Position (Seniorität) und die kulturellen Dimensionen der Wertvorstellungen sowie der Dauer der Betriebszugehörigkeit (je länger man einem Betrieb angehört, desto stärker ist man seiner Kultur ausgesetzt). Der Diversitätsplaner verrechnet nicht nur die angegebenen Werte, sondern er veranschaulicht auch die Befunde in eingängigen Spinnengrafiken. Sie geben für das Unternehmen Auskunft darüber, wie die Rohwerteverteilung über einzelne Personen, die ein Team bilden sollen, aussah, wie die relative Verteilung der Diversitätsbeiträge der einzelnen Personen im Verhältnis zu den Mitglieder im Team aussieht und wie die Teamwerte zu den einzelnen Dimensionen ausfallen bzw. wie gut einzelne Personen ins Team hineinpassen.

Literaturverzeichnis Abschnitt 2.6

Baltes, Paul B.; Baltes, Margret M. (1990): *Psychological perspectives on successful aging: The model of selective optimization with compensation.* In: Paul B. Baltes; Margret M. Baltes (eds.): Successful aging: Perspectives from the behavioral sciences. Cambridge: University Press, S. 1-34.

Bantel, Karen A.; Jackson, Susan E. (1989): *Top management and innovations in banking: Does the composition of the team make a difference?* Strategic Management Journal, 10, S. 107-124.

Bell, Suzanne T.; Villado, Anton J.; Lukasik, Marc A.; Belau, Larisa; Briggs, Andrea L. (2011): *Getting specific about demographic diversity variable and team performance relationships: A meta-analysis.* Journal of Management, 37, S. 709-743.

Bilsky, Wolfgang; Wülker, Anne (2000): *Konfliktstile: Adaptation und Erprobung des Rahim Organizational Conflict Inventory (ROCI-II)* [Conflict Styles: Adaptation and empirical test of the Rahim Organizational Conflict Inventory (ROCI-II)]. (Berichte aus dem Psychologischen Institut IV No. 21). Münster, Germany: Westfälische Wilhelms-Universität, Fachbereich 07.

Blake, Robert R.; Mouton, Jane Srygley (1970): *The fifth achievement.* The Journal of Applied Behavioral Science, 6, S. 413–426.

Bornewasser, Manfred; Bläsing, Dominic; Frenzel, Stefan (2015 bzw. in Druck): *Diversität als Erfolgsfaktor für Innovationen.* In: Manfred Bornewasser, Christoph M. Schlick; Ricarda B. Bouncken (Hrsg.): Teamkonstellation und betriebliche Innovation. Wiesbaden: Springer.

Ely, Robin J.; David A. Thomas (2001): *Cultural diversity at work: The moderating effects of work group perspectives on diversity.* Administrative Science Quarterly, 46, S. 229–273.

Gladstein, Deborah L. (1984): *A model of task group effectiveness. Administrative* Science Quarterly, 29, S. 499-517.

Hacker, Winfried; Sachse, Pierre (2014): *Allgemeine Arbeitspsychologie: Psychische Regulation von Tätigkeiten.* Göttingen: Hogrefe.

Hackman, J. Richard (1987): *The design of workteams.* In Jay William Lorsch (ed.): Handbook of organizational behavior. Englewood Cliffs, NJ: Prentice-Hall, S. 315-342.

Hiller, Madlen; Hahn, Dorit; Köhn, Anne; Bornewasser, Manfred (2013): *Intragroup communication, conflict and conflict handling styles: Their interplay in innovation processes.* Paper presented at the EAWOP Small Group Meeting, Valencia, Spain.

Högl, Martin; Gemünden, Hans Georg (2001): *Teamwork quality and the success of innovative projects: A theoretical concept and empirical evidence.* Organisation Science, 12, S. 435-449.

Jehn, Karen A.; Northcraft, G.regory B.; Neale, Margaret A. (1999): *Why differences make a difference: A field study of diversity, conflict, and performance in workgroups.* Administrative Science Quarterly, 44, S. 741-763.

Kerschreiter, Rudolf; Mojzisch, Andreas; Schulz-Hardt, Stefan; Brodbeck, Felix C.; Frey, Dieter (2003): *Informationsaustausch bei Entscheidungsprozessen in Gruppen. Theorie, Empirie und Implikationen für die Praxis.* In: Siegfried Stumpf; Alexander Thomas (Hrsg.): Teamarbeit und Teamentwicklung, Hogrefe, Göttingen/Bern/Toronto, S. 85-118.

Levine, John M.; Moreland, Richard L. (2006): *Small groups.* New York, N.Y.: Psychology Press.

McGrath, Joseph E. (1982): *Groups, interaction, and performance.* Englewood-Cliffs, NJ: Prentice-Hall.

Posthuma, Richard A.; Campion, Michael A. (2009): *Age stereotypes in the workplace: Common stereotypes, moderators, and future research directions.* Journal of Management, 35, S. 158-188.

Rahim, M. Afzalur (1983): *A measure of styles of handling interpersonal conflict.* Academy of Management Journal, 26, S. 368–376.

Rahim, M. Afzalur; Magner, Nace R. (1995): *Confirmatory factor analysis of the styles of handling interpersonal conflict: First-order factor model and its invariance across groups.* Journal of Applied Psychology, 80, S. 122–132.

Ratzmann, Martin (2015): *Zusammenarbeit in altersdiversen Innovationsteams.* In: Manfred Bornewasser, Christoph Schlick & Ricarda Bouncken (Hrsg.): Teamkonstellation und betriebliche Innovation. Wiesbaden: Springer.

Salthouse, Timothy (2012): *Consequences of age-related cognitive declines.* Annual Review of Psychology, 63, S. 201-226.

Sternberg, Robert J.; Lubart, Todd I.; Kaufman, James C.; Pretz, Jean E. (2005): *Creativity.* In Keith J. Holyoak; Robert G. Morrison (eds.): The Cambridge handbook of thinking and reasoning. New York: Cambridge University Press, S. 351-369.

Terstegen, Sebastian; Schlick, Christoph M.; Przybysz, Philipp (2014). *Simulation von Innovationsprozessen: Theoretische Grundlagen, Vorgehensweise und Methoden.* In: Manfred Bornewasser, Christoph M. Schlick; Ricarda B. Bouncken (Hrsg.): Teamkonstellation und betriebliche Innovation. Wiesbaden: Springer (in Druck).

Thomas, Kenneth W. (1976): *Conflict and conflict management.* In: Marvin D. Dunnette (Ed.), Handbook of industrial and organizational psychology. Chicago: Rand McNally, S. 889-935.

van Knippenberg, Daan; De Dreu, Carsten K. W.; Homan, Astrid C. (2004): *Work Group Diversity and Group Performance: An Integrative Model and Research Agenda.* Journal of Applied Psychology, 89, S. 1008-1022.

Webber, Sheila Simsarian; Donahue, Lisa M. (2001): *Impact of highly and less job-related diversity on work group cohesion and performance: a meta-analysis.* Journal of Management, 27, S. 141-162.

Wegge, Jürgen; Roth, Carla; Neubach, Barbara; Schmidt, Klaus-Helmut; Kanfer, Ruth (2008): *Age and gender diversity as determinants of performance and health in a public organization: The role of task complexity and group size.* Journal of Applied Psychology, 93, S. 1301-13.

Wegge, Jürgen; Schmidt, Klaus-Helmut (2009): *The impact of age diversity in teams on group performance, innovation and health.* In: Alexander-Stamatios G. Antoniou; Cary L. Cooper; George P. Chrousos; Charles D. Spielberger; Michael William Eysenck (Eds.): Handbook of managerial behavior and occupational health. Cheltenham Glos, UK: Edward Elgar Publishing, S. 79-94.

Wittenbaum, Gwen M.; Stasser, G.arold (1996): *Management of information in small groups.* In: Judith Nye; Aaron M. Brower (eds.): What's social about social cognition? Research on socially shared cognition in small groups. Thousand Oaks, CA: Sage, S. 3-28.

2.7 Personen und Prozesse in Innovationsprojekten: Simulation und empirische Befunde

Martin Ratzmann, Sebastian Terstegen, Reinhard Weiß

Für die erfolgreiche Umsetzung von Innovationen sind sowohl die systematische Planung und Steuerung der Innovationsprozesse eines Unternehmens als auch die konsequente Berücksichtigung von Teamprozessen bei der Integration unterschiedlicher Alterskohorten in Innovationsteams entscheidend. Im folgenden Beitrag werden zwei Ansätze präsentiert, mit denen einerseits der Ablauf komplexer, mit Unsicherheit behafteter Innovationsprojekte bereits vor der Durchführung quantitativ analysiert und andererseits Strukturen in Innovationsteams erfasst und die Prozesse innerhalb der Projektarbeit abgebildet werden können.

2.7.1 Simulationsbasierte Untersuchung arbeitsorganisatorischer Varianten eines Innovationsprojekts

Um den Ablauf komplexer Prozesse und Projekte in einem experimentierbaren dynamischen Modell nachzubilden, wurde an der RWTH Aachen University ein computergestütztes, personalintegriertes Simulationsmodell entwickelt und ein ereignisdiskretes Simulationswerkzeug programmiert (Schneider et al., 2014; Terstegen et al., 2014).

Mithilfe der Simulation kann der Ablauf eines komplexen Innovationsprojektes bereits vor der Umsetzung bzw. Durchführung des Projektes analysiert werden (vgl. Verein Deutscher Ingenieure, 2010). Der Projektmanager unterliegt nicht den Einschränkungen des realen Systems, sondern kann Beobachtungszeiträume und Ausführungszeiten von Projektaufgaben oder die Zuordnung von Arbeitspersonen auf Projektaufgaben beliebig variieren. Auf diese Weise können Auswirkungen von Planungsalternativen ausgewertet und auch quantifiziert werden. Die Simulation ermöglicht eine sogenannte szenarienbasierte Planung, d. h. „Was-wäre-wenn"-Analysen, und bietet eine valide Entscheidungsgrundlage für Projektmanager. Sie gewinnt damit an Bedeutung als Unterstützung bei der operativen Planung und Steuerung komplexer und unsicherer Innovations- und Produktentwicklungsprojekte.

2.7.1.1 Modellgrundlage

Die wesentlichen Modellbestandteile des Simulationswerkzeugs sind Aktivitäten und Ressourcen. Als Ressourcen werden aus Gründen der Vereinfachung Arbeitspersonen und Sachmittel bezeichnet, die zur Ausführung einer Aktivität in bestimmter Art und Anzahl zur Verfügung stehen müssen.

Zunächst werden in dem Simulationswerkzeug die vom Anwender modellierten Eingangsdaten und Simulationsparameter, wie die Anzahl der Simulationsläufe, initialisiert und eingelesen. Mit Beginn eines Simulationslaufs werden diejenigen Aktivitäten identifiziert, die als Nächstes bearbeitet werden können, d. h. deren Vorgängerbeziehungen erfüllt sind. Aufgrund der informatorischen Abhängigkeiten zwischen Aktivitäten ergibt sich entweder eine sequenzielle, parallele oder überlappende Bearbeitung der Aktivitäten. Mit einer bestimmten Wahrscheinlichkeit werden Aktivitäten, insbesondere informatorisch gekoppelte Aktivitäten, in Iterationsschleifen bearbeitet. Iterationsschleifen entsprechen dabei geplanten und ungeplanten Änderungen oder aufgrund geänderter Informationen notwendigen Anpassungen, die während der Durchführung des Innovationsprojektes auftreten können. Für jeden Bearbeitungszeitpunkt einer Aktivität wird überprüft, ob die erforderlichen Ressourcen zur Verfügung stehen. Falls die erforderlichen Ressourcen nicht in ausreichender Kapazität zur Verfügung stehen sollten, werden die betroffenen Aktivitäten unterbrochen bzw. deren Bearbeitungszeitpunkt verzögert. In jedem Simulationslauf werden die genannten Programmschritte so lange wiederholt, bis alle Aktivitäten vollständig bearbeitet wurden. Die Gesamtdauer eines simulierten Innovationsprojektes entspricht dem Intervall zwischen Beginn des Simulationslaufes und Fertigstellungszeitpunkt der zuletzt ausgeführten Aktivität.

2.7.1.2 Fallstudie

Zur Validierung des entwickelten Simulationsmodells wurde ein reales Innovationsprojekt im Unternehmen analysiert. Die Prozessdaten wurden bei der Eisengießerei Torgelow GmbH (EGT) erhoben. Die EGT ist eine der größten deutschen Handformgießereien und stellt Gussstücke für Windkraftanlagen sowie für den Anlagen-, Maschinen- und Getriebebau her. Eine leistungsstarke Belegschaft und die kontinuierliche Weiterentwicklung des metallurgischen Know-hows ermöglichen es, Gussteile für technologisch anspruchsvolle Anwendungen mit komplizierten Bauteil-Geometrien zu produzieren und die Aufträge der Kunden kurzfristig, flexibel, zuverlässig und effizient abzuwickeln. In dem beschriebenen Innovationsprojekt wird ausgehend von einem Kundenauftrag ein Eisengussteil, zum Beispiel für Windkraftanlagen, den Getriebebau oder Anlagenbau, entwickelt.

Aus Gründen der Vertraulichkeit der Daten wurden die Prozessaktivitäten und zu entwickelnden Produkte verallgemeinert. Die Zeitdaten wurden mit einem Faktor multipliziert und werden im Folgenden in Zeiteinheiten (ZE) angegeben.

Zur Aufnahme der für eine Simulationsstudie benötigten Daten wurden Interviews mit den Bereichs- bzw. Abteilungsleitern sowie den prozessverantwortlichen Mitarbeitern der EGT geführt und im Rahmen einer Dokumentenanalyse die Qualitätsmanagementunterlagen des Unternehmens ausgewertet. Dadurch wurden alle relevanten Modelleingangsdaten erfasst, wie z. B. die Aufbauorganisation des Unternehmens, die Ablauforganisation des Prozesses in Form der standardmäßig zu bearbeitenden Aktivitäten, Drei-Zeiten-Schätzungen der Aktivitäten für die gegebenen Ausführungsbedingungen in Anlehnung an die PERT-Methodik (Shtub et al., 2005), der Kontrollfluss des Prozesses in Form von Informationsabhängigkeiten zwischen den Aktivitäten, rückwärtsgerichtete Kontrollflüsse des Prozesses in Form von Iterationswahrscheinlichkeiten von einer Nachfolger- zu einer Vorgängeraktivität sowie die im Projekt eingesetzten Mitarbeiter und deren Qualifikation.

Die Entwicklung des Gussteils beginnt mit der Anfrage bzw. dem Auftrag des Kunden und erfolgt dann in Kooperation mit dem Auftrag gebenden Kunden von der Angebots-phase, in der u. a. die Machbarkeit des Auftrags geprüft wird, über die Entwicklungsphase, in der u. a. die Fertigungstechnologie festgelegt wird, bis zur Produktionsvorbereitung. Der Innovationsprozess endet mit dem erstellten Erstmuster. Die informatorischen Abhängig-keiten der Aktivitäten des Innovationsprojektes zur Entwicklung eines kundenspezifischen Gussteils sind ausschnittsweise in Abbildung 2.23 als grafisches Prozessmodell dargestellt. Hierfür wurde die K3-Methode verwendet (Killich et al., 1999; Luczak et al., 1999). Das Prozessmodell umfasst insgesamt 17 Aktivitäten, die sowohl sequenziell, parallel, syn-chron als auch iterativ bearbeitet werden. Anhand des grafischen Prozessmodells sowie der Iterationsschleifen wird die Komplexität des untersuchten Innovationsprojektes deutlich.

2.7.1.3   Projektlaufzeit

Im Rahmen einer Simulationsstudie wurden arbeitsorganisatorische Varianten des Inno-vationsprojektes der EGT zur Entwicklung eines kundenspezifischen Gussteils untersucht. Dazu wurde jedes Simulationsexperiment standardmäßig mit einem Stichprobenumfang von 1.000 Simulationsläufen durchgeführt.

Die Simulation ergibt eine minimale Projektlaufzeit von 181 ZE, eine mittlere Projekt-laufzeit von 270 ZE und eine maximale Projektlaufzeit von 680 ZE, mit einer Standard-abweichung SD von 79,9 ZE. Die Häufigkeitsverteilung der simulierten Projektlaufzeiten korrespondiert mit einer logarithmischen Normalverteilung und ist in Abbildung 2.24 in Form eines Histogramms dargestellt. Die logarithmische Normalverteilung bringt zum Ausdruck, dass der Mittelwert größer als der Modalwert ist. Somit kann das bekannte Phä-nomen auftreten, dass das Innovationsprojekt aus Sicht der Mitarbeiter unerwartet lange dauern kann (Huberman et al., 2005). Die Häufung der Projektlaufzeit um den Modalwert von 270 ZE ist auf geplant und ungeplant auftretende Iterationsschleifen zurückzuführen. Insbesondere in der Entwicklungsphase verlängert sich die Projektlaufzeit mit jeder Ite-rationsschleife um durchschnittlich 80 ZE. Da in jedem Simulationslauf die Wahrschein-lichkeit des Auftretens von Iterationsschleifen mit der Anzahl der bereits aufgetretenen Iterationsschleifen abnimmt, ergibt sich die im Histogramm dargestellte rechtsschiefe Verteilung.

Mit dem Simulationsmodell können arbeitsorganisatorische Varianten des erhobenen Innovationsprojektes der EGT untersucht werden. Insbesondere soll überprüft werden, welche Auswirkungen der Einfluss zusätzlicher Arbeitspersonen auf die Projektlaufzeit hat und wie sich zusätzliche Arbeitsaufgaben im Sinne einer Multiprojektplanung auf die Belastung bzw. Auslastung der Arbeitspersonen und die Projektlaufzeit auswirken.

In einem weiteren Simulationsexperiment wurde daher die Anzahl der in jeder Organi-sationseinheit verfügbaren Arbeitspersonen von einer Arbeitsperson auf drei Arbeitsper-sonen erhöht. Diese Simulation ergibt eine minimale Projektlaufzeit von 174 ZE, eine mitt-lere Projektlaufzeit von 266 ZE und eine maximale Projektlaufzeit von 735 ZE, mit einer Standardabweichung SD von 73,7 ZE. Mithilfe der Simulation konnte aber gezeigt werden, dass sich die zusätzlichen Aufwände im Verhältnis zu der gewonnenen Projektlaufzeit

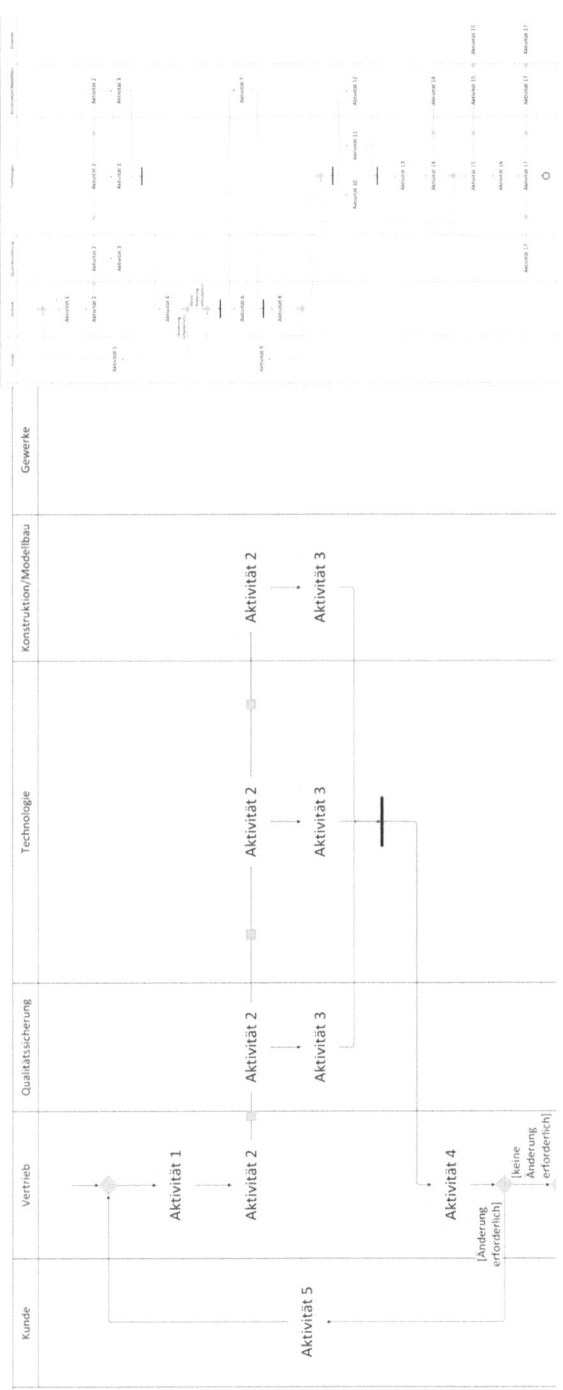

Abb. 2.23 Ausschnitt des grafischen K3-Prozessmodells des Innovationsprojektes der EGT. Rechts: Übersicht über das gesamte Prozessmodell

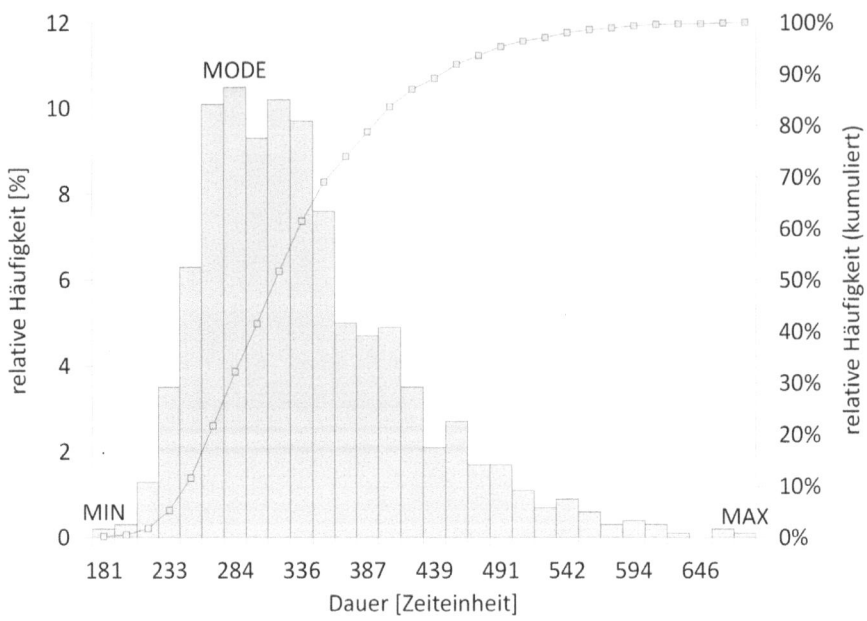

Abb. 2.24 Histogramm der simulierten Projektlaufzeit

nicht lohnen, da der erforderliche Personalaufwand überproportional zur erzielten Zeitersparnis zunehmen würde, wenn vorausgesetzt wird, dass die Arbeitspersonen über die gesamte Projektlaufzeit ausschließlich für die Durchführung der Aktivitäten dieses Innovationsprojektes zur Verfügung stehen.

Typischerweise erhält die EGT zeitgleich bzw. zeitnah mehrere Kundenanfragen für Neuprodukte, so dass mehrere Innovationsprojekte parallel bzw. zeitlich überlappend bearbeitet werden müssen. Für die verantwortlichen Projektmanager stellt sich die Frage, wie sich die zusätzlichen zu bearbeitenden Aktivitäten auf die Belastung bzw. Auslastung der Arbeitspersonen und die Laufzeit der einzelnen Innovationsprojekte auswirken. In einem weiteren Simulationsexperiment wurde das zuvor erhobene Innovationsprojekt dreimal durchgeführt. Erfahrungsgemäß erhält die EGT in etwa alle 80 Zeiteinheiten eine Kundenanfrage für ein Neuprodukt. Daher wird simuliert, dass neben dem zum Zeitpunkt null gestarteten Innovationsprojekt zu den Zeitpunkten 80 und 160 jeweils eine Kundenanfrage gestellt und dementsprechend ein zusätzliches Innovationsprojekt parallel durchgeführt wird. Die Simulation ergibt eine früheste Fertigstellung nach 654 ZE, eine durchschnittliche Fertigstellung nach 915 ZE und eine späteste Fertigstellung nach 1942 ZE, mit einer Standardabweichung SD von 195,9 ZE. Verglichen mit dem ursprünglichen Projektverlauf, haben sich die Laufzeiten der einzelnen Innovationsprojekte dadurch erhöht. Durchschnittlich dauert für die betrachtete Konfiguration ein Innovationsprojekt in der Multiprojektumgebung 13 Prozent länger als in einer Einzelprojektumgebung, da in der

Multiprojektumgebung auf freie Kapazitäten der erforderlichen Arbeitspersonen gewartet werden muss.

2.7.2   Empirische Befunde einer Befragung von Leitern von Innovationsteams

Um die Strukturen in Innovationsteams zu erfassen und die Prozesse innerhalb der Projektarbeit abzubilden, wurde an der Universität Bayreuth ein Fragebogen zu abgeschlossenen Innovationsprojekten von Unternehmen des Verarbeitenden Gewerbes in Deutschland entwickelt. Befragt wurden insgesamt 291 Teamleiter aus Forschungs- und Entwicklungsteams, welche sich auf ein Projekt bezogen, das sie in den letzten zwölf Monaten geleitet hatten.

Der Fragebogen beinhaltete zentrale Aspekte der Aufgaben- und Teamstruktur, des Managements der Projekte und des Erfolgs der erzielten Ergebnisse. Aus den gewonnenen Daten wurden Modelle entwickelt und die theoretischen Annahmen eines Input-Process-Output-Modells (vgl. Abbildung 2.25) überprüft.

Neben der Aufgabenkomplexität und der Teamstruktur sind der Austausch aufgabenrelevanter Informationen (Elaboration) und die Gefahr einer Teamspaltung durch vermehrte Konflikte sowie das Management des Projektes (Standardisierung, Autonomie, Prozess- und Ergebniskontrolle) geeignet, um die Ergebnisse der Teamarbeit (Team-Work-Qualität sowie Effektivität und Effizienz) zu prognostizieren.

Darüber hinaus wird es mithilfe dieser Marker möglich, eine Schätzung der Projektlaufzeit für derartige Innovationsprojekte abzugeben. Anders als die in Abschnitt 2.7.1 dargestellte Schätzung über die Simulation der notwendigen Prozesse, basiert diese jedoch neben der Teamstruktur auf subjektiven Bewertungen von Teamprozessen und Steuerungsmechanismen durch den Teamleiter.

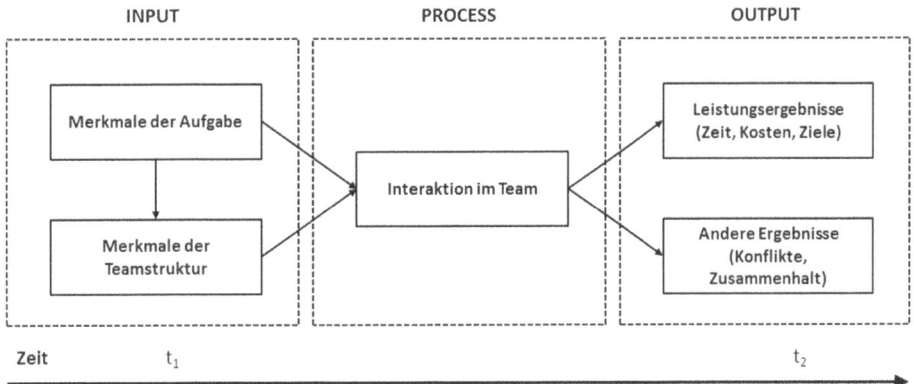

Abb. 2.25 Input-Process-Output-Rahmenmodell zur Analyse von Gruppenverhalten und -leistung in Anlehnung an Hackman (1987)

2.7.2.1   Modellgrundlage

Grundlage des empirischen Modells ist das Input-Prozess-Output-Konzept von Hackman (1987). Die Annahme dieses Modells ist es, dass die Prozesse und Ergebnisse innerhalb der Teamarbeit primär von der Aufgabe und Teamstruktur abhängen. Während das in Abschnitt 2.7.1 beschriebene Simulationsmodell auf den Ablauf notwendiger technologischer Prozesse ausgerichtet ist, fokussiert das empirische Modell jedoch stärker auf soziale Teamprozesse.

Innerhalb der befragten Innovationsprojekte wurden die Ziele innerhalb von einem Monat bis zu fünf Jahren erreicht. Im Durchschnitt dauerte ein Projekt bis zum Prototyp, Produkt oder Prozess zehn Monate und 24 Tage. In unseren Untersuchungen fanden wir heraus, dass der Zusammenhang zwischen der Aufgabenkomplexität und der Projektlaufzeit in starkem Maße durch zwei Teamprozesse und zwei Teamergebnisse beeinflusst wird (Ratzmann, 2014c).

2.7.2.2   Teamprozesse

Mit steigender Aufgabenkomplexität wird es für Teammitglieder wichtiger, sich hinsichtlich von Teilaufgaben und Zielsetzungen auszutauschen, abzustimmen und gemeinsame Lösungswege zu finden. Dieser Prozess wird als Elaboration (van Knippenberg et al., 2007) bezeichnet. Die Elaboration wird in Teams begünstigt, in denen sich die Teammitglieder als Einheit ansehen. Wenn sich innerhalb von Teams Grüppchen herausbilden, kann dies dazu führen, dass notwendige Informationen nur unzureichend ausgetauscht werden und der Teamgeist sowie die Effektivität und die Zusammenarbeit abnehmen.

2.7.2.3   Teamergebnisse

Umgekehrt kann die Förderung der Elaboration im Team die negativen Konsequenzen einer Teamspaltung verringern und darüber hinaus den Teamgeist fördern. Der Teamgeist hat eine besondere Bedeutung für die Zusammenarbeit der Teammitglieder. Einerseits reflektiert er die Integration und Motivation der Mitglieder, andererseits können dadurch die Möglichkeiten und Leistungen zukünftiger Teamarbeit verbessert werden. Innerhalb solcher Teamformationen können die Beteiligten Wissen über ihre Kollegen aufbauen und die Eigenheiten, Stärken und Schwächen, Arbeitsstile und Einsatzmöglichkeiten besser abschätzen lernen. Das Wissen darüber, was die anderen wissen, wird als transaktives Wissen bezeichnet und als Basis erfolgreicher Zusammenarbeit angesehen, weil jeder relativ genau weiß, worauf er sich bei seinen Kollegen verlassen kann (Busch, 2008, S. 68). Die Effektivität und Effizienz der Teamarbeit werden durch Teamspaltungen direkt und indirekt (durch eine geringere Elaboration) verschlechtert. Es hat sich gezeigt, dass die Effektivität (das Erreichen der erwarteten Qualität) als entscheidendes Kriterium für den Abschluss von Innovationsprojekten angesehen werden kann. Während der Zeitrahmen nur in knapp jedem zweiten Projekt (47,6 Prozent) „eher" eingehalten wurde und der Kostenrahmen nur in 56,2 Prozent der Projekte, wurden die qualitativen Ziele in fast neun von zehn Projekten (86,5 Prozent) „eher" erreicht.

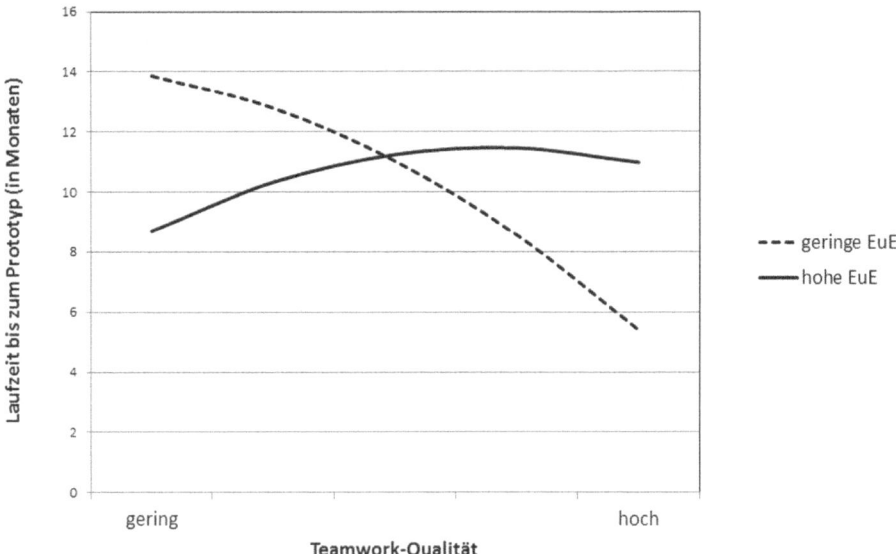

Abb. 2.26 Projektlaufzeit in Abhängigkeit von Teamgeist sowie Effektivität und Effizienz

2.7.2.4 Projektlaufzeit

In Anbetracht dieser Befunde wurde ein nicht-lineares Strukturgleichungsmodell erstellt, in welchem Teamgeist sowie Effektivität und Effizienz der Teamarbeit auf die Projektlaufzeit untersucht wurden (vgl. Abbildung 2.26). Das Ergebnis dieses Modells zeigt auf, dass erfolgreiche Projekte (mit hoher Effizienz und Effektivität) mit steigendem Teamgeist tendenziell etwas länger verlaufen (im Durchschnitt entspricht dies zwei Monaten und neun Tagen[17]). Demgegenüber verkürzt hoher Teamgeist die Laufzeit von erfolglosen Projekten im Durchschnitt um acht Monate und 15 Tage.

2.7.2.5 Teamgestaltung

Eine der grundlegenden Fragestellungen war es, wie Gruppen zusammengesetzt sein sollten, damit über einen spezifischen Prozess hinaus ein bestmögliches Ergebnis zustande kommt. Die Befunde weisen darauf hin, dass es für die Arbeit von Innovationsteams von hoher Bedeutung ist, dass die Arbeitsgruppe so strukturiert wird, dass sie ihre Aufgabe mit hohem Teamgeist, effektiv und effizient umsetzen kann. Komplexere Aufgabenstellungen erfordern eine breitere Wissensbasis und einen intensiveren Austausch zwischen den Teammitgliedern.

---

[17] Ein Monat ist mit 30 Tagen berücksichtigt und beinhaltet auch Wochenenden. Dementsprechend liegt die Anzahl der tatsächlichen Arbeitstage unter den angegebenen Werten.

Die Wissensbasis eines Teams kann durch die Einbindung weiterer Teammitglieder erweitert werden. Allerdings führt die Vergrößerung von Teams nicht unmittelbar dazu, dass die breitere Wissensbasis innerhalb des Teams ausgetauscht und damit genutzt wird. Vielmehr weisen größere Teams häufiger Konflikte auf (Ratzmann, 2014a), es bilden sich Grüppchen innerhalb des Teams und die Elaboration wird verringert (Ratzmann, 2014c). In diesem Kontext weisen Teams Vorteile gegenüber altershomogenen Teams auf, weil sie weniger zur Spaltung tendieren. Ausgenommen davon sind spezifische Alterskonstellationen, in denen das Alter der Teammitglieder in sogenannten altersbedingten Verwerfungslinien (Faultline) angeordnet ist.

Die Altersunterschiede zwischen Teammitgliedern können aber auch dazu führen, dass den Beteiligten weitere Unterscheidungsmerkmale bewusster werden. Diese Unterschiede können sich beispielsweise auf die Erfahrung, den Arbeitsstil, den Kommunikationskontext, die Einstellung gegenüber Hierarchien und Risiko oder Werten beziehen. Eine Analyse der wahrgenommenen Erfahrungsunterschiede, Unterschiede im Kommunikationskontext und altersbedingten Faultlines zeigt auf, dass der unterschiedliche Kommunikationskontext eher zu einer Grüppchenbildung führt als eine ungünstige Altersstruktur. Eine ungünstige Altersstruktur kann darüber hinaus die Grüppchenbildung verringern, wenn ihre Wahrnehmung im Team mit Erfahrungsunterschieden einhergeht (Ratzmann et al., 2014).

Bei der Bildung und Gestaltung von Teamprozessen ist insofern darauf zu achten, dass (unabhängig von der Altersstruktur) Bedingungen für eine gute Kommunikation geschaffen werden und Teamprozesse durch ein positives Gruppenklima gefördert werden. Arbeitsgruppen sollten entsprechend ihren Stärken für Aufgaben eingesetzt werden, deren Umsetzung den intensiven Austausch von unterschiedlichem Wissen und Erfahrung erfordert (Ratzmann, 2014b).

2.7.2.6   Fallstudie

Die gewonnenen Parameterschätzungen wurden beispielhaft auf das in Abschnitt 2.7.1.2 beschriebene Innovationsprojekt der EGT übertragen. Bei der konkreten Aufgabenstellung handelt es sich (verglichen mit der empirischen Studie) um eine tendenziell unterdurchschnittlich komplexe Aufgabe, die im Rahmen durchschnittlicher Autonomie sowie tendenziell hoher Standardisierung, Prozess- und Ergebniskontrolle umgesetzt wurde (vgl. Abbildung 2.27). Der Teamgeist in dieser Konstellation ist durchschnittlich ausgeprägt, während die Effektivität und Effizienz der Teamarbeit tendenziell unterdurchschnittlich ausgeprägt sind. Die Struktur der Marker weist auf eine eher höhere Beanspruchung der Führungskräfte hin, weil ein sehr hoher Aufwand für Kontrolle und Standardisierung aufgebracht werden muss.

Da die Aufgabenkomplexität in diesem Fall als eher gering bewertet ist, wird Altersdiversität eher durch ihre negativen Aspekte (schlechteres Gruppenklima, geringere Effektivität und Effizient) in Erscheinung treten. Sollte eine Teamkonstellation unumgänglich sein, wäre darauf zu achten, dass

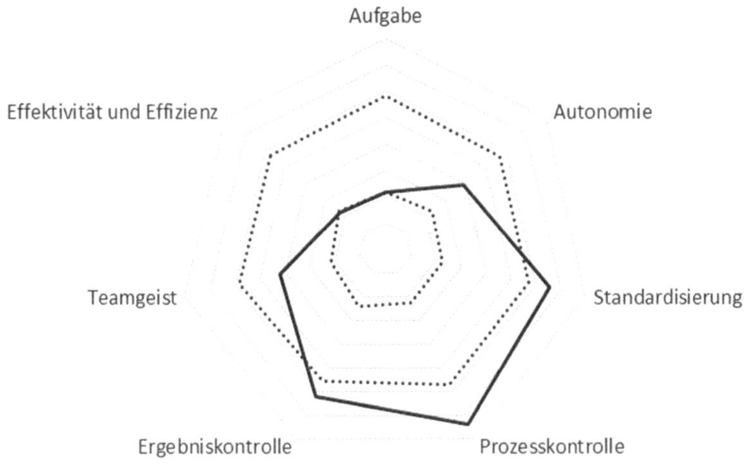

Abb. 2.27 Relevante Marker der Teamarbeit. Der Bereich zwischen den gepunkteten Linien weist auf den durchschnittlichen Wertebereich innerhalb der empirischen Studie hin (Mittelwert +/- eine Standardabweichung). Die durchgezogene Linie zeigt die Ausprägung der Marker innerhalb der Fallstudie auf.

- sich die Teammitglieder über die Notwendigkeit der Zusammenarbeit bewusst sind,
- über das gemeinsame Team-Ziel hinaus auch Einigkeit über den Weg entwickelt wird und
- den Kompetenzen aller Beteiligten von Anfang an Wertschätzung entgegengebracht wird.

Hilfreich wären in diesem Fall auch wechselseitige Kenntnisse über unterschiedliches Wissen und Erfahrungen sowie die Förderung gemeinsamer Regeln für die Kommunikation.

Aus den gegebenen Markern und den Parameterschätzungen der vorausgegangenen Studie kann die Projektlaufzeit nach der folgenden Formel prognostiziert werden:

$$PD = (\beta_0 + (\beta_1 \cdot TS) + (\beta_2 \cdot EuE) + (\beta_3 \cdot TS \cdot EuE) + (\beta_4 \cdot TS^2) + (\beta_5 \cdot EuE^2) + \varepsilon) \cdot ZF^{[18]} \quad (3.1)$$

Die prognostizierte Projektlaufzeit *(PD)* ergibt sich demnach aus dem Teamgeist *(TS)*, der Effektivität und Effizienz *(EuE)* sowie der Konstante *(β_0: Schnittpunkt von PD)*, den geschätzten Koeffizienten *(β_1 bis β_5 der empirischen Studie)* und ε dem Residuum.

---

[18]   Der Zeitfaktor (ZF) dient der Transformation in Zeiteinheiten (ZE) und beträgt 5.714.

Tab. 2.15 Prognosen der Projektlaufzeit

	Simulationsmodell			Empirisches Modell
	Minimum	Durchschnitt	Maximum	
Laufzeitprognose für die Fallstudie	181 ZE	270 ZE	680 ZE	674 ZE

Aus den Angaben der Fallstudie ergeben sich für Teamgeist sowie Effektivität und Effizienz Werte von 3,217 und 5,281 und eine resultierende Projektlaufzeit von 674 ZE (siehe Tabelle 2.15).

2.7.3   Verwertbarkeit und Validität der Ergebnisse

Die empirischen Befunde unterstützen die Annahme, dass Unterschiede im Wissen, in den Erfahrungen und Perspektiven zu ganz unterschiedlichen Herangehensweisen an eine Fragestellung führen können. Dies kann mit Dissens, Widerspruch und Konflikten einhergehen und zu persönlichen Verwerfungen, geringerer Arbeitszufriedenheit und Motivationsverlusten beitragen, obwohl gerade diese Unterschiede einen wichtigen Beitrag zur Lösung von komplexen Aufgaben bieten können.

Dies kann auch der Vergleich des Simulationsmodells und des empirischen Modells in diesem Beitrag aufzeigen. Unterschiedliche Ansichten über die Definition von Begriffen wie Innovation oder Prozess wurden nicht auf einen kleinsten gemeinsamen Nenner reduziert, sondern innerhalb ihres Wirkungsfeldes betrachtet.

Sowohl die technologische als auch die verhaltensorientierte Prozessdefinition zeigen Sichtweisen auf, wie eine Aufgabenstellung bearbeitet wird und zu Ergebnissen führt. Die Integration objektiver Daten (wie der Projektlaufzeit im Fallbeispiel) hat es ermöglicht, dass die primär inkommensurablen Ansätze in ihren Ergebnissen eine relativ hohe Übereinstimmung aufzeigen (vgl. Tabelle 2.15). Die im empirischen Modell prognostizierte Projektdauer von 674 ZE und die im Simulationsmodell ermittelte maximale Projektdauer von 680 ZE weisen eine hohe Konsistenz auf.

Eine kürzere Umsetzung dieser Aufgabenstellung wäre insofern durch die Optimierung technologischer Abläufe und die Verbesserung der interpersonalen Zusammenarbeit zu erreichen.

Literaturverzeichnis Abschnitt 2.7

Busch, Michael W. (2008): *Wissen, was die anderen wissen – transaktives Wissen als Basis erfolgreicher Zusammenarbeit in Teams*. Organisationsentwicklung, 1, S. 68-76.
Hackman, J. Richard (1987): *The design of work teams*. In: Jay W. Lorsch (Hrsg.): Handbook of organizational behavior. Englewood Cliffs, NJ: Prentice-Hall, S. 315-342.

Huberman, Bernado A.; Wilkinson, Dennis M. (2005): *Performance Variability and Project Dynamics*. Computational & Mathematical Organization Theory, 11, S. 307-332.

Killich, Stephan; Luczak, Holger; Schlick, Christopher; Weissenbach, Markus; Wiedenmaier, Stefan; Ziegler, Jürgen (1999): *Task modelling for cooperative work*. Behaviour & Information Technology, 5, S. 325-338.

Luczak, Holger; Wolf, Martin; Schlick, Christopher; Springer, Johannes; Foltz, Christian (1999): *Personenorientierte Arbeitsprozesse und Kommunikationsformen*. In: Manfred Nagl; Bernhard Westfechtel (Hrsg.): Integration von Entwicklungssystemen in Ingenieuranwendungen. Berlin: Springer-Verlag, S. 403-422.

Ratzmann, Martin (2015a): *Die Rolle des Teamdesigns für die Teamleistung*. In: Manfred Bornewasser; Ricarda B. Bouncken; Christopher M. Schlick (Hrsg.): Teamkonstellation und betriebliche Innovationsprozesse. Wiesbaden: Springer VS, in Druck.

Ratzmann, Martin (2015b): *Organisationentwicklungsmaßnahmen*. In: Manfred Bornewasser; Ricarda B. Bouncken; Christopher M. Schlick (Hrsg.): Teamkonstellation und betriebliche Innovationsprozesse. Wiesbaden: Springer VS, in Druck.

Ratzmann, Martin (2015c): *Zusammenarbeit in altersdiversen Innovationsteams*. In: Manfred Bornewasser; Ricarda B. Bouncken; Christopher M. Schlick (Hrsg.): Teamkonstellation und betriebliche Innovationsprozesse. Wiesbaden: Springer VS, in Druck.

Ratzmann, Martin; Lehmann, Christian; Bouncken, Ricarda (2014). *Konsequenzen einer alternden Belegschaft in FuE – Einschränkungen oder Potenzial für den Innovationsprozess*. In: Gesellschaft für Arbeitswissenschaft e.V. (Hrsg.): Bericht zum 60. Kongress der Gesellschaft für Arbeitswissenschaft vom 12.-14. März 2014. Dortmund: GfA-Press, S. 674-676.

Schneider, Sebastian; Przybysz, Philipp; Weiss, Reinhard; Schlick, Christopher (2014): *Entwicklung eines prozessorientierten und personalintegrierten Simulationsmodells für die demografieorientierte Planung schwach strukturierter Arbeitsprozesse*. In: Gesellschaft für Arbeitswissenschaft e.V. (Hrsg.): Bericht zum 60. Kongress der Gesellschaft für Arbeitswissenschaft vom 12.-14. März 2014. Dortmund: GfA-Press, S. 683-685.

Shtub, Abraham; Bard, Jonathan F; Globerson, Shlomo (2005): *Project Management: Processes, Methodologies, and Economics*. Upper Saddle River, NJ: Pearson Prentice Hall.

Terstegen, Sebastian; Schlick, Christopher M.; Przybysz, Philipp (2015): *Simulation von Innovationsprozessen: Theoretische Grundlagen, Vorgehensweise und Methoden*. In: Manfred Bornewasser; Ricarda B. Bouncken; Christopher M. Schlick (Hrsg.), Teamkonstellation und betriebliche Innovationsprozesse. Wiesbaden: Springer VS, in Druck.

van Knippenberg, Daan; Schippers, Michaéla C. (2007): *Work Group Diversity*. Annual Review of Psychology, 58, S. 515-541.

Verein Deutscher Ingenieure (2010): *Simulation von Logistik-, Materialfluss- und Produktionssystemen – Begriffe*. Berlin: Beuth Verlag.

2.8 Fabrikplanung und demografischer Wandel am Beispiel der Firma Fahrion Engineering GmbH & Co. KG

Jens Fahrion

2.8.1 Die Firma Fahrion Engineering

Die Firma Fahrion Engineering GmbH & Co. KG wurde 1975 von Otmar Fahrion als Konstruktionsbüro in Kornwestheim bei Stuttgart gegründet, nachdem er verschiedene Stationen in unterschiedlichen Unternehmen des Werkzeugmaschinenbaus und bei Zulieferern der Flugzeugindustrie als Konstrukteur durchlaufen hatte und sich dann zur Selbstständigkeit entschloss. Ein Großauftrag eines damals führenden Unternehmens der Luft- und Raumfahrtindustrie konfrontierte den Firmengründer mit dem neuen Thema Fabrikplanung. Nachdem dieses Neuland erfolgreich betreten und absolviert worden war, stand dem raschen Wachstum des noch jungen Unternehmens auf die noch heute gültige Marke von etwa 100 Mitarbeitern nichts entgegen. Die Schwerpunkte verlagerten sich im Laufe der Zeit von der reinen Konstruktion hin zur allgemeinen Industrie- und Anlagenplanung, wobei bis zum heutigen Tage eine hauseigene Konstruktionsabteilung als eine von vielen tragenden Säulen existiert.

Der Kundenkreis setzt sich aus Vertretern aller Industriebranchen zusammen. Auch wenn die Automobilindustrie und der Werkzeugmaschinenbau als regional und überregional bedeutsames Wirtschaftscluster eindeutig dominieren, so können auch Kunden völlig anderer Industriesektoren mit Anfragen zum Thema Fabrikplanung bedient werden, beispielsweise der Schiffbau mit Werftplanungen oder der moderne Energiesektor mit innovativen Produktionsplanungen für Anlagen zur Stromerzeugung mittels Wind- und Wasserkraft. Das Dienstleistungsportfolio der Firma Fahrion Engineering GmbH & Co. KG reicht von der Standortfrage und von ersten Überlegungen zu strategischen Veränderungen in einem Produktionswerk über verschiedene Detaillierungsgrade der Grobplanung, Blocklayoutierung und Feinplanung sowie über verschiedene hintereinander geschaltete Stufen der Realisierung mit Behördengängen, Finanzierungsempfehlungen, Ausschreibungen und Auswahl geeigneter Lieferanten, Bau- und Montageüberwachung, Anlagenabnahmen, Anlauf- und Inbetriebnahmeunterstützung bis hin zur schlüsselfertigen Übergabe. Eine solche allumfassende Green- oder Brownfieldplanung führt das Unternehmen vorzugsweise bei seinen mittelständischen Kunden durch, da die kleinen und mittleren Unternehmen häufig nicht über eigene Planungsstäbe verfügen, sondern sich voll und ganz auf ihr eigenes Produkt konzentrieren. In der Großindustrie versendet die Firma Fahrion Engineering GmbH & Co. KG ihre Planer häufig über Werkverträge und Arbeitnehmerüberlassungen an ihre Kunden, um Planungsteams im Hause des Kunden zu verstärken. Diese Projekte sind im Vergleich zu den langwierigen und umfassenden Werksneuplanungen der KMUs völlig anders strukturiert und erfordern nicht so sehr eine generalistische Planungskompetenz, sondern einen hohen Spezialisierungsgrad in die Tiefe einer bestimmten Technologie. Selbstverständlich bietet das Unternehmen auch Einzeldienstleistungen an, seien es CAD-Layoutierungen, Materialflusssimulationen oder Management auf Zeit, d. h., wenn bei einem Kunden ein Projektleiter krankheits- oder urlaubsbedingt ausfällt, kann für adäquaten Ersatz gesorgt werden. Unterstützt werden alle planerischen Prozesse von der eigenen Konstruktionsabteilung, die neben selbst akquirierten Konstruktionsprojekten auch Erfindungen und Entwicklungen im Auftrag eines Planungsprojektes für solche Produktionsumfelder durchführt, für die auf dem großen Markt des Maschinenbaus trotz umfangreicher Recherche keine ansprechende Lösung zu finden sind.

2.8.2 Erfahrungswissen zahlt sich aus

Ein wichtiger Aspekt, der die besondere Affinität der Firma Fahrion Engineering GmbH & Co. KG zum Thema Demografie erklärt, ist die regionale Arbeitsmarktstruktur. Im Umkreis von etwa 100 Kilometern um das Unternehmen herum sind sehr viele namhafte Mittelstands- und Großbetriebe in der Region Stuttgart angesiedelt. Zwischen den OEMs der Automobilindustrie spinnt sich ein dichtes Netz von weltweit operierenden Automobilzulieferern und Werkzeugmaschinenbauern sowie deren Unterlieferanten. Diese regionale Wirtschaftsstruktur lässt sich auf der einen Seite als segensreich bezeichnen, da dieser Industriecluster ein hervorragendes Reservoir für Aufträge in der Fabrikplanung darstellt. Auf der anderen Seite erwachsen jedoch Probleme bei der Mitarbeiterrekrutierung. Insbesondere bei den jungen Studienabgängern ist der regionale Arbeitsmarkt hart umkämpft. Angesichts der namhaften Unternehmen, die die Universitätsabgänger mit attraktiven Karrierechancen und Weiterbildungsmöglichkeiten sowie im Bereich der Automobilfirmen auch mit der Aussicht auf Jahreswagen locken, können relativ wenig bekannte Unternehmen wie Fahrion Engineering GmbH & Co. KG bei diesem „war of talents" kaum mithalten. In der Regel ist das Unternehmen in der unteren Altersklasse völlig unbekannt und Initiativbewerbungen durch jüngere Arbeitnehmer somit fast ausgeschlossen.

Als Auslöser für die intensive Beschäftigung mit dem Themenfeld Demografie ist der Verlust mehrerer Projektleiter in den Jahren 1999/2000 zu sehen, der das Unternehmen zu einem raschen Ersatz zwang, da komplexe Projekte in der Fabrikplanung ohne adäquates Projektmanagement nur unzureichend durchgeführt werden können. Projektleiter bei Fahrion sind solche Arbeitnehmer, die eine komplette Produktionshalle mitsamt ihrem technischen Interieur, den Maschinen, Produktionslinien und deren logistische Verkettung und ihrer baulichen Hülle planen und deren Realisierung koordinieren können. Sie bilden somit die höchste Hierarchiestufe auf Augenhöhe mit der Geschäftsleitung. Ihnen sind im Team Projektingenieure beigeordnet, die die Konzepte der Projektleiter ausgestalten und ausplanen und den Projektleiter im Verhinderungsfall vertreten können. Die untere Hierarchiestufe setzt sich aus Spezialisten, z. B. für computerunterstütztes Technisches Zeichnen, Simulation oder haustechnische Gewerke sowie aus Neuzugängen zusammen.

Um die gefährliche Personallücke angesichts der für das Unternehmen schwierigen regionalen Arbeitsmarktstruktur aufzufüllen, erfolgte eine innerbetriebliche Reflexion darüber, welche hervorstechenden Eigenschaften für die besonders umworbenen Projektleiter typisch sind. Dabei wurde zunächst deutlich, dass sich seit der Unternehmensgründung die Verteilung der Mitarbeiter in der Hierarchie mit wenigen Projektleitern und vielen Spezialisten, die gemeinsam in einem Team arbeiteten, beträchtlich verändert hatte. So sind heutzutage mehrheitlich Projektleiter und Projektingenieure beschäftigt, von denen viele als generalistische „Alleskönner" und als Einzelkämpfer ohne ein Projektteam auskommen können, sofern die in der Regel straffen Projektzeitpläne eine Reduzierung auf nur einen Projektmitarbeiter überhaupt zulassen. Dies trägt den veränderten Erwartungen der Kunden Rechnung, die immer weniger bereit sind, ein ganzes, externes Team zur Bewältigung der Aufgaben zu finanzieren. Der Bedarf an Zugehörigen der obersten Hierarchiestufe hat also messbar zugenommen. Doch ausgerechnet diese Mitarbeiterebene war von dem erwähnten gleichzeitigen Exodus am stärksten betroffen, und zwar in einem für das Unternehmen existenzbedrohlichen Maße. Eine weitere wichtige Erkenntnis bestand darin, dass erfolgreiche Projektleiter, insbesondere wenn sie ohne Team agieren, neben den unabdingbaren fachlichen Qualifikationen als Ingenieur oder Techniker vor allem über informelle Kompetenzen verfügen müssen. Dazu zählen Soft Skills, die nicht im Rahmen einer Ausbildung erworben werden können. Aufgrund der Erfahrung des plötzlichen Personalverlustes bestand schließlich eine zusätzliche wichtige Anforderung darin, dass die neuen Projektmanager keine Neigung zu Karrieresprüngen mehr haben sollten. Verbunden mit den großen Herausforderungen der Projektarbeit sollte nach Personen gesucht werden, die bereits über Erfahrungen auf einer hohen hierarchischen Ebene verfügten und die Zeit bis zur Pensionierung in einem gesicherten Arbeitsverhältnis mit herausfordernder und sinnvoller Beschäftigung anstrebten.

Vor diesem Hintergrund schaltete Fahrion klassische Zeitungsannoncen zur Anwerbung potenzieller Projektleiter und Projektmanager, allerdings nur mit mäßigem Erfolg. Die begehrte Zielgruppe in der oberen Altersklasse meldete sich nicht auf den Rekrutierungsversuch. Erst eine modifizierte Stellenanzeige, in der auf provokative Art und Weise („Mit 45 zu alt, mit 55 überflüssig? Wir stellen Projektleiter und -manager bis 65 ein") die gewünschten Adressaten gezielt angesprochen wurden, war erfolgreich. Dieser Vorgang war im Jahre 2000 beispiellos, denn der Zeitgeist im Personalwesen war ganz im Gegensatz zu dieser Vorgehensweise von Frühverrentungen geprägt. Dass ältere Beschäftigte nicht nur erstens gezielt rekrutiert, zweitens überhaupt zu Bewerbungsgesprächen eingeladen und drittens sogar eingestellt wurden, entsprach einer dem damaligen Personalparadigma diametral entgegengesetzten Methodik. Ausgehend von diesem erfolgreichen Vorgehen, entwickelte Fahrion eine Rekrutierungsstrategie, mit der bis heute gezielt freigesetzte ältere und erfahrene Ingenieure und Techniker angeworben werden.

Angesichts der Strukturen im Geschäftsfeld des Unternehmens ermöglicht das breite Erfahrungswissen dieser Beschäftigtengruppe, Konstruktions-, Planungs- und Realisierungsprozesse sowohl in eher generalistisch geprägtem, breitem Umfang als auch in der technologischen Tiefe mit einem hohen Grad an Spezialisierung durchzuführen. Die inzwischen langjährigen Erfahrungen beim Einsatz der älteren Techniker und Ingenieure aus unterschiedlichen technischen Disziplinen zeigen, dass die reine Ausbildung oder das Studium nicht ausreicht, um alle Fragen juristischer, organisatorischer und ökonomischer Natur abklären zu können, die ein komplexes Planungsprojekt aufwirft. Vielmehr erfordern die Vielschichtigkeit des Geschäftsfeldes und des Leistungsspektrums informelle Kompetenzen, die nur durch eine jahrelange Berufserfahrung in Projekten mit interdisziplinärem Charakter erworben werden können. Diese langjährigen Berufserfahrungen bringen insbesondere ältere Arbeitnehmer mit. In der täglichen Projektarbeit zeigen sich diese informellen Kompetenzen in Elementen wie Eloquenz, Verhandlungsgeschick und Stehvermögen sowie Weltoffenheit, Reisebereitschaft und eine respektierte Persönlichkeit, die es dem Auftragnehmer ermöglicht, auf gleicher Augenhöhe mit den Führungskräften oder Geschäftsführern des Kunden zu diskutieren und die eigenen Standpunkte und Konzepte auch gegen etwaigen Widerstand zu verteidigen.

Für ein mittelständisches Unternehmen wie Fahrion stellt sich dabei die Frage, ob sich der Einsatz älterer Beschäftigter wirtschaftlich rechtfertigen lässt, da oftmals Senioritätsprinzipien greifen, bei denen steigende Löhne und Lohnnebenkosten sowie ein verbesserter Kündigungsschutz mit dem Älterwerden im Unternehmen verbunden sind. Wie die langjährigen Erfahrungen zeigen, steigen Studienabgänger und frisch ausgebildete Techniker – die in den vergangenen Jahren natürlich auch eingestellt wurden – bei Fahrion Engineering auf der Hierarchiestufe des Projekttechnikers ein. Sie benötigen eine innerbetriebliche Weiterbildung, die sich an den Prinzipien von „Learning by doing" orientiert und auf der jahrelangen Teilhabe am operativen Planungsgeschäft beruht. Je nach persönlichen Voraussetzungen und über Zwischenstufen des Projektspezialisten oder Projektingenieurs wird nach etwa zwölf bis 15 Jahren die höchste Stufe des Projektleiters erreicht. Jeder weitere Schritt auf der Karriereleiter nach oben bedeutet auch gleichzeitig für das Unternehmen einen Sprung in der Profitabilität seiner Mitarbeiter, da diese immer flexibler und höherwertiger einsetzbar und im Gefolge für ihre Aktivitäten vonseiten der Kunden auch überproportional besser entlohnt werden. Leider sind jüngere Beschäftigte kaum bereit, diesen langen, steinigen Weg zu bestreiten. Die Bewerbungsunterlagen legen offen, dass die Jüngeren in der Regel nur zwei bis drei Jahre bei ein- und demselben Unternehmen verbleiben, um dann ihre Karriereambitionen durch Aufbau einer interessanten beruflichen Laufbahn mittels Unternehmenswechsel zu verfolgen. Die Generation 50plus hegt solche Karriereerwartungen indes nicht mehr, sondern ist an einer langfristigen, für das Unternehmen optimal planbaren Beschäftigung interessiert. Da unter älteren Bewerbern in der Planungsbranche häufig Führungspersonen zu finden sind, die in ihrem früheren Arbeitsverhältnis bereits in Produktions-, Betriebs- oder gar Werksleitungsfunktion angestellt waren, lässt sich die Einarbeitungszeit mit dem Ergebnis der Reife zum eigenständigen Projektmanagement auf ein bis zwei Jahre reduzieren. Da die Fähigkeiten zur Planung und Führung von Projekten ebenfalls an den früheren Arbeitsplätzen erworben wurden, ist zum Abschluss der vollständigen Integration in die Firma Fahrion Engineering nur noch ein konzeptioneller Feinschliff über typische innerbetriebliche Abläufe nötig. Aufgrund dieser kürzeren Lern- und Einarbeitungsphasen sowie einer häufig überdurchschnittlichen

Befähigung zur Bewältigung komplexer Aufgaben ist der Einsatz älterer Beschäftigung besonders in kleinen und mittleren Unternehmen wirtschaftlich sehr rentabel.

Diese besondere Unternehmenshistorie in Verbindung mit einer relativ hohen Zahl älterer Beschäftigter führt dazu, dass die Firma Fahrion Engineering GmbH & Co. KG als geschätzter Diskussionsteilnehmer und Berater zum Thema Demografie auf einschlägige Konferenzen und Seminare eingeladen wird und als kompetenter Forschungspartner unter anderem im Forschungsprojekt IBU („Ältere Arbeitnehmer als Innovationsexperten bei der **B**ewältigung des **U**nplanbaren") in Zusammenarbeit mit dem Institut für Sozialwissenschaftliche Forschung e. V. (ISF) München, der Universität Augsburg und dem Projektträger im Deutschen Zentrum für Luft- und Raumfahrttechnik (DLR) fungiert (vgl. dazu den Beitrag von Heidling et al. in diesem Band, Abschn. 2.9).

2.8.3   Allgemeine Planungsprozesse

Die Firma Fahrion Engineering GmbH & Co. KG nutzt die Ergebnisse des Forschungsprojekts IBU dazu, die gewonnenen Erkenntnisse in ihre Fabrikplanungsprozesse einzubinden. Die Erweiterung des allgemeinen Planungsgeschehens hin zu einer demografieorientierten Industrie- und Anlagenplanung dient dazu, dem Anspruch an eine alles umfassende Planung von der Standortfrage bis zur schlüsselfertigen Übergabe eines neuen Werks gerecht zu werden. Um die Integration des Themas Demografie in die Planungsvorgänge im Rahmen des Forschungsprojektes näher beschreiben zu können, sollen im Folgenden zunächst die Abläufe eines idealtypischen Planungsprozesses näher beleuchtet werden, bei dem eine Beauftragung über alle Leistungsphasen unterstellt ist.

Am Anfang steht die Strukturplanung, deren Grundlage zum einen auf verfügbaren Angaben, Daten und Layouts des Kunden sowie zum anderen auf einer gründlichen Ist-Standserfassung beruht, bei der gezielt die gewünschten Daten erhoben werden. Alle diese Daten werden ausgewertet und mit den Zielvorgaben des Kunden abgeglichen. Das Projektteam sucht nun nach Rationalisierungspotenzialen in Bezug auf Prozesse, Produktionssysteme, Logistik, Infrastruktur und Unternehmensorganisation. Außerdem wird die Unternehmenssubstanz einer Bilanzierung unterzogen, um zu ermitteln, welche Entwicklungen und Veränderungen vorgenommen werden müssen oder können. Dieser eigentliche produktive Planungsprozess, der auf Überlegungen und Denkmodellen fußt, schlägt sich sodann in Soll-Varianten nieder, die verschiedene Aufwendigkeitsgrade der Veränderungsstrategien abbilden und mal mehr oder mal weniger nah an einer fiktiven Ideallösung, der sogenannten Idealfabrik, ausgerichtet sind. Kunde und Planer einigen sich gemeinsam auf eine Zukunftsvariante, die die individuelle Schwerpunktsetzung gemäß einer strategischen, technischen und wirtschaftlichen Beurteilung der Varianten widerspiegelt. Das Ergebnis der Strukturplanung fließt in eine Studie oder Präsentation ein, in der die künftigen Maßnahmen, Termine, Kosten, Erträge und somit in der Bilanz der für den Kunden bedeutsame Kennwert des Return of Investment erörtert und die künftigen Raumstrukturen mit Grob- und Blocklayouts veranschaulicht werden.

Die zweite Phase stellt die Ausführungsplanung dar, deren Ergebnis ein wesentlich detaillierteres Bild der künftigen Werkssituation wiedergibt, als es das grobe Raster des Strukturplans vermag. Im Rahmen der Ausführungsplanung gestaltet das Team die Produktion im Sinne einer Feinplanung aus und erstellt die Anlagenspezifikationen. Werden für die künftige Produktion neue und veränderte Produktionsanlagen oder logistische Verkettungen benötigt, so werden diese ausgeschrieben, die Angebote der Lieferanten verglichen und gemeinsam mit dem Kunden über die Vergabe des Auftrags diskutiert. Neben den Kernbereichen betrifft diese Detailplanung auch indirekte Bereiche wie Büro- und Sozialräume und zielt auf organisatorische Fragen wie die EDV- und Systemkonfiguration genauso ab wie auf den Entwurf zur baulichen Hülle. Dabei sind Baueingaben, Anträge gemäß Bundesimmissionsschutzgesetz, funktionale Ausschreibungen, Emissionskonzepte und statistische Gutachten zu erstellen oder zu veranlassen. Schließlich komplettieren die Ausgestaltungen der Außenanlagen, der Grünflächen und der infrastrukturellen Anbindung des Werks die Ausführungsplanung. Diese stellt also im Vergleich zur konzeptionell orientierten Strukturplanung ein eher operatives Planungsgeschehen dar.

In der dritten Phase, der Realisierung, erfolgen die physischen Veränderungen. Baustellen werden bauleiterisch begleitet und überwacht, die bestellten Produktionsanlagen bei den gewählten Lieferanten begutachtet und die entsprechenden Abnahmen vorgenommen. Anschließend werden sowohl der Einbau der Anlagen als auch die Inbetriebnahmen eingeleitet und kontrolliert. Zum Produktions- und Serienanlauf erfolgt abschließend die schlüsselfertige Übergabe an den Auftraggeber.

Als Besonderheit können Planungsprozesse auch während einer Serienproduktion stattfinden. Solche Konzepte sollen die Produktion stabilisieren, optimieren und gegebenenfalls rationalisieren. Es werden Aus- und Notfallstrategien entwickelt, die teure Montagebandstopps vermeiden helfen. In diesem Zusammenhang instruieren Experten die Teilelieferanten im Hinblick auf Qualität und Zuverlässigkeit ihrer Lieferungen. Der Umstand, dass auch Serienrückläufe, Ersatzteilmanagement und Recyclingprozesse ausgelegt werden, verdeutlicht, dass die erfahrenen Planer eine Produktion über den kompletten Produktlebenszyklus hinweg betreuen können.

2.8.4 Integration des Themas Demografie in die Planung

Die neue Geschäftsidee der Firma Fahrion Engineering GmbH & Co. KG besteht darin, in den beschriebenen allgemeinen Planungsprozess das Thema Demografie aufzunehmen. Dadurch kann das Unternehmen sowohl dem Auftraggeber einen Mehrwert anbieten, der über die rein physische Anlagenplanung hinausgeht, als auch sein eigenes Dienstleistungsportfolio vergrößern, ein neues Geschäftsfeld eröffnen und mittels erweiterter Planungskompetenz seine Marktposition festigen.

Die demografieorientierte Fabrikplanung vollzieht sich auf verschiedenen Betrachtungsebenen, die hervorragend mit den unterschiedlichen Detaillierungsstufen und Phasen des allgemeinen Planungsprozesses korrespondieren. Die Makroebene bildet der

Fokus auf die Arbeitsstätte insgesamt sowie das Arbeitsumfeld. Auf der Mikroebene konzentrieren sich die Planer auf die kleinste produktive Einheit, den einzelnen Arbeitsplatz.
Auf einer übergeordneten Metaebene werden schließlich Fragen der Arbeitsorganisation
und des Arbeitsklimas behandelt. Alle diese Ebenen lassen sich während der Ausführungsplanung intensiv betrachten, so dass beispielsweise eine demografiesensible Gestaltung
eines Arbeitsplatzes im Rahmen der Feinplanung von Büro- und Sozialräumen integriert
werden kann oder geeignete Arbeitsschichtmodelle und Gehaltsstrukturen im Kontext
der arbeitsorganisatorischen Unternehmenskonfiguration berücksichtigt werden können.
Demografiebezogene Veränderungen werden insbesondere dort sichtbar, wo die Maßnahmen zur Attraktivitätssteigerung der Arbeitsstätte beitragen. Wird in den allgemeinen Pla-
nungsprozessen das Augenmerk in erster Linie auf die Einhaltung gesetzlicher Vorgaben
wie beispielsweise Maschinen- und Arbeitsstättenrichtlinien oder technischen Anleitungen zur Erreichung der Planungsziele gerichtet, so kann bei demografiebezogenen Konzepten nicht auf einen allgemeingültigen Standard zurückgegriffen werden. Es sind im
Einvernehmen mit den Geschäftsleitungen und den Belegschaften in den Betrieben koordinierte Maßnahmen zu ergreifen, die teils objektiv als attraktivitätssteigernd klassifiziert
werden können – dazu zählen Maßnahmen in Bezug auf Ergonomie, Flexibilität, Sauber-
keit, Ordnung und Sicherheit – und teils in den Augen der Betrachter in den jeweiligen
Unternehmen subjektiv als attraktivitätsfördernd wahrgenommen werden. Hierzu zählen
alle Veränderungen, bei denen Attraktivität im konkreten Sinne von Ästhetik und opti-
scher Gestaltung aufgefasst wird.

Weiterhin verfolgt die Firma die Strategie zum Aufbau einer hauseigenen Vermitt-
lungsstätte für Workshops und Seminare über demografiesensible Themen unter der
Bezeichnung „FE-ACAD". Hierfür werden die jahrelangen Erfahrungen in der Öffent-
lichkeitsarbeit (Kongresse, Konferenzen u. a.) sowie eigene Überlegungen zu Lehrplänen
und Lerninhalten zusammengefasst und interessierten Vertretern anderer Unternehmen
und öffentlicher Einrichtungen im Sinne eines festen, institutionalisierten Wissenstrans-
fers angeboten. Für Themen, die am sinnvollsten praxisbezogen an Ort und Stelle der
Produktion – vor allem in den Vor- und Endmontagebereichen – angesprochen werden
sollten, wird gemeinsam mit den entsprechenden Kunden im produzierenden Sektor im
Zusammenhang mit Fabrikplanungsprojekten der Aufbau von Testzellen und Lernfabri-
ken angestrebt, was in der Vergangenheit bereits in einigen Fällen geschehen ist (z. B. eine
Ausbildungseinrichtung in einem Automobilunternehmen).

2.8.5   Umsetzung demografierelevanter Themen

Es steht außer Frage, dass der Umgang mit dem Thema Demografie und mit älteren
Arbeitnehmern im jeweiligen Unternehmen individuell gesehen werden muss, da sich
Ausprägung und Intensität von Belastungen wie körperlichen und geistigen Anstrengun-
gen überall voneinander unterscheiden. In einem Unternehmen wie der Firma Fahrion
Engineering GmbH & Co. KG wird vor allem die mentale Seite bei der Ausarbeitung von

Planungskonzepten stark gefordert. Wenn auch im Rahmen der Ist-Standserfassungen begrenzt körperliche Anstrengungen auftreten können, so liegt der Schwerpunkt eindeutig auf der geistigen Arbeit, die ältere und jüngere Arbeitnehmer in etwa gleichem Maße meistern können.

In der Literatur begegnet man indes häufig der Aussage, dass bei den körperlich anspruchsvolleren Tätigkeiten die ältere Generation grundsätzlich benachteiligt sei (vgl. dazu Teil I in diesem Band). Dieser Umstand dient in der Folge als Argumentationshilfe gegen die Verlängerung der Lebensarbeitszeit und einer Anhebung des gesetzlichen Rentenalters. Berufsgenossenschaften zitieren in diesem Zusammenhang gerne zwei Berufsgruppen aus dem Handwerk, bei denen sich eine Verlängerung der Lebensarbeitszeit aufgrund der Beschaffenheit der Tätigkeit von vornherein ausschließe: die Dachdecker, die nicht nur mit der körperlichen Belastung, sondern auch noch mit einem gefährlichen Arbeitsplatz auf dem Hausdach zu kämpfen haben, und die Fliesenleger, bei denen orthopädische Leiden infolge unbequemer Körperhaltungen während der Arbeitsverrichtung auftreten. Die scheinbar paradigmatische Unausweichlichkeit einer frühen Freisetzung aus dem Berufsleben aufgrund hoher körperlicher Beanspruchung stellt für Ingenieure den Ansporn dar, mittels innovativer Stärke Abhilfe zu schaffen. Darum erfand und entwickelte die Firma Fahrion Engineering GmbH & Co. KG im Rahmen des Forschungsprojektes IBU entsprechende Handlingsapparaturen, die es erlauben, die genannten handwerklichen Tätigkeiten bis ins höhere Alter zu verfolgen. Für den Dachdecker wurde eine kranähnliche Plattform entwickelt, die ihn sicher an die abzudichtenden Stellen verfährt, ohne dass er ein abschüssiges Giebeldach erklimmen oder betreten muss. Der Fliesenleger kann sich in ein Gehänge hineinlegen, das ihn in einer waagrechten Arbeitsposition hält. Er muss somit nicht mehr in unergonomischen Bückhaltungen verharren oder auf dem Boden knien. Im Prinzip lassen sich auf diese Art und Weise für alle körperlich anspruchsvollen Tätigkeiten unterstützende Gerätschaften entwickeln.

Es versteht sich von selbst, dass neben dem Handwerk auch für die eigentliche Zielgruppe im produktiven Sektor durch die Firma Fahrion Engineering GmbH & Co. KG mit ihrer hauseigenen Konstruktionsabteilung innovative Lösungen für demografiegerechte Arbeitsabläufe entwickelt werden sollen. Zu diesem Zweck wurde für die Endmontage das Wellenband entwickelt. Im Gegensatz zu einem Montageband mit durchgängig gleich hohem Förderniveau beschreibt dieses Wellenband eine immer wiederkehrende sinusförmige Auf- und Abbewegung der Förderstrecke und des darauf transportierten Förderguts. Bandarbeiter klagen häufig über Gelenk- und Muskelerkrankungen durch Fehlhaltungen und physisch eintönige Arbeit. Beim Wellenband können sich die Werker nicht nur die für ihre jeweilige Körpergröße und Statur optimale Arbeitshöhe am Band heraussuchen, sie können die Montageposition außerdem auch ständig variieren. Aus technischer Sicht sind zwei phasenverschobene Transportstränge vorgesehen, zwischen denen eine Palette oder Wanne als Werkstückträger eingelegt wird. Somit ist sichergestellt, dass die Palette trotz Wellenbewegung immer in der Horizontalen verbleibt. Die einzelnen Werkstückträger können individuell an der Stelle bzw. auf dem Höhenniveau gestoppt werden, welches der Werker als komfortabel empfindet. Dieses Prinzip funktioniert nicht nur bei

Förderbändern und ähnlichen, auf dem Hallenboden errichteten Fördereinrichtungen, sondern auch bei Hängebahnen, deren von der Decke bzw. vom Stahlbau herabhängenden, ein- und ausfahrbaren Arme gleichfalls das Transportobjekt auf und nieder bewegen und somit die Wellenbewegung imitieren können.

2.8.6   Resonanz potenzieller Kunden

Im Rahmen der allgemeinen Akquisitionstätigkeiten mit Firmenpräsentation bei potenziellen Neukunden vor Ort bringen die Firmenvertreter von Fahrion Engineering GmbH & Co. KG auch verstärkt die Spezialität der demografieorientierten Fabrikplanung als Thema mit ein. Dabei ist zu konstatieren, dass insbesondere in der Großindustrie das Thema demografischer Wandel bereits rege diskutiert wird; in einigen richtungweisenden Unternehmen wurde auch mit eigenen Konzepten reagiert, z. B. mit der Bestellung eines Demografiebeauftragten in einem großen Stuttgarter Elektronikunternehmen. In den kleinen und mittleren Unternehmen sind die Entscheidungsträger sich über die Gefahren, die mit dem Bevölkerungsrückgang und dem sich verkleinernden Bewerberpotenzial auftreten, weniger bewusst. Dies dürfte daran liegen, dass bei den Mittelständlern eine geringere Anzahl an Beschäftigten mit einer großen Bandbreite unterschiedlicher Themen zurechtkommen muss, während die Akteure der Großindustrie für die meisten Themen über eigene Abteilungen und Stellen verfügen.

In den Akquisitionsgesprächen offenbart sich durchaus ein generelles Interesse der anvisierten Zielgruppen an den im vorigen Abschnitt erwähnten technischen Neuentwicklungen und deren möglichen Anwendungsfeldern. Die Abwesenheit von Referenzobjekten auf dem Markt behindert jedoch den entscheidenden Schritt zur Beauftragung. Häufig ist innerhalb eines Industriesektors, z. B. in der Automobilindustrie, das Kopieren von Technologien gängige, strategische Weiterentwicklungspraxis. Risiken, die mit der Implementierung einer Neuentwicklung verbunden sind, werden hingegen eher gescheut. Weitere, in den Gesprächen ermittelte Barrieren zur Umsetzung beispielsweise eines neuartigen Wellenbands, liegen in den innerbetrieblichen Veränderungsprozessen bei den potenziellen Kunden. Da sich Entscheidungsprozesse vor allem bei Neuinstallationen länger hinziehen, ist mit Veränderungen von Zuständigkeiten durch Jobrotation und Karrieresprüngen, sich wandelnden Meinungen und Einstellungen zu einem bestimmten Thema und auch mit veränderten Präferenzen und Prioritäten im Zeitablauf zu rechnen, die sich dann in modifizierten Budgets niederschlagen. Nicht nur innerbetriebliche Entwicklungen, sondern auch globale Fragen, wie zum Beispiel Wirtschaftszyklen und Wirtschaftskrisen, können einer Implementierung neuer Technologien entgegenstehen. Es lässt sich festhalten, dass gerade in den Großindustrien die Herausforderungen des demografischen Wandels im Wesentlichen erkannt werden, konkrete Maßnahmen jedoch noch immer im Tagesgeschäft untergehen.

Als Beispiel lässt sich ein Montagewerk in Hannover anführen, welches im Bereich Nutzfahrzeugbau vorhatte, attraktive Arbeitsstätten und -plätze einzurichten, insbesondere im gewerblichen Bereich der Produktion und Montage sowie in personalintensiven indirekten Bereichen der Instandhaltung und Ausbildung, um das Angebot von Personalressourcen auf dem Arbeitsmarkt vor dem Hintergrund des demografischen Wandels deckungsgleich mit den Tätigkeiten im Werk zu bringen. Infolge von Verzögerungen und Warteschleifen bei der Beauftragung wurden vonseiten der Konzernleitung zwischenzeitlich neue Prioritäten gesetzt und Budgets anderweitig gesetzt. Damit wurde das Demografieprojekt gestoppt.

In einem anderen Fall versuchte Fahrion Engineering GmbH & Co. KG, sich bei einem Münchner Hersteller für Triebwerksteile Verbündete im Werk zur Umsetzung demografierelevanter Themen zu suchen. Tatsächlich wurde das Interesse beim Betriebsarzt geweckt. Dieser fungierte hervorragend als Multiplikator und verschaffte den Zugang sowohl zur Personalabteilung als auch zu den technischen Bereichen der Arbeitsvorbereitung und Arbeitsplatzgestaltung. In einer gemeinsamen Konferenz wurde deutlich, dass sowohl der eher betriebswirtschaftlich orientierte Personalsektor sich punktuell mit Demografiekonzepten auseinandergesetzt hatte als auch der technisch geprägte Bereich mit Fragen der Ergonomie. Ein schlüssiges, übergreifendes Gesamtkonzept, wie es im Rahmen der Auftragsakquise durch Fahrion Engineering GmbH & Co. KG vorgestellt wurde, existierte somit noch nicht. Das Thema ist in dem Unternehmen noch weiter in der Diskussion und soll zur besseren Vernetzung der interessierten Abteilungen in der Hierarchie nach oben weitergereicht werden. Weiterführende Entwicklungen sind zum aktuellen Stand noch abzuwarten.

2.8.7 Erweiterung des Demografiebegriffs und entsprechende Aktivitäten

Die nunmehr langjährigen Erfahrungen mit dem Thema Demografie führten zu einem erweiterten und modifizierten Verständnis dieses Begriffs. Ist auf den vielen besuchten Kongressen und Konferenzen von alters- und alternsgerechten Arbeitsstätten die Rede, so plädiert die Firma Fahrion Engineering GmbH & Co. KG schon seit einigen Jahren für die Bezeichnung „menschgerecht". Dieser Begriff bringt zum Ausdruck, dass alter(n)sgerechte Prozesse und Systeme auch den Jüngeren nutzen. Generell sollten bei der Konzeption und der Umsetzung demografiebezogener Planungsaktivitäten die gesamte Erwerbsbiografie der Mitarbeiter einbezogen werden, um für alle Altersgruppen attraktive Arbeitsplätze schaffen zu können. Dies vergrößert den potenziellen Bewerberpool, aus dem die Unternehmen rekrutieren können. Wechselseitige Ideen, Anregungen, Ereignisse und gewonnene Erkenntnisse in Kooperation mit den Akteuren des IBU-Forschungsprojekts (u. a. bei den mit den IBU-Verbundpartnern durchgeführten Workshops zu Demografiestrategien in Unternehmen) sowie Anstöße durch Demografiekonferenzteilnehmer und durch Mitarbeiter in den als Interessenten identifizierten Industrieunternehmen bewirkten eine erweiterte Perspektive.

So wurde das Themenfeld Inklusion als neues Element in die demografieorientierte Fabrikplanung aufgenommen. Den Ausschlag hierfür ergaben Hinweise und Erfordernisse in der Automobilindustrie, wie das folgende Beispiel zeigt. Im Werk eines großen Stuttgarter Automobilherstellers wurde in einem Inklusionsprojekt angestrebt, sogenannte leistungsgewandelte Mitarbeiter, die aufgrund körperlicher, verletzungs- oder altersbedingter Einschränkungen ihre Arbeitsaufgaben nicht mehr erfüllen konnten, in andere Tätigkeiten zu überführen. Als Ziel galt die Weiternutzung interner Personalressourcen anstelle von Freisetzungen der betroffenen Mitarbeiter und Anwerbungen externer Arbeitskräfte. Es mussten ungefähr 300 Mitarbeiter und die Schulungsunterlagen für ihre Weiterbildungen anonym katalogisiert und Kompensationen für die jeweiligen Handicaps ermittelt werden. Schwerpunkte lagen in der Interaktion (Leistungsgewandelter) Mensch – Mensch sowie (Leistungsgewandelter) Mensch – Maschine. Die Ergebnisse dieser Planungen werden gegenwärtig in einem Pilotprojekt in der Endmontage des Automobilherstellers umgesetzt, um weitere Fragestellungen zu klären. Dabei geht es erstens darum, ob drei Schichten auch auf Leistungsgewandelte angewendet werden können, zweitens um die Auslegung der Arbeitsinhalte der einzelnen Arbeitsstationen, damit sich möglichst viele Stationen für den Einsatz Leistungsgewandelter eignen, und drittens sollen die genauen Erfordernisse der Interaktionen Mensch – Mensch bzw. Mensch – Maschine an den einzelnen Arbeitsstationen näher bestimmt werden.

2.8.8   Ausblick

Die Definition „demografieorientierte Fabrikplanung als menschengerechte Gestaltung produktiver Arbeitsstätten" hat sich insofern als treffend erwiesen, als dass die einseitige Fokussierung auf das Alter, die damit verbundenen Mangelerscheinungen und deren Lösungsmöglichkeiten im Kontext demografischer Veränderungsprozesse der Problematik nicht gerecht wird. So kann die Konzentration auf das Alter auf neuere, gesetzlich bedingte Grenzen stoßen: Eine Stellenanzeige in der Zeitung mit der gezielten Anwerbung älterer Projektleiter, wie im ersten Abschnitt genannt, findet mittlerweile ihre gesetzliche Barriere beim Allgemeinen Gleichstellungsgesetz (AGG), auch wenn der Gesetzgeber bislang mit Milde auf Positivdiskriminierungen wie die Bevorzugung älterer Menschen reagierte. Dennoch bewirkte dieser Umstand eine Erweiterung der Perspektive auf zusätzliche Personengruppen, die auf dem Arbeitsmarkt diskriminiert werden. Neben der Benachteiligung aufgrund des Alters lässt sich ein Katalog aufbauen, der von Alleinerziehenden über Langzeitarbeitslose bis hin zu bislang eher weniger beachteten Gruppen wie den alleinstehenden Tierhaltern reicht. Diese Gruppen zeichnen sich allesamt dadurch aus, dass sie auf dem Arbeitsmarkt aufgrund persönlicher Barrieren schwerer vermittelbar sind. So wie Alleinerziehende auf Kinderkrippen und Tagesstätten angewiesen sind, benötigt der alleinstehende Tierhalter Hundezwinger oder Tierpensionen, um etwa für einen betrieblich bedingten Auslandsaufenthalt gerüstet zu sein. Hier eröffnet sich ein weites Feld für neue Gestaltungsmomente in Bezug auf ein attraktives Arbeitsstättendesign, welches möglichst viele, bislang ungenutzte Humanressourcen in die Arbeitswelt zu integrieren vermag und damit der Zukunftsfähigkeit der Unternehmen Vorschub leistet.

2.9   Ältere Beschäftigte als Innovationsexperten

Eckhard Heidling, Vera Kahlenberg, Bernhard Ludwig, Judith Neumer

2.9.1   Einleitung - Innovationsprozesse und Innovationsarbeitshandeln

Der Beitrag stellt zentrale Untersuchungsergebnisse des Projekts „Ältere Beschäftigte als Innovationsexperten bei der Bewältigung des Unplanbaren" (IBU) vor, die durch die wissenschaftlichen Institute ISF München und Universität Augsburg (Forschungseinheit für Soziökonomie der Arbeits- und Berufswelt) in enger Zusammenarbeit mit dem Verbundpartner Fahrion sowie weiteren Unternehmen erarbeitet wurden. Im Mittelpunkt stehen die besonderen Potenziale, die sich aus dem Arbeitshandeln und den Kompetenzen älterer Beschäftigter für betriebliche und überbetriebliche Innovationsprozesse ergeben.

Allgemein wird dann von Innovation gesprochen, „wenn sich eine Praxis tatsächlich jenseits bisheriger Routinen verändert" (Wengenroth, 2010: 4). Deshalb sind Innovationen gegenüber etablierten Techniken durch Unplanbarkeit und Offenheit gekennzeichnet und geprägt von komplexen, unvorhersehbaren und multidimensionalen Entwicklungsverläufen (Rammert, 2008: 295). Dies hängt auch mit der wachsenden Zahl von Akteuren aus unterschiedlichen Kontexten zusammen, die in die zunehmend projektförmig organisierten Innovationsprozesse eingebunden sind (Brady et al., 2012; Heidling, 2012; Cicmil et al., 2009).

Für innovatives Arbeitshandeln sind Elemente wie Flexibilität, Problemlösungsorientierung, Zusammenführen unterschiedlicher Perspektiven und Antizipation zukünftiger Entwicklungen grundlegend. Innovatives Handeln hat seinen Ursprung häufig in Neugierde, ist keineswegs immer von Anfang an zielgerichtet und mündet vielfach erst über Umwege und Zufälle in neue Erkenntnisse. Neben den fachlichen Qualifikationen sind damit die Handlungskompetenzen ausschlaggebend für ein erfolgreiches Agieren im Arbeitsprozess.

Innovationsarbeit ist in besonderem Maße durch die Merkmale der Unbestimmtheit, Offenheit und Nicht-Planbarkeit in den Arbeitsanforderungen und bezogen auf die Arbeitsergebnisse geprägt (Minguet et al., 2010: 241 ff.; Wühr, 2012; Deutschmann, 2008: 105 ff.; Moldaschl, 2007). Damit ist allerdings noch wenig über das „Wie" der Arbeit und die besonderen Merkmale des Arbeitshandelns bei Innovationsarbeit gesagt. Eine systematische Bestimmung geht von drei grundlegenden Handlungskategorien aus: die individuelle Haltung, mit der gehandelt wird, die Art und Weise, wie praktisch gehandelt wird, und die Definition der Situation, in der gehandelt wird. Innovatives Handeln umfasst dabei immer gleichzeitig planmäßig-rationale und subjektivierend-erfahrungsgeleitete Anteile (Böhle et al., 2012: 30).

Diese Elemente werden hier als Kern innovativen Arbeitshandelns verstanden und bilden den analytischen Rahmen für die Darstellung der Untersuchungsergebnisse, wobei das erfahrungsgeleitet-subjektivierende Arbeitshandeln zentral ist (Böhle et al., 2012: 29 ff.).

Im Mittelpunkt steht die Rolle von Erfahrungen, die im Handeln erworben werden. Das erfahrungsgeleitet-subjektivierende Arbeitshandeln umfasst vier Dimensionen (Böhle, 2009; Böhle, 2013) (vgl. Abbildung 2.28). Das dialogisch-explorative *Vorgehen* verweist auf ein „entdeckendes Herantasten" im Arbeitsvorgang. Die Beschäftigten stehen quasi im Dialog mit der Arbeitssituation und entscheiden im laufenden Prozess über das weitere Vorgehen. Begleitet wird dies durch ein assoziativ-bildhaftes *Denken*, bei dem ein Ereignis bestimmte Assoziationen, Bilder und Vorstellungen auslöst, die zu neuen Lösungen führen können. Hinzu kommt eine empfindend-spürende *Wahrnehmung*, durch die Sinneseindrücke wie Geräusche, Vibrationen und Stimmungen in die Informationsverarbeitung einfließen. Dafür werden alle Sinne genutzt und auch körperliche Empfindungen einbezogen. Eine besondere Beziehung *zur Umwelt* ist durch Nähe, Verbundenheit und Einheit geprägt. Im Zentrum steht das „gemeinsame Tun", das auch den Umgang mit Gegenständen einschließt. Als Pendant zum planmäßig-rationalen Handeln, das erfolgreich für planbare Abläufe eingesetzt werden kann, ist das erfahrungsgeleitete Handeln besonders für den Umgang mit unplanbaren Situationen geeignet.

Die Ergebnisse beziehen sich schwerpunktmäßig auf Erhebungen beim Verbundpartner Fahrion und umfassen Auswertungen von etwa 35 Experteninterviews sowie Fallstudien und Gruppendiskussionen. Zusätzlich wurden zehn Experteninterviews in Unternehmen unterschiedlicher Branchen (Metall- und Elektroindustrie, Anlagenbau, Herstellung chemischer Erzeugnisse, Automobilwirtschaft) durchgeführt. In die Darstellung fließen darüber hinaus die Ergebnisse aus drei branchenbezogenen Workshops zu Fragen der demografischen Entwicklung ein, an denen insgesamt 50 Personen aus Unternehmen, Branchenverbänden und wissenschaftlichen Institutionen teilnahmen.

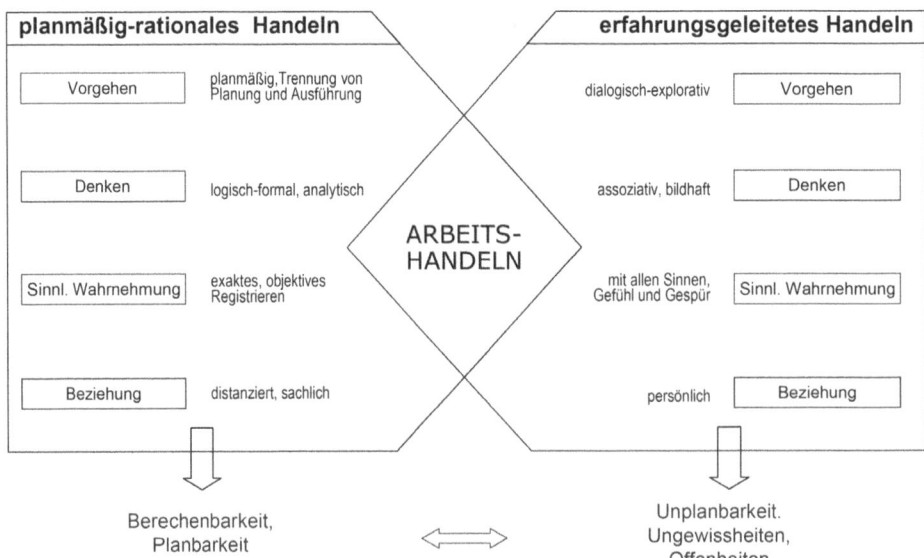

Abb. 2.28 Professionelles Arbeitshandeln als Verschränkung subjektivierender und objektivierender Merkmale (vgl. Böhle, 2004; Böhle et al., 2012)

In die unternehmensbezogenen Erhebungen wurden ältere technische Fachkräfte (Techniker, Ingenieure) aus der Gruppe der ab 50-Jährigen einbezogen sowie bei den Untersuchungen zu altersgemischten Teams zusätzlich jüngere Beschäftigte (unter 50 Jahren). Im Mittelpunkt der Arbeitstätigkeiten der Fachkräfte stehen technische Entwicklungsprojekte sowie Veränderungsprozesse in und zwischen Unternehmen. Der Schwerpunkt liegt somit bei technischen und sozialen Innovationen in den Bereichen Entwicklung und Prozessplanung.

In den weiteren Ausführungen wird zunächst gezeigt, wie ältere technische Fachkräfte das erfahrungsgeleitet-subjektivierende Arbeitshandeln in innovative Arbeitsprozesse einbringen. Im Mittelpunkt steht dabei der Gegenstandsbezug im Arbeitshandeln (Abschn. 2.9.2). Diese Perspektive wird im folgenden Abschnitt durch die Prozessebene des Arbeitshandelns erweitert. Dabei geht es um den Zusammenhang zwischen erfahrungsgeleitetem Arbeitshandeln und situativem Transformationsprozess sowie den Innovationskompetenzen älterer Beschäftigter in unternehmensübergreifenden Zusammenhängen (Abschn. 2.9.3). Auf Grundlage dieser Ergebnisse wird anschließend dargestellt, in welchen Phasen und Kontexten der Erwerbsbiografie der Umgang mit dem Unplanbaren in Innovationsprozessen erlernt werden kann (Abschn. 2.9.4). Die Ergebnisse werden am Schluss des Beitrags zusammengefasst (Abschn. 2.9.5).

2.9.2 Erfahrungsgeleitet-subjektivierendes Arbeitshandeln älterer technischer Fachkräfte in der Entwicklung

In diesem Abschnitt wird gezeigt, wie ältere technische Fachkräfte erfahrungsgeleitet-subjektivierend handeln und so das genuin Unplanbare in innovativen Arbeitsprozessen bewältigen. Im Mittelpunkt steht der Bezug zum technischen Gegenstand im Arbeitshandeln.

Die Tätigkeit von technischen Fachkräften und Ingenieuren zählt zur vorwiegend geistigen, wissensintensiven Arbeit. Technische Fachkräfte in der Entwicklung handeln in hohem Maße technisch-wissenschaftlich fundiert und planmäßig-rational. Wissenschaftlich fundiertes und systematisches Fachwissen sowie die Fähigkeit zu logisch-abstraktem Denken gelten daher als wichtige Grundlagen der Tätigkeit von technischen Fachkräften. Ihre Ausbildung richtet sich im Wesentlichen hierauf.

Wie sich jedoch in der Praxis zeigt, ist neben dem wissenschaftlich-planmäßigen noch ein weiteres Handeln notwendig, um insbesondere mit Ungewissheiten umzugehen und Innovationen zu erzeugen. Diese andere Seite wird im Folgenden mit dem Konzept des erfahrungsgeleitet-subjektivierenden Arbeitshandelns erfasst und analysiert. Wir betrachten dabei die Tätigkeiten in der technischen Entwicklung in vier unterschiedlichen Arbeitsphasen: der Ideenfindung, der Konzeptentwicklung, der Konstruktionsphase und der Testphase. Bei den Aufgaben in diesen Phasen liegt der Gegenstand der Arbeit in drei unterschiedlichen Qualitäten vor: imaginativ als reine Vorstellung, virtuell in Form von Zeichnungen, Entwürfen, Konzepten und CAD-Modellen sowie materiell als konkreter Gegenstand „zum Anfassen". Die imaginative Qualität liegt insbesondere in der Phase der Ideenfindung und Konzeptentwicklung vor, die virtuelle Qualität insbesondere in der Konstruktionsphase und die materielle insbesondere in der Testphase.

Das erfahrungsgeleitet-subjektivierende Arbeitshandeln findet sowohl in den verschiedenen Phasen als auch in Bezug auf die verschiedenen Qualitäten des Gegenstands statt. Die folgende Darstellung orientiert sich an den oben dargestellten Dimensionen Vorgehen, Denken, Wahrnehmung und Beziehung.

2.9.2.1 Vorgehen

Das für das erfahrungsgeleitet-subjektivierende Arbeitshandeln charakteristische dialogisch-explorative Vorgehen zeigt sich bei älteren technischen Fachkräften im Entwicklungsbereich in unterschiedlichen Ausprägungen.

2.9.2.1.1 Exploratives Herantasten

In der Phase der Ideenfindung ist das Vorgehen der älteren Fachkräfte durch ein exploratives Herantasten geprägt. Ein typisches Beispiel stellt die Erstellung von Skizzen dar, die eine entdeckende, Neues generierende Qualität auszeichnet. Das Neue „*fängt mit dem Bleistift und mit einem Schmierzettel an*" – oder anders ausgedrückt:

> „Man hat am Anfang relativ wenig. Am besten macht man Skizzen. Für mich war das immer am freiesten. […] Auf einer Skizze habe ich keine Zwänge. […] Ich kann mich nur konzentrieren auf das leere Blatt und kann hier meine Gedanken zu Papier bringen und die weiterverfolgen."

Das neue Produkt entsteht somit zunächst als virtueller Gegenstand in einem erkundenden Herantasten, als Dialog zwischen der sich formenden Skizze und dem Denken des Ingenieurs: Die ersten Striche auf dem Blatt geben einen Impuls für die nächste Idee. So entstehen erste konkrete Ideen und Formen durch den Prozess des Zeichnens. Dabei gilt: „*Man muss bereit sein, auch was wegzuschmeißen*" – denn der freie und vorläufige Charakter der Skizze unterstützt das explorative Herantasten. Auf diese Weise entwickelt der Ingenieur unter Einsatz einfacher Mittel aus der Offenheit unzähliger Möglichkeiten den Ausgangspunkt für eine technische Lösung.

> „Gute Skizzen zu machen war immer mein Erfolgsrezept. […] Und je besser [die Skizze] ist, umso leichter tut man sich dann im Konstruktionsprozess am CAD-System."

2.9.2.1.2 Explorativ-experimentelles Ausprobieren

> „Ein Ingenieur, der nicht spielt und der nicht Freude dran hat, was auszuprobieren, das ist kein guter Ingenieur. Natürlich muss man auch Risiken eingehen. Man muss auch einmal sagen, okay, wir probieren was aus, was wir noch nie hatten."

Das explorative Ausprobieren am materiellen Gegenstand befähigt die Beschäftigten dazu, Neues hervorzubringen. Dies ist charakteristisch für die Phase der Konzeptentwicklung und kann unmittelbar an die Ideenfindung anschließen.

> „Und dann versucht man, […] mit Primitivstversuchen, anders kann man das nicht nennen, erst einmal sich zu stützen oder zu bestätigen: Kann es überhaupt so funktionieren? Und das kann durch ganz kuriose Hilfsmittel sein, da versucht man möglichst wenig Zeit und Geld zu investieren."

Durch dieses offene, kreative Ausprobieren werden für den Arbeitsprozess wichtige Erkenntnisse darüber gewonnen, ob etwas funktionieren kann oder nicht.

> „Na, zum Beispiel, indem [man] in einen Kübel seitlich ein Loch reinbohrt, ein Rohr reinsteckt, mit Klebeband abdichtet und dann ein Medium da durchlaufen lässt. Weil es um den Behälter noch gar nicht geht, sondern bloß [um die Frage], welchen Querschnitt brauche ich, funktioniert das? Ja, das sind oft Sachen, das schaut dann immer ein bisschen witzig aus, aber es geht um das Ergebnis. Und [man] versucht, möglichst schnell auf eine gewisse Ebene zu kommen, und dann wird es konkreter."

Man kommt auf diese Weise schnell und ohne große Aufwendungen im Entwicklungsprozess voran und die Lösungsfindung nimmt konkrete Formen an.

2.9.2.1.3 Explorative praktische Umsetzung

Die Konsequenzen und Wechselwirkungen technischer Neuerungen sind nicht vollständig vorhersehbar und planbar. Dem begegnen ältere technische Fachkräfte mit einer explorativen praktischen Umsetzung ihrer Konzepte. Diese dient nicht nur der Überprüfung der Planung, sondern generiert auch neue Erkenntnisse. Dabei wird die Unplanbarkeit anerkannt und die gewonnenen Erkenntnisse werden als Impuls für den nächsten Entwicklungsschritt genutzt. *„Sie fangen halt einmal irgendwo an. Und dann geht es weiter"* – konstatiert ein älterer Beschäftigter. Er beschreibt sein Vorgehen am fiktiven Beispiel eines Autos. Ausgangspunkt ist seine Feststellung, *„ich brauche einen stärkeren Motor"*. Nach der Umsetzung wird klar: *„Der Motor bringt es, aber jetzt sind die Reifen zu schmal. Die drehen immer durch."* Nach Einbau neuer Reifen *„werden Sie irgendwann feststellen, jetzt gehen die Lager zu schnell kaputt"*. Es folgt der Einbau einer neuen Achse, *„und wenn Sie das alles haben, werden Sie feststellen, Sie werden das Autofahren neu lernen müssen"*. Dieser Logik folgend organisiert er auch seinen Entwicklungsprozess, bei dem bewusst Konstruktions- und Testphase verschränkt werden.

2.9.2.2 Denken

Technische Fachkräfte denken nicht nur in logisch-rationalen, begrifflichen und mathematischen Kategorien. Darüber hinaus denken sie räumlich-gegenständlich und in Bildern.

2.9.2.2.1　Räumliche Vergegenständlichung des Denkens

Vor allem in der Konzeptphase wählen technische Fachkräfte eine bestimmte Lösung und schließen dabei andere Lösungen ohne weitere Überlegungen aus. Diese Wahl kann nicht immer rational erklärt werden und sichtbar wird dann eine Grenze zwischen dem logisch Erklärbaren und der Uneindeutigkeit des Denkens. Es wird ein Weg gewählt und man *„kann gar nicht erklären, warum man diese [andere] Lösung nicht in Betracht zieht"*. Bei der Frage, worauf diese Entscheidung beruht, wird oft auf die eigene Erfahrung und den Erfahrungsschatz hingewiesen. Dieser erweist sich als komplexes Konglomerat von Wissensteilen, die zunächst in keiner logischen Ordnung abzubilden sind. Eine typische Methode zur Herstellung einer subjektiv-erfahrungsbezogenen Ordnung des Wissens ist das Mindmapping. Dies ermöglicht dem Beschäftigten, seinen oftmals unbewussten Erfahrungsschatz zu explizieren, wodurch dieser in einer konkreten Entscheidungssituation anwendbar wird.

> „Und diese ganzen Kriterien, die zu einem Lösungsweg führen, da kann ich ein Mindmap machen. Das dauert zwei Stunden und dann sieht man wiederum, was man alles damit einbezogen hat."

Bei der Einschätzung, welcher potenzielle Lösungsweg der erfolgversprechendste ist, werden *später* die dafür notwendigen Aspekte durchaus verstandesgemäß abgewogen. Gleichwohl ist es im konkreten Fall aufgrund der komplexen Wirkungszusammenhänge nicht möglich, alle Einflussfaktoren *zu Beginn* der Entwicklung zu erfassen, so dass die Entscheidung mental dialogisch-explorativ entwickelt werden muss. Eine Mindmap kann den Nutzer bei seiner Lösungssuche zu weiteren Überlegungen anregen und dabei unterstützen, neue Verknüpfungen herzustellen. Das Instrument dient nicht nur der Visualisierung, sondern bietet einem erfahrenen Ingenieur mehr, als man mit der Visualisierung sehen kann: einen mehrdimensionalen Raum, in dem Zusammenhänge bestehen, die die Mindmap selbst gar nicht abbildet und die man *„immer wieder neu erkunden muss"*. Die Visualisierung und die räumliche Vergegenständlichung einer Mindmap ermöglichen ein reflexives Verständnis des eigenen Denkens. In einer Mindmap werden durch die mentale „Begehung" spezifische Wechselwirkungen sichtbar.

> „Und dann weiß ich, ich sitze an dieser Stelle und an der Stelle kommen für mich diese Lösungen infrage."

Der Ingenieur sitzt gedanklich in der Mindmap, auf diese Weise kann er den Lösungsweg finden.

2.9.2.2.2　Ganzheitlich-bildhaftes mentales Erfassen

Das mentale Erfassen eines technischen Konzepts in seiner Gesamtheit ist charakteristisch für das Denken älterer technischer Fachkräfte. *„Man muss die Maschine von vorn bis hinten im Kopf erfasst haben"*, noch bevor sie realisiert wird. Es entsteht ein Bild im Kopf, in dem der Ingenieur gedanklich „herumspazieren" kann, um seinen Denkprozess anzuregen und zu lenken. Dies ist eine wichtige Grundlage für die konstruktive Umsetzung eines Konzepts.

Das Denken erweist sich über alle Phasen von der Ideenentwicklung bis zur Realisierung des technischen Systems als erfahrungsgeleitet-subjektivierende Vergegenwärtigung von zeitlich und räumlich getrennten Sachverhalten. Dies zeigt sich beispielsweise bei Kundenanfragen. Noch vor der Angebotserstellung muss häufig schnell beurteilt werden, ob ein zu entwickelndes System technisch und wirtschaftlich realisierbar ist. Simultan sind neben der technischen Machbarkeit auch die Ressourcen zur Bearbeitung einer neuen Lösung einzubeziehen. *„Gleichzeitig muss ich aber auch dann einschätzen können, wie viel Potenzial habe ich zu Hause, um die Arbeit erledigt zu bekommen, und in welchem Zeitraum habe ich dieses Potenzial."* Schließlich sind die Aufwendungen abzuschätzen: *„Was muss ich an Arbeit überhaupt aufwenden"*, um ein technisches System nach Kundenwunsch zu erstellen. Dabei muss der Ingenieur auf Basis einer ganzheitlich-bildhaften Vorstellung unterschiedliche Perspektiven berücksichtigen und zu einer gewichteten Beurteilung kommen. Das Erleben und die Wahrnehmung dieser Situation führen zu mentalen Bildern, die die Eigenschaften des zu entwickelnden Systems widerspiegeln.

2.9.2.2.3 Synthetisches Puzzle-Denken

Im Unterschied zum ganzheitlich-bildhaften Erfassen richtet sich das „synthetische Puzzle-Denken" auf die schrittweise mentale Zusammenfügung einzelner Elemente eines technischen Systems. Dabei ist die Vergegenständlichung des Ergebnisses nur mental vorhanden. Insbesondere bei der schrittweisen Entwicklung im konstruktiven Prozess kommt das „synthetische Puzzle-Denken" zur Anwendung. Wie bei einem Puzzle ist das Ergebnis annähernd bekannt, die richtige Zusammensetzung der einzelnen Komponenten gleicht jedoch eher einer Black Box.

Im folgenden Beispiel wird auf eine Kindheitserfahrung zurückgegriffen, mit der ein Ingenieur verdeutlicht, wie er mit ungewissen Situationen in seinem täglichen Arbeitshandeln umgeht: Die Fahrradnabe seines Drei-Gang-Fahrrads ist ihm als Kind bei der Demontage in *„tausend Teile"* zerfallen und das Wiederzusammensetzen wurde als unmöglich eingeschätzt. Er beschreibt seinen damaligen Denkprozess, um das Ganze wieder zusammenzusetzen. Dieses Denken funktionierte wie bei einem Puzzle. *„Das ist, wie wenn Sie ein Puzzle machen, irgendwann sehen Sie, nur dieses Teil passt da rein."*

2.9.2.3 Sinnliche Wahrnehmung

Ingenieure und technische Fachkräfte nehmen beim Arbeiten nicht nur exakte, objektiv messbare Informationen wahr, sondern auch diffuse Sinneseindrücke wie Geräusche, Vibrationen oder Stimmungen. Dies sind relevante Informationen, für die sie ein Gespür entwickelt haben und für deren Wahrnehmung alle Sinne genutzt und auch körperliche Empfindungen einbezogen werden. Dies umfasst auch sogenannte Appräsentationen bzw. Mitvergegenwärtigungen.

2.9.2.3.1 Sinnlich-erfahrungsbezogene Imagination

„Man hat das praktisch in einem geistigen Bild vor sich" – diese typische Aussage eines älteren Ingenieurs beschreibt die sinnlich-erfahrungsbezogene Imagination. Es handelt sich dabei um die rein imaginative Wahrnehmung eines Gegenstands, die auf einer sinnlich-spürenden Wahrnehmung materieller Gegenstände in der Vergangenheit beruht und in einer neuen Situation imaginativ aktualisiert und flexibel übertragen wird. Ältere technische Fachkräfte bringen dies in vielfacher Weise in den Innovationsprozess ein.

Sinnlich-erfahrungsbezogene Imagination eines technischen Systems
Insbesondere in der Konzept- und Konstruktionsphase liegt das zu entwickelnde technische System noch nicht materiell vor, wird aber bereits imaginativ wahrgenommen.

> „Ich gehe teilweise mit Bildern an die Sache ran. Also ich habe das mehr oder weniger vor meinem geistigen Auge, wie das fertig ist, bevor ich anfange, weil, dann kann ich es auch gezielter zeichnen."

Dabei sprechen ältere technische Fachkräfte von technischen Systemen, die bislang nur als Konzept vorliegen, als wären sie schon in Betrieb: Für den Entwickler ist das Konzept bereits in seiner Vorstellung real geworden.

Sinnlich-erfahrungsbezogene Imagination des Anwendungszusammenhangs
Ein neues Produkt wird von älteren Ingenieuren zumeist nicht aus seinem Kontext herausgelöst, sondern in seinem Anwendungs- und Funktionszusammenhang wahrgenommen, selbst wenn dieser nicht materiell vorliegt. Durch dieses „Sehen vor dem geistigen Auge" wird ein Wissen über den Kontext und seine Unwägbarkeiten präsent, welches den Umgang mit kritischen Situationen unterstützt. Beispielsweise nimmt ein Ingenieur, der Additive für die Papierherstellung entwickelt, dabei die gesamte Komplexität des Produktionsablaufs wahr. Um Lösungen für Einzelaspekte zu suchen, muss er *„im Auge behalten"*, dass *„dieser Einzelaspekt zu einem Problem an einer ganz anderen Stelle"* führen kann. Er muss also *„den Gesamtprozess kennen, um das Risiko zu minimieren, dass man irgendwelche unerwarteten Wechselwirkungen hat"*.

Sinnlich-erfahrungsbezogene Imagination der inneren Funktionsweise
Auch wenn ein technisches System materiell besteht, ist seine „innere" Funktionsweise zumeist nicht oder nur begrenzt wahrnehmbar. Insbesondere in der Testphase wird dieses „Innere" von älteren Beschäftigten imaginativ mitvergegenwärtigt. Exemplarisch steht hierfür eine technische Fachkraft, die Dosieranlagen für pulverförmige Stoffe entwickelt. Im konkreten Fall lokalisiert sie an einer Förderschnecke, die Teil einer solchen Dosieranlage ist, einen Fehler, der sich durch ein kratzendes Geräusch bemerkbar macht.

> „Ich höre nur das Geräusch. Und kann mir dann vorstellen, was sich da innen drin abspielt. […] Weil ich die Geräusche zuordnen kann. […] man hat das praktisch in einem geistigen Bild vor sich. Weil Sie einfach genau wissen, was abläuft."

Das Hören des Geräuschs löst eine Appräsentation aus und das Innere der Förderschnecke entsteht als „Bild im Kopf". Über die bildliche Wahrnehmung hinaus entsteht eine imaginative dreidimensionale Erfahrung.

> „Ich sitze dann praktisch in der Schnecke drin. […] Ich versuche mir das wirklich räumlich vorzustellen. […] Dann gehe ich durch oder stelle mich gedanklich an die Stelle hin, wo ich vorher schon weiß, da könnte es kritisch werden. Und dann versuche ich da eben konzentrierter das Augenmerk drauf zu richten."

Die technische Fachkraft „sieht", was im Inneren einer Anlage abläuft, und kann sehr schnell eine Problemdiagnose ohne technischen Aufwand stellen.

> „Man weiß genau, was da abläuft, und wenn man später dann nachschaut, dann schaut man gezielter an eine Stelle hin, weil man sich das vorher eben schon vorgestellt hat: Da sitzt das Problem."

Die sinnlich-erfahrungsbezogene Imagination des Produkts einschließlich seines Anwendungskontexts sowie seiner inneren Funktionsweise beruht auf eigenen vorangegangenen Erfahrungen unmittelbar gegenstandsbezogener Wahrnehmungen im Umgang mit technischen Systemen in der Praxis.

2.9.2.3.2 Gegenstandsbezogene sinnlich-spürende Wahrnehmung

Obwohl große Teile der Entwicklungsarbeit in der Vorstellung und virtuell stattfinden, spielt auch die unmittelbare Wahrnehmung konkreter Gegebenheiten eine wichtige Rolle. Wenn Praxistests durchgeführt werden, verlassen sich ältere Ingenieure nicht allein auf abstrakte Messergebnisse und eindeutig definierbare Informationen. *„Man muss im Endeffekt alle Sinne einsetzen"*, um die Funktionsfähigkeit verlässlich zu prüfen. Es werden also auch andere, subtilere Wahrnehmungen berücksichtigt und als relevant oder sogar ausschlaggebend für einen Praxistest gewertet. Diese sind nur über eine empfindend-spürende Wahrnehmung zugänglich. So unterscheidet beispielsweise eine technische Fachkraft beim Überprüfen der bereits genannten Förderschnecke zwischen *„normalen"*, *„kratzenden"*, *„mahlenden"* und *„singenden"* Geräuschen. Aufgrund dieser Wahrnehmungen wird eine Problemdiagnose erstellt.

> „Wenn man auf ein singendes Geräusch kommt, dann läuft sie wahrscheinlich zu schnell, also führt das dann irgendwann auch zu einer Belastung. Und wenn sie kratzt, dann haben sie einfach zu wenig Spiel und dann führt das irgendwann zu einem frühzeitigen Verschleiß."

Auch ein Motor wird danach beurteilt, wie er *„klingt"*. Dazu muss man unterscheiden können, ob er *„normal"* klingt oder *„anfängt, sich zu quälen"*. Der Motor wird auch unter Einsatz des Tastsinns geprüft: *„Sie halten die Hand hin und spüren da eine Vibration."*

Ein anderer Ingenieur geht vor einer Probefahrt erst *„sehr lang und ausgiebig außen um das Auto herum"*, um zu beurteilen, ob alle Details wie Spaltmaße, Schließkräfte von Türen oder Übergänge stimmen. Dabei fühlt er lieber, als zu schauen, *„weil ich der Meinung bin, dass ich in den Fingerspitzen mehr Gefühl habe, als ich mit den Augen wahrnehmen kann"*. Während der Probefahrt nutzt er seinen *„sogenannten Popometer"* – er setzt seine Körperwahrnehmung als feines Messinstrument ein, um eine Unwucht bei einem Reifen festzustellen.

Es wird deutlich, dass ältere Ingenieure ihre sinnlichen Wahrnehmungen treffsicher bestimmten Bedeutungen zuordnen und daraus für den Entwicklungsprozess konkrete Schlüsse ziehen. Auf diese Weise grenzen sie das Problem ein und erhalten Hinweise, wie man es beheben kann. Dann kann die Maschine zielgerichtet zerlegt werden. Die Fehlersuche erfolgt somit sehr schnell und effektiv. Diese Wahrnehmungs- und Beurteilungsfähigkeit wird laufend in den Entwicklungsprozess eingebracht, so dass diese „Tests" permanent stattfinden und nicht auf die offiziell festgelegten Testläufe begrenzt sind. Dabei kann die empfindend-spürende Wahrnehmung nicht durch objektivierbare Verfahren ersetzt werden.

> „Ja, die ganz subjektiven Wahrnehmungen, eben wie ein Reifen, der unwuchtig ist, oder ein Wumm an der Kardanwelle, das steht in der Checkliste nicht drin, das spüren Sie oder hören Sie nur während der Fahrt. Oder ein Windgeräusch oder eine zu leicht oder zu schwer oder zu eng angepresste Tür, die hören Sie beim Fahren auch."

Die Aneignung dieser Wahrnehmungsfähigkeit beruht auf praktischer Erfahrung, die eine empfindend-spürende Wahrnehmung einschließt. Ein Ingenieur muss viele Motoren gehört und ihre Vibrationen gespürt haben, um auf die relevanten Geräusche und Empfindungen aufmerksam zu werden und dann einschätzen zu können, was normal ist und was nicht. Diese Fähigkeit kann er dann bei weiteren Motoren zum Einsatz bringen.

Darüber hinaus befähigt dies ältere Ingenieure, jüngere Kollegen bei der Aneignung dieser Fähigkeiten anzuleiten, etwa bei den regelmäßig stattfindenden Probefahrten.

> „Das setzt viel Erfahrung voraus. Da müssen Sie aber, und das sind Sie dem Unternehmen schuldig, junge [Kollegen] immer mitnehmen, weil wie kann ein Junger feststellen, Menschenskind, rechts hinten der Reifen, der hat eine Unwucht, das spüre ich beim Fahren. Das spürt er nur, wenn Sie es ihm zeigen. Und das kann er nur lernen, wenn Sie es ihm zeigen."

Es bedarf der Erfahrung am eigenen Leib sowie einer erkundenden Haltung beim Erfahrung-Machen, um zu lernen, die für Außenstehende diffus erscheinenden Informationen differenziert wahrzunehmen und daraus die richtigen Schlüsse zu ziehen.

2.9.2.4   Beziehung zu technischen Systemen

Die Beziehung älterer technischer Fachkräfte zu Arbeitsgegenstand und Umwelt ist nicht durch eine „professionelle" Distanz geprägt, sondern durch Nähe, Verbundenheit und Einheit. Bei Ingenieuren ist häufig eine Identifikation mit technischen Systemen zu beobachten, wie das folgende Beispiel illustriert: Es geht um die Konstruktion von Maschinen für Produktionsanlagen und deren Begleitung über den Bau bis zur Ausfertigung im Betrieb, wobei es sich sowohl um Weiter- als auch um Neuentwicklungen handelt. Dabei scheint es wichtig, sich mit dem Arbeitsgegenstand zu identifizieren, wenn man als Ingenieur die Verantwortung für die Konstruktion einer ganzen Maschine übernimmt und mehrere Konstrukteure betreut. Das Gespür für die Maschine als Ganzes sowie für den Anwendungs- und Funktionszusammenhang unterstützt die Verantwortungsübernahme. Basis hierfür ist, bereits in die Konzeptentwicklung eingebunden zu werden, selbst wenn man in dieser Phase formal nicht verantwortlich ist.

> „Man hat Verantwortung für eine ganze Maschine. […] Dazu muss man natürlich das Konzept der Maschine gut kennen, und da beginnen eigentlich die Vorbereitungen schon in der Konzeptphase. Dann ist man in der Konzeptphase schon ein bisschen mit eingebunden. Dann muss man mitreden können, man muss sich identifizieren mit der Maschine. Das ist sehr wichtig. Es funktioniert nicht gut, wenn […] jemand […] sagt, das Konzept der Maschine ist so und so und das machen Sie jetzt einfach, einfach als Gehilfe. […] das funktioniert nicht."

Diese Beziehung in Form von Identifikation ist durch einen weiteren Aspekt charakterisiert: Der Ingenieur muss von einem Lösungsweg überzeugt sein, wissen, warum das Konzept so ist, wie es ist, um voll „dahinterstehen" zu können. Er muss das Konzept so gut kennen, dass die Maschine sowie die Zusammenhänge (Vormaschine, Nachmaschine, Input, Output) bereits in seiner Vorstellung präsent sind. So entwickelt er eine enge Beziehung zur Anlage, obwohl diese noch nicht materiell existiert.

Wie weit eine Identifikation mit dem Arbeitsgegenstand gehen kann, zeigt die Beschreibung einer Testphase im Entwicklungsprozess.

> „Ja, da war ich auf Probefahrten unterwegs, da war ich sehr viel auf Prüfständen gestanden und habe gehofft, dass das Teil nicht zerbricht, wenn es da gemartert wird. Das ist ja mein Teil."

2.9.2.5 Erfahrungsgeleitetes Arbeitshandeln als Kompetenz älterer Beschäftigter

Diese Untersuchungsergebnisse zeigen, wie ältere technische Fachkräfte nicht nur planmäßig-rational, sondern auch erfahrungsgeleitet-subjektivierend handeln, um technische Systeme zu entwickeln. Beide Elemente bilden eine wichtige Grundlage für technische Entwicklungen und Innovationen. Das erfahrungsgeleitet-subjektivierende Arbeitshandeln und seine spezifischen Ausprägungen in den verschiedenen Phasen (Ideenfindung, Konzeptentwicklung, Konstruktion und Testen) sind wichtige Kompetenzen älterer Fachkräfte. Diese Befunde widersprechen den stereotypen Annahmen, dass ältere Beschäftigte festgefahren seien und in kontraproduktiver Routineorientierung verharrten.

Vielmehr sind gerade Ältere in spezifischer Weise in der Lage, auf einer *imaginativen und virtuellen Ebene* erfahrungsgeleitet-subjektivierend zu handeln. Wichtig ist dabei, vorangegangene unmittelbare Wahrnehmungen und Erfahrungen zu nutzen. Aus der Sicht der älteren technischen Fachkräfte ist es gleichwohl notwendig, *immer wieder aufs Neue* unmittelbare Wahrnehmungen über technische Systeme aufzunehmen, die Funktionsweise zu erleben und die Anwendung in der Praxis einzubeziehen.

Dabei entsteht der paradoxe Effekt, dass das erfahrungsgeleitet-subjektivierende Handeln umso weniger unmittelbar sichtbar ist, je umfassender es nur auf einer imaginativ-virtuellen Ebene stattfindet und erforderlich ist. So wird die Kompetenz des erfahrungsgeleitet-subjektivierenden Handelns zwar genutzt, aber zumeist vorschnell als „allgemeines Können" interpretiert. Die Merkmale des erfahrungsgeleitet-subjektivierenden Handelns sind selten bewusst und werden kaum als „professionelle Kompetenz" technischer Fachkräfte gewertet. Daher ist diese Kompetenz oftmals auch in der Praxis wenig beachtet.

2.9.3   Erfahrungsgeleitetes Arbeitshandeln und Innovationskompetenzen älterer Beschäftigter in unternehmensübergreifenden Zusammenhängen

Wie die bisherigen Ausführungen unserer Untersuchungen zeigen, verfügen ältere technische Fachkräfte und Ingenieure über spezifische Innovationskompetenzen. In diesem Abschnitt steht die Prozessebene des Arbeitshandelns im Mittelpunkt. Dabei geht es um das erfahrungsgeleitete Arbeitshandeln und die dafür erforderlichen Kompetenzen in der unternehmensübergreifenden Projektarbeit mit Kundenunternehmen. Für die Beschäftigten des Verbundpartners Fahrion Engineering im IBU-Verbundprojekt sind solche Arbeitsformen charakteristisch, da die Arbeiten generell in Form von Projekten im nationalen und internationalen Raum organisiert sind. Dies umfasst Entwicklungsprojekte von neuen Produkten, neuen und veränderten Herstellungsverfahren sowie Neu- und Umstrukturierungen der Produktionsprozesse. Deshalb ist die Arbeitssituation der Beschäftigten von Fahrion immer mit mehr oder weniger großen Anteilen innovativen Arbeitshandelns verbunden (vgl. dazu auch den Beitrag von Fahrion in diesem Band, Abschn. 2.8).

Im Folgenden wird gezeigt, dass der besondere Beitrag älterer Beschäftigter in Innovationsprozessen in einem Transformationsprozess stattfindet, in dem die Erfahrungen früherer Arbeitssituationen in aktuellen Arbeitssituationen für innovative Lösungen situativ anschlussfähig gemacht werden. Außerdem geht es um den Umgang älterer Beschäftigter mit den für Innovationsprozesse typischen unplanbaren Situationen. Diese Ausprägungen innovativer Kompetenzen älterer Beschäftigter werden abschließend zusammengefasst.

2.9.3.1   Innovationsarbeitshandeln als situativer Transformationsprozess
Die Arbeitsaufgaben der Beschäftigten bei Fahrion sind in erster Linie dadurch bestimmt, für die Kunden individuelle und angepasste neue Lösungen zu generieren. Dafür sind die in formalen, meist technischen und ingenieurwissenschaftlichen Bildungsgängen erworbenen Kenntnisse und Qualifikationen eine unverzichtbare Basis.

„Wir brauchen ja immer eine Datengrundlage. Das heißt, es geht immer um Flächen [...] und um Zeiten. Da muss immer etwas berechnet werden. Durchlaufzeiten hochgerechnet über das Jahr, [...] Tabellen aufgebaut, mit Zahlen füllen und entsprechende Formeln hinterlegen."

Angesichts der vielfältigen und heterogenen Anforderungen in den Projekten stoßen jedoch einseitig strategisch-rationale Vorgehensweisen im Arbeitsprozess, die weitgehend auf die Nutzung kognitiven Wissens setzen, an Grenzen. Deshalb stellen subjektivierende und erfahrungsgeleitete Elemente zentrale Dimensionen des innovativen Arbeitshandelns dar.

„Aber wo es wirklich eben unterschiedlich ist, entwickeln wir dann mehrere Varianten, wie könnte man diese Fabrik aufbauen? Wo stehen welche Maschinen? Wo steht das Lager? Wie sind die Wege? Wo sind Tore? Was für eine Bekranung ist notwendig? Das ist dann wirklich von Projekt zu Projekt unterschiedlich und da ist es dann jedes Mal die Innovation oder halt der Hirnschmalz notwendig, um aus den gegebenen Möglichkeiten, die man hat, eben das Optimale zu machen. Und da gibt es dann auch kein standardisiertes Vorgehen [...]. Das ist dann wirklich von Kunde zu Kunde unterschiedlich."

Die Projekte werden häufig von altersgemischten Teams bearbeitet. Die Einschätzungen zum Stellenwert und den Funktionen der älteren Beschäftigten in den Projekten sind sowohl in der Eigenwahrnehmung innerhalb der jeweiligen Altersgruppen als auch in den Beurteilungen der jeweils anderen Altersgruppen weitgehend übereinstimmend: Die älteren Beschäftigten verfügen über ein breiteres Wissen, das es ihnen ermöglicht, in unterschiedlichen technischen Bereichen fachlich kompetent zu agieren und den Ablauf der Projekte erfahrungsgeleitet zu planen und zu steuern.

„Also was wir bringen, ist ja ganz klassisch die Erfahrung, dieses Generalist-Sein. [...] überall etwas verstehen bis zu einer bestimmten Güte, das können die Jungen natürlich noch nicht haben." (Selbsteinschätzung älterer Beschäftigter)

Dabei rücken die jüngeren Beschäftigten in den Vordergrund, dass die Älteren in den Aushandlungsprozessen mit den Kunden über Projektplanungen, die Verteilung der Ressourcen, veränderte Projektziele sowie zusätzliche Arbeitspakete ein höheres Durchsetzungsvermögen und eine größere Überzeugungskraft haben, die sich aus ihren umfangreichen Erfahrungen speisen.

„Und da ist dann schon wirklich die Aufgabe des Älteren, sich vorne hinzustellen und zu sagen, wir haben das berechnet und meine Erfahrung zeigt es auch, da sind zwei Maschinen notwendig, [...] wir haben das belegt, wir brauchen zwei. Aber da ist wirklich so ein bisschen der Puffer, denke ich da, [...] auch diese Spannung rauszunehmen." (Jüngerer Beschäftigter über ältere Beschäftigte)

Ein weiterer wichtiger Punkt für das Arbeitshandeln bezieht sich auf die schnelle und zielsichere Erfassung der Problemlagen in den Kundenunternehmen.

„Und von den Älteren ist es wirklich so die Erfahrung, auch einfach dann immer vor Ort dem Ansprechpartner einfach so ein gutes Gefühl zu geben. Wenn man mit dem durch die Fabrik läuft, gleich sofort zwei, drei Ideen: Das ist schlecht, da müssen wir etwas machen. Dass einfach der Kunde auch sofort das Gefühl hat, da ist die Kompetenz vorhanden. Da kann ich nachher auch den Ergebnissen, die er mir bringt, trauen, weil einfach die Erfahrung da ist." (Jüngerer Beschäftigter über ältere Beschäftigte)

Dieses spezifische Einschätzungsvermögen spielt für die älteren Projektleiter in den Planungs- und Entwicklungsprozessen eine wichtige Rolle. Dies gilt besonders für die erste Projektphase, in der es um die Analyse der jeweiligen Ist-Situation in den Kundenunternehmen geht. Neben dem Einsatz von Checklisten und Instrumenten zur Datenaufnahme ist das Arbeitshandeln stark durch bestimmte Eindrücke, Vorstellungen und Deutungen geprägt. Dies bezieht sich zum einen auf die technische Ausgangssituation in den Kundenunternehmen.

„ [...] man hat seine Vorstellung, wie muss die Produktion laufen. Die Geschäftsprozesse sind zwar in allen Unternehmen, in allen Branchen in etwa gleich, die Abläufe, aber jedes Unternehmen tickt anders. Das muss man sehen. Man muss das riechen, wie die Abläufe in dem Unternehmen sind."

Zum anderen geht es um die sozialen Zusammenhänge in den Kundenunternehmen.

„Da sehe ich, wo die Alphatiere sind, die Leithammel sind in dieser Geschichte. Ob sie Projektleiter oder ob sie Werksleiter heißen oder wie auch immer, spielt keine Rolle. [...] und aus dem Grund spricht man auch mit den Menschen und daraus erfährt man ja sehr viel vom Unternehmen. [...] Wo es gar nicht so sehr um das Projekt geht oder um die Aufgabe speziell, sondern das erfährt man in den Nebensätzen."

Durch diese Situationsdeutungen können die Problemlagen schnell erfasst und innerhalb kurzer Zeit erste Überlegungen zu neuen innovativen Lösungen entwickelt werden.

„Bei mir bestätigt sich immer mein erster Eindruck [...] das kann man auch an einem Tag erkennen [...] Man kann sich schon etwas sein Bild formen und bilden. [...] Aber meistens geht ja die Erfassung über drei, vier Tage und da verdichtet sich das Ganze noch."

Um diese allgemeinen Ausführungen zum innovativen Arbeitshandeln sowie zu den besonderen Kompetenzen der älteren Beschäftigten zu präzisieren, geht es im folgenden Fallbeispiel um den Zusammenhang zwischen vernetzter Projektarbeit und Produktinnovation. Im Mittelpunkt steht ein innovatives Entwicklungsprojekt eines großen deutschen Automobilkonzerns, in das Fahrion mit einem Projektleiter eingebunden ist. Dieser gehört zur Gruppe der älteren Beschäftigten und verfügt über langjährige Erfahrungen in unterschiedlichen Branchen und Unternehmen. Im Projekt geht es um die Planung und Herstellung einer neuen Antriebsquelle (AQ)[19] für die nächste Modellgeneration einer bestimmten Fahrzeugreihe. Der Entwicklungs- und Herstellungsprozess der neuen AQ ist

---

[19]   AQ ist eine anonymisierte Bezeichnung des technischen Systems.

netzwerkförmig organisiert. Neben dem Automobilkonzern als fokalem Akteur im Netzwerk ist ein weiteres Unternehmen mit zwei deutschen Standorten beteiligt, das sich auf die Entwicklung und die Produktion von AQ spezialisiert hat. Ein weiterer Akteur ist ein Anlagenhersteller, der für die Montagelinie zur Produktion der AQ zuständig ist. Für die Montage sind außerdem spezifische Werkzeuge notwendig, so dass die Hersteller dieser Werkzeuge ebenfalls in das Netzwerk eingebunden sind.

Für die Dauer des Projekts hat der Mitarbeiter von Fahrion seinen Arbeitsplatz beim Hauptkunden, dem Automobilkonzern. Sein Tätigkeitsschwerpunkt liegt in der Planung, der Koordination und der Steuerung der großen Anzahl von Akteuren, die an der Herstellung der neuen Montagelinie beteiligt sind. Es besteht ein sehr hoher Koordinationsaufwand, denn man *„muss [...] eben von überall die Infos herholen und dann das Ganze zusammentragen, verarbeiten und irgendetwas wieder zurückschicken".*

Die Montagelinie ist ein komplexes Gebilde, bestehend aus verschiedenen Stationen mit etwa 30 Funktionen, die manuelle (Biegen, Schrauben, Schweißen) und automatische Verfahren umfassen. Vor Einführung der Serienfertigung werden verschiedene Prototypen des neuen Produkts der AQ hergestellt, um mögliche Fehler zu erkennen und zu beseitigen. Um die Funktionsfähigkeit im Normalbetrieb sicherzustellen, gehören zu den Aufgaben von Fahrion auch das Testen und Einfahren der Anlage.

Der innovative Kern des Projekts lag in der Produktentwicklung der neuen AQ, so dass der Arbeitsbereich des Fahrion-Mitarbeiters eher am Rande dieses Innovationskerns angesiedelt war. Trotzdem leistete er einen wichtigen Beitrag im Innovationsprozess, was allerdings nicht geplant und weder vorhergesehen noch vorhersehbar war. Dies hängt mit einem bestimmten technischen Detail des neuen Produkts zusammen: *„Ausgerechnet der Unterschied ist die Verbindung zwischen den Elektroden."*

Aufgrund dieses auf den ersten Blick eher unscheinbaren technischen Details ergaben sich im Verlauf des Entwicklungsprozesses ganz neue Anforderungen für die Konzeption der Herstellung der Montagelinie. Für die Produktion der AQ mussten neue Verfahren entwickelt werden, um in spezifischer Weise Bleche zu biegen. Diese neuen Anforderungen und ihre Auswirkungen auf die Konzeption der Montagelinie waren jedoch zu Beginn des Entwicklungsprozesses nicht bekannt und deshalb war in den Planungen auch kein entsprechender Entwicklungsaufwand vorgesehen. Die Probleme zeigten sich erst in einem vergleichsweise weit fortgeschrittenen Stadium des Entwicklungsprozesses, bei der Erprobung der Prototypen. Zu diesem Zeitpunkt musste sehr schnell eine Lösung unter großem Zeitdruck gefunden werden, um eine hohe Produktqualität in der bevorstehenden Serienproduktion zu gewährleisten.

> „Ausgerechnet, das hatten wir natürlich am Anfang so gar nicht gewusst, als ich dort eingestiegen bin. Es hat sich einfach so ergeben. [...] Und witzigerweise, bei dem neuen Produkt sollen die Ableiter von dieser Zelle gebogen werden. Also Bleche muss man biegen. Und das ist ja das Schwierigste in der gesamten Herstellungskette von diesem neuen Produkt, das ist der schwierigste Prozessschritt. Und dort habe ich mich natürlich einbringen können. [...] Ich habe 16 Jahre Fertigungsplanung gemacht für eine Firma, die Blech verarbeitet hat."

Seine langjährigen Erfahrungen in der Blechverarbeitung ermöglichten es dem Mitarbeiter von Fahrion in dieser Situation, neue Ideen und Vorschläge zur Lösung der Anforderungen sowohl für den Biegeprozess selbst als auch für die erforderlichen Werkzeuge vorzulegen.

> „Na gut, es ging dann in erster Linie, so grob gesagt, um zwei Sachen. Und zwar, welcher Biegeprozess soll vorgesehen werden? Weil ich kann ja mittels unterschiedlicher Technologien ein Blech biegen. Und dann Auslegung vom Werkzeug an sich war ein Thema, wo ich mich dann sehr gut habe einbringen können. […] mittels Laser-Schweißen, also wiederum ein neuer Prozess, werden dann die Elektroden miteinander verbunden. […] Und Laser-Schweißen und Laser-Schneiden wird natürlich in Blech auch sehr oft eingesetzt."

Bei der Umsetzung seiner Vorschläge ging es zunächst um eine Darstellung des neuen Ansatzes des Biegens und um die Einbettung in den Gesamtprozess. Der nächste Schritt bestand darin, seine Idee so aufzubereiten, dass er sie seinem Team und weiteren Akteuren in der Herstellungskette (anderen Fachabteilungen im Kundenunternehmen, den Entwicklern an den verschiedenen Standorten, dem Anlagenhersteller) präsentieren konnte. Dabei war vorteilhaft, dass er aufgrund seiner vielfältigen Weiterbildungen ein CAD-Zeichnungsprogramm beherrscht.

> „Für ein besseres Verständnis habe ich dann das Werkzeug grob dargestellt. Ich bin ja kein Konstrukteur […] Aber ich habe dann eben dreidimensional das Konzept von dem Biegewerkzeug mal vergrößert und eben die Auswirkung vom Biegeprozess auf diese Ableiter, auf diese Elektroden dargestellt."

Die visuelle Umsetzung in eine Zeichnung war für die weitere Kommunikation mit den verschiedenen Mitgliedern des Projekts ein wichtiges Instrument.

> „[...] um klarzumachen, wie ich mir das vorstelle und wie wir das dann beschreiben wollen […] Also für meine Kollegen im Team war es auf jeden Fall ein Stück neu. […] für jeden Prozess gibt es so eine Fachabteilung … Thema Schraubtechnik, Thema Biegen, Thema Schweißen, Montage, Ergonomie […] so Fachleute, so Päpste […] und die muss man dann immer wieder mitnehmen […] und dass wir das auch in dem Lastenheft dem Anlagelieferanten klarmachen, deshalb habe ich diese Darstellung, diese Konstruktion gemacht, weil mit Bildern oder mit Skizzen kann man natürlich viel besser verstehen."

Dies verweist auf die besondere Prozesskompetenz des Fahrion-Mitarbeiters, die es ihm ermöglicht, auf Wissen und Erfahrungen unterschiedlicher Disziplinen sowie aus der langjährigen Mitarbeit in vielen Projekten zurückzugreifen. Diese inhaltlich-fachliche Expertise ist eine wichtige Quelle seiner Überzeugungskraft insbesondere gegenüber den jüngeren Teammitgliedern im Kundenunternehmen.

> „Ja, ich sehe mich als Generalist. Also bis zu einer bestimmten Ebene beherrsche ich das. Natürlich, die sind […] jung, die beschäftigen sich mit nichts anderem als mit dem Thema Laser-Schweißen, der eine hat schon den Doktortitel und der etwas Jüngere, der ist unterwegs zum Doktortitel. Und bis zu einer bestimmten Ebene kann ich mitreden […] aber irgendwann mal ist Schluss. Weil da sind die dann tatsächlich gefragt […] Aber er kann mit mir nicht mehr über die manuellen Arbeitsplätze diskutieren. […] Das will ich damit sagen. Irgendwo so übergreifend stehe ich ja über dem Projekt."

Das Fallbeispiel zeigt, dass in spezifischen Arbeitssituationen die Kenntnisse über bestimmte Prozesse und frühere Handlungsmuster aktualisiert werden, um neue Lösungen zu finden. Dabei ist der Einbezug des Fahrion-Mitarbeiters in den innovativen Kern des Projekts eher eine unbeabsichtigte Nebenfolge, wenngleich sie ganz typisch für Innovationsprozesse ist. Durch seine Zuständigkeit für die Planung der neuen Montageanlage kommt er eher zufällig in den Kernbereich des Innovationsgeschehens. In dem Moment, in dem es um Fragen der Blechverarbeitung geht, erkennt er sofort den neuen und, wie sich letztlich herausstellt, zielführenden Lösungsweg. Entscheidend dafür sind seine langjährigen Erfahrungen in der Be- und Verarbeitung von Blech, die er in seinem aktuellen Arbeitshandeln situativ anschlussfähig macht.

Dies lässt sich als „situativer Transformationsprozess" bezeichnen. Dabei werden Handlungsmuster, die auf früheren Erfahrungsbeständen beruhen, so modifiziert, dass sie in eine aktuelle innovative Lösung transformiert werden können. Diese innovative Lösung zeichnet sich neben stofflich-materiellen Neuerungen dadurch aus, dass sie entsprechend den kundenindividuellen Umfeldbedingungen realisiert werden kann. Diese sind im konkreten Fall von einer komplexen abteilungs- und unternehmensübergreifenden Projektstruktur bestimmt. Der Erfolg des innovativen Arbeitshandelns ist in hohem Maße von geeigneten Kooperations- und Kommunikationsstrategien für unterschiedliche organisatorische Ebenen in und zwischen den am Projekt beteiligten Unternehmen – und damit verteilten Macht- und Entscheidungszentren – abhängig.

2.9.3.2 Innovative Projektarbeit und Umgang mit offenen und unplanbaren Situationen

Aufgrund der hohen Komplexität unternehmensübergreifender Projektarbeit lässt sich nicht jede Situation planen oder vorhersehen. Zudem bietet die Kenntnis einer Problemursache aufgrund der vernetzten Kooperationsstrukturen keine Sicherheit dafür, dass auftretende Probleme auch tatsächlich vermieden werden können. Unplanbare Situationen gehören für Projektleiter und Projektingenieure deshalb zum Alltagshandeln. Dies wird von den Beschäftigten häufig so ausgedrückt: *„Es gibt viele nicht erwartete Ereignisse, es gibt kein Projekt, das nach Plan durchläuft."* Im folgenden Fallbeispiel wird dies exemplarisch dargestellt.

Gegenstand des Projekts ist die Produktion einer neuen Fertigungslinie im Automobilbau für ein im Aufbau befindliches Montagewerk eines deutschen Automobilkonzerns in einem asiatischen Land. Der gesamte Prozess ist in einem komplexen Netzwerk mit dem Automobilkonzern als fokalem Zentrum und daran angegliederten Systemlieferanten organisiert, die wiederum selbst jeweils mit eigenen Zuliefernetzwerken kooperieren. Im Auftrag eines dieser Systemlieferanten (Unternehmen A) ist Fahrion für das Projektmanagement der Fertigungslinie verantwortlich, wobei der zuständige ältere Mitarbeiter über langjährige internationale Erfahrungen verfügt. Die Aufgaben des Projektmanagements umfassen die Produktion, Lieferung und Inbetriebnahme der Fertigungslinie, die aus verschiedenen Bearbeitungszentren, Montagemaschinen, Werkzeugen, Messmitteln und Messmaschinen besteht. Die Lieferanten dieser Komponenten sind in Deutschland und Europa ansässig sowie, aufgrund entsprechender Local-Content-Anforderungen, auch in dem asiatischen Land.

„Ja, wie gesagt, zuerst hat man die Übergabe vom Vertrieb, dann bekommt man das Angebot, das die Lieferanten an den Vertrieb abgegeben haben. Dann muss man es geradeziehen, stimmt der Liefertermin, stimmen die technischen Anforderungen laut Lastenheft? Wenn die Angebote okay sind, geht es dann zur Bestellung über. [...] Dann kommen die Konstruktionsbesprechungen mit den AL-Zulieferern, teilweise in AL20. Also man fliegt nach AL, bespricht die Konstruktion, dann werden die Zeichnungen genehmigt und zum Beispiel gerade in AL extrem gestempelt, alles abgenommen, und dann ist dieser Fertigungsprozess der jeweiligen Unterlieferanten, den verfolgt man, indem man halt Besuche macht. Auch zu schauen, wird der Liefertermin gehalten? Es gibt natürlich immer mal ein Problem, was dann auch gelöst werden muss. [...] Im Moment stehen wir jetzt kurz vor der Abnahme der Zulieferer hier in Deutschland und in AL. Und wenn dann die Abnahme hier, die Vorabnahme praktisch gelaufen ist, die ganzen Zukaufanlagen werden dann nach AL transportiert und aufgebaut. Und dann kommt wieder die Endabnahme, was auch wiederum von mir gemacht wird."

Voraussetzungen dieser komplexen Steuerungs- und Koordinationsleistungen sind eine breite fachliche Expertise, eine hohe Flexibilität, wozu insbesondere eine kontinuierliche Reisetätigkeit zwischen den Kontinenten während der Projektlaufzeit zählt, sowie ausgeprägte kooperative, kommunikative und interkulturelle Kompetenzen.

Aufgrund dieser Komplexität ist die Arbeitssituation durchgängig durch ein hohes Maß an Unplanbarkeit gekennzeichnet. Dabei ist die generelle Steuerung der teilweise sehr großen Teilprojektgruppen überwiegend durch ein situativ ausgerichtetes und erfahrungsgeleitetes Arbeitshandeln geprägt.

„Also ich würde mal sagen, das ist 90 zu 10. Also 10 Prozent, wo man dann programmgestützte Kostenberechnungsprogramme nutzt. Das sind halt einfach Kostenaufgaben, die man dann hat. Ja, und die macht man hauptsächlich am Anfang und wenn es Zusatzbestellungen gibt, und zum Schluss geht man dann intensiv in den Kostenbereich rein. [...] und 90 Prozent ist einfach Kommunikation und einfach sehen und das Feeling, wie läuft es."

Ebenso ist die Bearbeitung der einzelnen Projektaufgaben von erfahrungsgeleiteten und situativen Handlungsweisen geprägt. Dies wird deutlich an den Beschreibungen zur Koordination der in die Projektarbeiten eingebundenen verschiedenen Akteursgruppen.

„Also gut, vom Unternehmen A, den Zulieferern und den Kunden, wir sind so 100 Leute. Es gibt jeden Tag um 9 Uhr ein Meeting. Tools hat man keine. Da werden die verschiedenen Punkte angesprochen. Was ist abgearbeitet worden zum Vortag? Was für neue Probleme sind aufgetreten, manches entspricht nicht den Zeichnungen, was genehmigt war. Es gibt eine technische Diskussion. [...] Also es gibt kein bestimmtes Schema. Die Diskussion wird einfach bestimmt durch den Vortag – was war gut, was war schlecht, wo muss man nachbessern? [...] man weiß, das funktioniert einigermaßen, oder für mich funktioniert es gut, weil ich mit dem einfach die Sache handeln kann. Aber das ist im Kopf. Da gibt es jetzt nichts irgendwie auf dem Papier, was man dann ankreuzt, oder irgendeine Liste, wo man abhakt. Das ist einfach aufgrund der Situation, was sich gerade ergibt, versucht man das zu deichseln."

---

[20] Anonymisierte Bezeichnung des asiatischen Landes.

Die nicht planbaren Ereignisse haben verschiedene Ursachen. Probleme im Prozessablauf können durch jeweils abweichende Produktqualitäten an den international verteilten Standorten entstehen. Andere Probleme sind auf Abweichungen zurückzuführen, die sich zwischen funktionierenden Probeläufen von Maschinen und dem anschließenden Einsatz in der Produktion unter Normalbedingungen ergeben.

> „Erst einmal, wie gesagt, das Material kann ganz anders sein, wenn es da unten in AL gegossen wird. Da gibt's Lieferverzug, […] man muss das dann wieder alles neu abstimmen, weil das Zusammenspiel mit der Vorgängermaschine, je nachdem passt halt alles nicht mehr. […] dass wir immer große Linien machen, es sind ja immer mehrere Hersteller verbunden, und manchmal hat man das halt einfach nicht im Griff, […] bei der Vorabnahme geht die Maschine raus, läuft sehr gut. Dann wird sie integriert in die Linie, und dann gibt's Probleme."

Dabei schließt das situative, erfahrungsgeleitete Vorgehen die Nutzung formaler Tools im Projektverlauf keineswegs aus. Um das zeitliche Zusammenspiel im Projektnetzwerk zu gewährleisten, kommt es insbesondere auf termingetreue Lieferungen der Zulieferer an. Dazu greift der Fahrion-Mitarbeiter auch auf formale Ablaufpläne zurück.

> „Ich sage ihm klipp und klar, also meiner Vorstellung nach glaube ich nicht, dass es zu schaffen ist. Dann muss er mir einen Tagesplan machen. Dann macht der einen sehr detaillierten Plan. Es kommt darauf an, wie weit das vom Endziel weg ist. Vielleicht einen Wochenplan."

Die Überprüfung dieser Planvorgaben erfolgt dagegen ganz überwiegend mittels situativer Handlungsmodi, die durch den Rückgriff auf Erfahrungen und subjektive Einschätzungen geprägt sind.

> „Ja, wenn einer Lieferverzug hat zum Beispiel … Man braucht detaillierte Pläne, wie es dann alles weitergeht, und ja, es ist ja auch manchmal das Gespür, der Versuch. […] Und dann schaust du die Maschine an und weißt es selber, weil du selber mal irgendwo geschraubt hast. Kann es sein – kann es nicht sein? […] Glaube ich dir oder glaube ich dir nicht? Und das ist für mich dann Erfahrung. Weil ich selber weiß, wenn ich das selber zusammenbauen würde, kann ich mir vorstellen, der Termin stimmt oder er stimmt halt nicht. […] Und wenn ich ein gutes Gefühl habe, was natürlich auch falsch sein kann, muss nicht immer richtig sein, dann sage ich, okay, ich schaue mal jeden Monat vorbei […] Ich würde mal sagen, so 80 Prozent mit Sicherheit das Verhalten des Lieferanten richtig einzuschätzen. Irgendwann merkt man dann auch, […] wenn es nicht passt, dann muss man halt trotzdem […] sagen: So, jetzt hast du dich irgendwie vergeigt, jetzt muss dann wieder wöchentlich geprüft werden."

Ein weiteres wichtiges Element der Projektsteuerung ist die Beurteilung der Qualität der Zulieferteile. Das situative erfahrungsgeleitete Arbeitshandeln des Fahrion-Mitarbeiters richtet sich dabei auf die Beurteilung der stofflich-technischen Eigenschaften der jeweiligen Teile und auf das Arbeitshandeln der Beschäftigten der Zulieferer. Mittels erfahrungsgeleiteter Evaluierung werden die Kompetenzen der ausführenden Facharbeiter bewertet.

> „Das Wichtigste bei einer Abnahme ist natürlich immer, dass vorne der Rohblock reinkommt, hinten der Rohblock raus, vollautomatisch. Aber man muss den Prozess ja einrichten. […] Man kann ja nicht sagen, auf den Knopf drücken, so, jetzt lauf mal, sondern man muss den

Prozess einrichten, man muss den Prozess fahren, Werkzeugdaten und, und, und [...] Und man arbeitet dann viel mit den Monteuren, kriegt so ein Gespür, ist der gut, wie ist die Zerspanung? [...] Die Teile kommen alle in den Messraum, werden gemessen. Wie geht er dann ran? Wie stellt er die Werkzeuge ein? Und es ist halt auch so, dass auch einfach viel Erfahrung dazugehört. [...] Wie gibt er sich dem Kunden gegenüber? Geht er ziemlich schnell in die Luft, oder ist er, sage ich mal, sehr gelassen und bringt auch Ruhe in das ganze Projekt rein?"

Das Fallbeispiel verweist in allgemeiner Weise auf spezifische Ausprägungen erfahrungs-geleitet-subjektivierenden Arbeitshandelns und auf damit zusammenhängende besondere Prozesskompetenzen älterer Projektleiter. In der Dimension *Vorgehen* bringen sie im Pro-jektverlauf unterschiedliche Kompetenzbündel – technische, organisatorische und soziale – zum jeweils angemessenen Zeitpunkt zum Einsatz. Zur Steuerung der Projekte werden für die unterschiedlichen Projektphasen jeweils angepasste Arbeitsstile und Interaktionen entwickelt und angewendet. In der Dimension *Denken* verfügen die älteren Projektleiter über besondere Kompetenzen der Antizipation und der Anschlussfähigkeit an andere Denkweisen. Dadurch können die Wechselwirkungen in den vernetzten Teilprozessen angemessen beurteilt und verarbeitet werden. Zur Einschätzung des Projektverlaufs ist die *sinnliche Wahrnehmung* für die Projektleiter wichtig. Dabei werden Gefühle, Stimmun-gen und atmosphärische Eindrücke genutzt, um sich von Projektverläufen ein „Bild zu machen" und Ergebnisse absehen zu können. In der Dimension *Beziehung* ist die Interak-tion der in die Projekte eingebundenen Akteure von großer Bedeutung. Dabei verfügen die älteren Projektleiter über die Kompetenz, in unterschiedlichen Verhandlungssituati-onen sowohl kooperativ als auch konfliktuell zu agieren und damit die Zielorientierung der Projekte zu gewährleisten. Dadurch, dass sie in diesen unterschiedlichen Dimensionen handlungsfähig sind, arbeiten ältere Beschäftigte effizient und effektiv.

2.9.3.3 Kompetenzen älterer Beschäftigter in Innovationsprozessen

Die Untersuchungsergebnisse verweisen darauf, dass die innovativen Beiträge älterer Beschäftigter in Innovationsprozessen mit einer komplexen, situativen Transformation von Erfahrungswissen in aktuelle Arbeitsprozesse zusammenhängen. Dieses Erfahrungs-wissen basiert auf einem breit angelegten Repertoire von Handlungskompetenzen, die sie im Verlauf ihrer Erwerbsbiografien angesammelt haben (vgl. Abschn. 2.9.4). Im Zeitver-lauf sammelt sich eine Vielzahl situativer, wahrnehmungsnaher und verhaltensgeprägter Eindrücke. Diese werden als Bilder, Bewegungsabläufe, Gerüche und Geräusche abgespei-chert und verdichten sich zu spezifischen Kenntnissen und Konfigurationen. Diese Konfi-gurationen werden durch neue Sachverhalte und Ereignisse aktueller Arbeitsprozesse lau-fend ergänzt und modifiziert. Dadurch entsteht ein „subjektivierender Arbeitsspeicher", der selbst elastisch ist, sich situativ verändert und sich damit in einem anhaltenden Ent-wicklungs- und Veränderungsprozess befindet.

Der Transformationsprozess ist eingebettet in einen subjektivierenden Modus. Akti-viert wird dieser Transformationsprozess dann, wenn in einer aktuellen Arbeitssituation erfahrungsgeleitet-subjektivierend gehandelt wird. Ausgelöst durch bestimmte Kontexte im Arbeitshandeln werden frühere Situationen, prozessuale Abläufe oder Produkteigenschaften aufgerufen. Dies ermöglicht den Einstieg in ein Netzwerk aus Assoziationen „mit allen Sinnen". Durch den Einsatz dieses „Assoziationsnetzwerks" entstehen „situative Optimierungen", mit deren Hilfe in konkreten Arbeitssituationen sehr schnell Informationen interpretiert, alternative Lösungswege bewertet, Einflussmöglichkeiten eingeschätzt, Strategien entworfen und Entscheidungen getroffen werden. Das macht die besondere Leistungsfähigkeit dieses erfahrungsgeleitet-subjektivierenden Arbeitshandelns in Innovationsprozessen aus.

Die Analysen des Arbeitshandelns der in Projekte eingebundenen älteren Innovationsexperten zeigen diese Zusammenhänge. Grundlegend sind diese Arbeitsprozesse durch die für Projekte typischen Elemente zeitlicher Diskontinuitäten, wechselnder Arbeitsinhalte sowie räumlich verteilter Arbeits- und Akteursstrukturen gekennzeichnet. Um mit den damit zusammenhängenden Anforderungen umzugehen, bringen die älteren Beschäftigten ihre langjährige fachlich-inhaltliche Expertise und strategische Kooperations- und Kommunikationskompetenzen ein, um die Lösungen so zu platzieren und zu adressieren, dass sie auch umgesetzt werden. Entscheidend ist dabei, dass das situative Arbeitshandeln der älteren Beschäftigten durch einen laufenden Abgleich mit vergangenen Arbeitssituationen geprägt ist – was nicht heißt, dass dies bewusst vollzogen wird. Der Zugriff auf den subjektivierenden Arbeitsspeicher stellt die Verbindung zu vielfältigen Herangehensweisen bei früheren Aufgabenstellungen her. Daraus entsteht das Potenzial für neue und innovative Lösungen.

In dieser Perspektive lassen sich eher altersneutrale von stärker altersspezifischen innovativen Kompetenzen unterscheiden (vgl. Tabelle 2.16).

Die besondere Fähigkeit älterer Beschäftigter in Innovationsprozessen besteht in einer *simultanen Aktivierung unterschiedlicher Kompetenzbündel.* Aufgrund ihres großen Erfahrungsschatzes ermöglicht ihnen der Rückgriff auf den subjektivierenden Arbeitsspeicher, situationsangemessen und unter Berücksichtigung *parallel laufender Anforderungen* zu handeln. Dieses situative Arbeitshandeln unter Einbeziehung paralleler Anforderungen umfasst

Tab. 2.16 Innovationskompetenzen altersneutral/altersspezifisch

Innovationskompetenzen älterer Beschäftigter	
altersneutral	altersspezifisch →simultane Aktivierung
– Standardisierung – Kodifizierung – Technisch-wissenschaftliches Wissen – Expertise – Spezialisierung	– Problemlösungsorientierung: Machbarkeit (Zeit), Kosten, Qualität – Antizipation innovativer Lösungen – Diplomatische Konfliktbewältigung – Offenheit für Perspektivenwechsel – Reflexiver Umgang mit eigenen Kenntnissen/ Erfahrungen; aus Fehlern gelernt

- stoffliche Besonderheiten von Produkten und Gegenständen,
- unterschiedliche organisationelle Kontexte mit definierten Vorgaben in den Dimensionen Kosten, Zeit und Qualität,
- spezifische soziale Kontexte und Konstellationen.

Diese parallelen Anforderungen kennzeichnen die Komplexität von Projekten. In kurzer Zeit sind die jeweiligen Ausgangssituationen zu erfassen und im Projektverlauf *situativ* Ideen für Neuerungen und innovative Lösungen zu generieren, unter der Bedingung, *dabei immer schon deren praktische Umsetzung* im Blick zu haben.

2.9.4 Erwerb von Kompetenzen zur Bewältigung des Unplanbaren – Lernen in dynamischen Erwerbsbiografien

Die Untersuchungsergebnisse zeigen, dass Kompetenzen zum erfahrungsgeleiteten Handeln und damit zur Bewältigung von Unplanbarem nicht im klassischen Seminarunterricht erworben werden können. Kompetenzen zur Bewältigung von Unplanbarem werden erworben, indem solche Situationen erfahrungsgeleitet bewältigt werden (vgl. Bauer et al., 2004).

Die erfahrungsgeleitete Bewältigung des Unplanbaren wird also informell im Arbeitsprozess selbst erlernt. Dabei entwickeln sich diese Fähigkeiten über Einzelsituationen hinweg, das Lernen ist selbst ein prozesshaftes Lernen. Um den dafür begünstigenden Faktoren auf die Spur zu kommen, wurden bei den älteren Innovationsexperten im Unternehmen Fahrion der Umgang mit Unplanbarem und die damit verbundenen Lernprozesse herausgearbeitet. Sicherlich hängt die Entwicklung von informellen Innovationskompetenzen auch von individuellen Merkmalen einer Person ab. Unbestritten ist jedoch, dass subjektive Potenziale sich immer in konkreten Kontexten entwickeln, die diese sowohl fördern als auch hemmen können. Diese Kontexte werden hier näher beleuchtet.

2.9.4.1 Prozesshaftes Lernen in der Erwerbsbiografie
„Es ist nicht so nach dem Motto: ‚Ah, jetzt ist das Level erreicht, klick! Jetzt spring ich mal an Erfahrung über.'" Diese Aussage eines Beschäftigten zeigt, dass die Aneignung von informell erworbenen Kompetenzen nicht ad hoc erfolgt. Lernen im Prozess der Arbeit bedeutet vielmehr, dass über verschiedene Situationen hinweg adäquate Handlungsweisen wahrgenommen, ausprobiert und eingeübt werden. Die informelle Kompetenz zur Bewältigung unplanbarer Ereignisse und Entwicklungen wird quasi über die Zeit hinweg angereichert.

2.9.4.1.1 Gegenstandsbezug in der Ausbildung
Eine besondere Phase stellt die praktische Berufsausbildung dar, die viele der älteren Ingenieure und Techniker vor der Aufnahme eines Studiums absolviert haben. Sie ist geprägt durch einen unmittelbaren Praxisbezug, von dem die Beschäftigten auch im weiteren Erwerbsleben profitieren und den sie insbesondere bei der Bewältigung von Unplanbarem

aktiv herstellen: Die konkreten Gegebenheiten vor Ort, Herstellungs- und Anwendungskontexte müssen bei Problemlösungen stets berücksichtigt werden, oft liefern sie sogar die entscheidenden Hinweise.

> „Sie können sich auf der Zeichnung viele Sachen angucken, stehen wie der Ochs vorm Tor und dann gehen Sie einmal hin und gucken sich's in der Praxis an, dann sagen Sie: Ach ja, logisch!"

Insbesondere wenn der Praxisbezug in konkreten Situationen nur mittelbar hergestellt werden kann, haben die älteren Ingenieure und technischen Fachkräfte mit handwerklich-praktischer Ausbildung denjenigen jüngeren Entwicklern und Ingenieuren, die allein eine Hochschulausbildung durchlaufen haben, etwas voraus: den Bezug zum Produkt, zu Materialien und Werkzeugen, zum „Machbaren". Mit ihrer Fertigungs- und Produktionserfahrung haben ältere Ingenieure und Techniker gelernt, das Abstrakte (die Konstruktion und Planung am Bildschirm) an konkrete Zusammenhänge zurückzuverbinden.

> „Mit eigenen Händen was hergestellt haben, das ist eine Erfahrung, die man für das Studium sehr gut verwenden kann. […] Wenn Sie als Jugendlicher schon mal was zusammengeschraubt haben oder was auseinandergenommen haben, und das ist von mir aus ein Motor oder irgend so was, dann können Sie sich das besser vorstellen […] Sie haben natürlich eine materielle Erfahrung, weil Sie das schon mal angefasst haben. Und können sich dadurch Dinge auch anders vorstellen. […] Weil, ich sag jetzt mal, wenn ich im Studium eine Schraube gezeichnet habe, da konnte ich sie mir sehr gut vorstellen, weil ich sie schon mal in der Hand hatte. Weil ich sie selbst schon ein- und ausgeschraubt habe, weil ich wusste, wie sie funktioniert."

Nach der praktischen Ausbildung haben die älteren Innovationsexperten ein Studium (Technikerschule, Maschinenbaustudium) absolviert. Hier wie in Laborsituationen und Praktika werden Strategien zum Umgang mit dem Unplanbaren nur begrenzt vermittelt und kaum eingeübt. Gleichwohl haben die Beschäftigten durch die Dualität von Lehre und Studium sowohl unterschiedliche Lerninhalte als auch unterschiedliche Lehr- und Lernformen erfahren und schätzen deren jeweilige Spezifika. Dabei sind ihnen die Potenziale des informellen Lernens im Prozess der Arbeit besonders präsent.

2.9.4.1.2 Dynamik in der Erwerbsbiografie

Die Erwerbsbiografien der älteren Innovationsexperten sind von einer deutlichen Dynamik geprägt, was sich darin zeigt, dass in der Regel mehrere Entwicklungsphasen durchlaufen wurden, die den informellen Kompetenzerwerb befördern. Die Dynamik in den Erwerbsbiografien der älteren Innovationsexperten ist insofern bemerkenswert, als in dieser Generation die erwerbsbezogene Normalbiografie (linear-vertikaler Karriereverlauf, langfristiger Verbleib bei einem Arbeitgeber) den dominanten gesellschaftlichen Referenzrahmen eines gelungenen Arbeitslebens darstellt. Auch wenn der Befund der Dynamik in methodischer Hinsicht nicht überraschend ist (es ist Strategie des Unternehmenspartners Fahrion, Heterogenität im Lebenslauf als ein Auswahlkriterium bei der Personalrekrutierung zu berücksichtigen), steht sie doch in deutlichem Gegensatz zu gesellschafts- und arbeitspolitischen Standards der Nachkriegszeit bis in die 90er Jahre hinein und zeichnet die untersuchte Beschäftigtengruppe in besonderer Weise aus. Die dynamischen Erwerbsbiografien sind durch eine Reihe zentraler Merkmale charakterisiert.

Sie sind geprägt von *Pluralität*. Die Innovationsexperten haben Erfahrungen mit den unterschiedlichen Abläufen und Organisationsweisen bei Kleinbetrieben, Mittelständlern und Großunternehmen gesammelt; sie haben unternehmensintern und -übergreifend die Geschäftsbereiche gewechselt (Produktion, Konstruktion, Service, Vertrieb, Programmierung, Planung u. a.) und unterschiedliche Aufgaben erfüllt: von repetitiv zu kreativ, von weniger verantwortungsvoll zu sehr verantwortungsvoll, von ausführend zu leitend, von operativ zu strategisch; sie haben die Mitarbeiterperspektive ebenso kennengelernt wie die Unternehmerperspektive, sie waren angestellt und selbstständig. Erkennbar ist ein Mix aus unterschiedlichen Laufbahnmodellen, sie lassen sich kaum eindeutig einer Fach-, Projekt- oder Führungslaufbahn zuordnen.

Die Innovationsexperten waren an vielen Stellen *mit besonderen Herausforderungen konfrontiert:* mit fachlichen Herausforderungen, von der Einarbeitung in neue Themengebiete und der Übernahme neuer Aufgaben bis hin zur Etablierung neuer Geschäftszweige oder Technologien; mit psychischen Herausforderungen, bei einem Schritt ins Ungewisse (z. B. neue Arbeitsinhalte, Wechsel in die Selbstständigkeit) oder auch bei der Erkenntnis, dass ein eingeschlagener Weg nicht funktioniert.

Die dynamischen Erwerbsbiografien sind dabei keineswegs beliebig. Im Gegenteil zeigen unsere Untersuchungen, dass die unterschiedlichen beruflichen Stationen jeweils aneinander *anschlussfähig* waren. Diese Integration der Erwerbsbiografien ergibt sich bei den Beschäftigten zum einen durch das konstante Moment der Branche Maschinenbau, die sie über die Jahre sowohl in unterschiedlichen Anwendungsbereichen (Fahrzeugbau, Landmaschinenbau, Industriemaschinenbau etc.) als auch aus unterschiedlichen Bereichslogiken heraus (Produktion, Konstruktion, Vertrieb u. a.) kennengelernt haben. Sie haben sich also vielfältige Perspektiven auf einen Gegenstandsbereich erarbeitet.

Ein weiteres integratives Moment in der Erwerbsbiografie ist die Orientierung an *persönlichen Etappenzielen,* die individuell erfolgreich verfolgt wurden (beispielsweise von der Produktionstätigkeit über die Technikerschule zum Studium; von der Arbeit an Teilaufgaben zur umfassenden Projektarbeit; von überwiegender Routinearbeit zu abwechslungsreicheren Aufgaben).

Diese Dynamiken in den Erwerbsbiografien gehen mit der Erfahrung vielfältiger Entwicklungsphasen einher. Wenn diese Gelegenheiten zum Lernen im Prozess der Arbeit enthalten sind, können sie den informellen Erwerb von Kompetenzen zur Bewältigung des Unplanbaren fördern. Dies wird im Folgenden genauer erläutert.

2.9.4.2   Lernen im Prozess der Arbeit

Die Befunde zeigen, dass die Fähigkeit zur Bewältigung des Unplanbaren überwiegend in der Erwerbsarbeit selbst, in und über heterogene, aber dennoch spezifische erwerbsbiografische Phasen hinweg angeeignet wird: z. B. in Phasen des eigenen Verantwortungszuwachses, im Rahmen der Entwicklung und Etablierung neuer Geschäftsbereiche und -modelle, in Zeiten technischer Umbrüche und bei der Erschließung von thematischem und technischem Neuland. Solche Phasen sind zentral für den Erwerb informeller Kompetenzen und zeichnen sich zum einen dadurch aus, dass neue Entwicklungen in persönlicher, organisatorischer und/oder technischer Hinsicht in Gang gesetzt werden. Zum anderen waren die Beschäftigten an den Entwicklungen jeweils selbst beteiligt. Sie haben die Veränderungsprozesse nicht einfach in ihrem Umfeld erlebt oder waren davon betroffen, sondern waren aktiv involviert und haben sie mitgestaltet. Im Zuge dessen waren sie mit unplanbaren Ereignissen und Entwicklungen konfrontiert, deren situative Bewältigung sie informell erlernten. Ausschlaggebend war dabei das erlebte Zusammenspiel spezifischer Arbeitsweisen, welche wiederum unternehmenskulturell gestützt waren.

2.9.4.2.1   Arbeitsweisen

Umfassendes Arbeiten
Um auf ungeplante Ereignisse in offenen Entwicklungsprozessen flexibel reagieren zu können und gleichzeitig zielgerichtet zu arbeiten, ist es wichtig, ganzheitlich vorzugehen. Dieses Vorgehen kann folgendermaßen erlernt werden:

- sich verschiedene Aspekte eines Gegenstandsbereichs (Produkt, Produktionsverfahren etc.) durch den Einsatz in heterogenen Arbeitsfeldern aneignen
- den Bezug zu konkreten Gegenständen und Bedingungen „vor Ort" herstellen
- übergreifend und im Detail Zusammenhänge nachvollziehen
- Fehler als Erkenntnisquellen nutzen
- komplexe und umfassende Arbeitsaufgaben (im Gegensatz zu einfachen Aufgaben und Einzelaspekten) bearbeiten und in ihrer Komplexität umfassend begreifen
- bei der Entwicklung von technischen Lösungen unterschiedliche Wege parallel verfolgen
- über Unternehmensgrenzen hinweg Einblicke gewinnen

Selbstorganisiertes und verantwortungsvolles Arbeiten
Offene Entwicklungsprozesse sind keinesfalls beliebig und können, gerade an den Grenzen des Planbaren, nicht willkürlich vorangetrieben werden. Die Offenheit von Entwicklungsprozessen einzuschätzen kann erlernt werden, indem man sie selbst gestaltet.

- unter möglichen Lösungswegen einen gangbaren Weg selbst finden und inhaltlich begründen
- ohne Instanz arbeiten, die Detailkontrolle ausübt
- verantwortungsvolle Aufgaben bearbeiten
- Mehrdimensionalität von Verantwortung wahrnehmen: technische, organisatorische, personelle Verantwortung

Gemeinsames und kooperatives Arbeiten

Unvorhersehbare Entwicklungen, die Innovationsprozesse ins Stocken bringen oder einen Richtungswechsel erfordern, können in der Regel nicht individuell bewältigt werden. Vielfältige Zusammenarbeit und Kooperation eröffnet neue Wege und beinhaltet zentrale Lernarrangements.

- Kollegen/Vorgesetzten bei der Erarbeitung von Lösungswegen zuschauen und zuhören
- verbaler Austausch in vielfältige Richtungen (im Projektteam, mit Vorgesetzten, mit Kollegen in anderen Arbeitsbereichen, mit älteren Kollegen, mit jüngeren Kollegen, mit Kunden und externen Partnern)
- informeller, auf Dauer gestellter gleichberechtigter Austausch zur kreativen Ideenfindung („Sparringspartnerschaften")
- formale und informelle „Lehrbeauftragungen": Tutoren- und Mentorenschaften
- gemeinsame Arbeit an einem Gegenstand, gemeinsame Ausarbeitungen von Lösungswegen
- wechselseitige Unterstützung

2.9.4.2.2 Ermöglichende Unternehmenskultur

Umfassendes, selbstorganisiertes und kooperatives Arbeiten ist nicht allein eine Frage der Arbeitsgestaltung. Gelegenheitsstrukturen zum Austausch und zur Zusammenarbeit, zur Generierung von Einblicken und zur Selbstorganisation werden nur dann genutzt, wenn sie unternehmenskulturell gestützt sind. So ist die Bereitschaft, Verantwortung zu übernehmen, deutlich höher, wenn negative Entwicklungen nicht mit Sanktionen einhergehen, sondern zur produktiven Fehleranalyse genutzt werden. Sparringspartnerschaften und wechselseitige Unterstützung können sich nur dort effektiv entfalten, wo eine anregende Arbeitsatmosphäre mit angemessenen Handlungsspielräumen entsteht. Vielfältige Einblicke in andere Bereiche und Prozesse sowie Arbeit ohne Detailkontrolle sind nur in vertrauensvollen Arbeitszusammenhängen möglich.

2.9.4.2.3 Lernen im Prozess der Arbeit – Rollenwechsel im Alter

Die verschiedenen Formen und Aspekte des Lernens im Prozess der Arbeit für die Bewältigung von unplanbaren Ereignissen und Entwicklungen sind nicht auf ein bestimmtes Alter oder eine spezifische fachliche Expertise begrenzt. Die erwerbsbiografischen Phasen persönlicher, organisatorischer und/oder technischer Entwicklung, in denen der Umgang mit unplanbaren Ereignissen und Entwicklungen erlernt wurde, verteilen sich über den gesamten Erwerbsverlauf. Das Lernen im Prozess der Arbeit ist also über die gesamte Erwerbsbiografie hinweg relevant. Mit zunehmendem Alter und zunehmender fachlicher Expertise wechseln Beschäftigte jedoch in manchen Aspekten quasi die Seite: Sie werden selbst zum Mentor, sind Austauschpartner für jüngere Kollegen, lassen diese selbstverantwortlich arbeiten, zeigen Wege zur Bewältigung von Komplexität und schaffen Nachvollziehbarkeit, indem sie sie zuschauen und zuhören lassen, indem sie gemeinsam mit jüngeren Kollegen etwas erarbeiten. Dadurch entstehen Lernpartnerschaften mit den jüngeren Kollegen, die für beide Seiten produktiv sind. Arbeitsgestaltungs- und Organisationsformen, die Lernen im Prozess der Arbeit ermöglichen, sind wichtige Aspekte, um die Agilität und Innovationsoffenheit älterer Beschäftigter zu fördern.

2.9.4.3   Gestaltung innovationsförderlicher Erwerbsbiografien

Untersuchungen konstatieren seit den 90er Jahren einen grundlegenden Wandel erwerbsbiografischer Muster, der in erster Linie durch veränderte Arbeits- und Beschäftigungsformen induziert ist. Im Mittelpunkt steht dabei die Diagnose einer zunehmenden Diskontinuität im Erwerbsverlauf: problematische Wechsel (z. B. bezogen auf Beruf, Tätigkeit, Beschäftigungsform) und Perioden (z. B. prekäre Beschäftigung, Dequalifizierung: Keller et al., 2007), Brüche, die aus der Erwerbsarbeit hinausführen (z. B. Erziehungspausen, Arbeitslosigkeit: Allmendinger et al., 2009; Bartelheimer, 2011) und Arbeits- und Beschäftigungsformen, die psychische Belastungen erzeugen und Präventionsmaßnahmen erfordern (Keupp et al., 2010; Kratzer et al., 2011).

Gleichzeitig und in Reaktion auf den verstärkten Diskurs zu technischen und sozialen Innovationen als Motor des Wirtschaftswachstums wird das Augenmerk zunehmend auch auf die Chancen der Flexibilisierung von Erwerbsbiografien gelenkt (Kehl et al., 2006; Klatt et al., 2012) und es wird an Modellen zum individuellen „Management" von Diskontinuität[21] und zur unternehmerischen Nutzung divergenter Kompetenzen, vorgeblich entstanden durch erwerbsbiografische Diskontinuität, für Innovationen gearbeitet (Ciesinger, 2012; Glasmachers et al., 2012).

Eine dynamische Erwerbsbiografie, die individuelle Expertise für Innovationen befördert, ist jedoch von einer diskontinuierlichen Erwerbsbiografie abzugrenzen, die

---

[21] Insbesondere in der Arbeits- und Sozialpsychologie werden unter dem Oberbegriff der career adaptability verschiedene Konzepte und Messmethoden zur individuellen Gestaltung von Diskontinuität in der Erwerbsbiografie und Bewältigung der induzierten negativen Folgen diskutiert. Aktuelle Beispiele sind das Karriere-Ressourcen-Modell (Hirschi, 2012) und das Modell zur Handlungsbefähigung (Dill et al., 2013: 13).

Beschäftigte damit „überfordert, aus ihren unverbundenen Kompetenzen verschiedener Erwerbsstationen eigene, neue Kompetenzcluster zu generieren und daraus Innovationen zu entwickeln" (Klatt et al., 2012: 8).

Der Erwerb informeller Kompetenzen für Innovationsarbeit ist keinesfalls eine quasi automatische Folge der Erfahrung möglichst vieler unterschiedlicher Anstellungen und Arbeitsinhalte. Vielmehr sind die entsprechenden arbeitsgestalterischen und unternehmenskulturellen Voraussetzungen äußerst komplex und erfordern fortwährende Führungsarbeit. So besteht eine Führungsaufgabe darin, Strukturen zu befördern, in denen sowohl Selbstorganisation und Verantwortungsübernahme als auch Zusammenarbeit und Kooperation gelebt werden können.[22] Insbesondere Organisations- und Arbeitsformen, die informelle Arbeitsprozesse[23] und vertrauensvolle Koordinierung (Böhle et al., 2014) zulassen und befördern, eröffnen Chancen auf effizientes und effektives Lernen im Prozess der Arbeit.

Darüber hinaus hängt der Erwerb informeller Kompetenzen, die in Innovationsprozessen relevant sind, maßgeblich von arbeits- und beschäftigungspolitischen Entwicklungen ab. Hier weisen die dynamischen Erwerbsbiografien der Innovationsexperten andere Merkmale auf als die zunehmend diskontinuierlichen Erwerbsbiografien der jüngeren Generationen. Dies betrifft insbesondere die Absenz einer strukturell angelegten Prekaritätserfahrung in der Erwerbsbiografie der älteren Beschäftigten. Die Wechsel zwischen den beruflichen Stationen waren kaum mit einem erlebten Mangel an Sicherheit oder Dequalifizierungsrisiken verbunden. Die Übergänge zwischen den verschiedenen Beschäftigungsformen und Anstellungen verliefen selbst dann verhältnismäßig reibungslos, wenn es sich um einen ungewollten Verlust einer Arbeitsstelle handelte. Auch bei der Verfolgung persönlicher arbeitsinhaltlicher Interessen und der Etablierung einer stabilen beruflichen Identität traten kaum Probleme auf.

Die Erwerbsbiografien der älteren Innovationsexperten sind dynamisch und gleichzeitig integriert, so dass sie breites Fach- und Expertenwissen befördern. Zudem – und hierin übersteigen dynamische Erwerbsbiografien systematisch die Potenziale diskontinuierlicher Erwerbsbiografien – ermöglichen sie durch das Moment der inhaltlich-beruflichen Integration und Anschlussfähigkeit einzelner beruflicher Stationen ein prozesshaftes Lernen im oben beschriebenen Sinn: Der Erwerb informeller Kompetenzen erfolgt nicht punktuell, sondern muss und kann eingeübt werden.

---

[22] Untersuchungen zeigen, dass hier aus Managementperspektive allzu oft Gegensätze konstruiert werden, wo eigentlich eine wechselseitige Bedingtheit besteht. Das ist beispielsweise der Fall, wenn der Austausch und die Zusammenarbeit über Bereichsgrenzen hinweg aktiv unterbunden werden, um die Einzelbereiche zu einer Selbstorganisation zu disziplinieren, die nur auf die jeweilige Eigenlogik fokussiert. Dadurch entstehen in der Regel Schwierigkeiten in der wechselseitigen Zusammenarbeit mit entsprechend negativen Auswirkungen auf die Bewältigung der jeweiligen Kernaufgaben (Böhle et al., 2014: 242 ff.).

[23] Dies umfasst informelle Kooperation und Kommunikation (Bolte et al., 2006), Austausch impliziten Erfahrungswissens (Porschen, 2008) und Entscheidungen in laufenden Arbeitsprozessen (Neumer, 2012).

2.9.4.4 Stärkung innovationsförderlicher Erwerbsbiografien

Die Untersuchungsergebnisse zeigen, dass die Förderung der Innovativität von Unternehmen und Beschäftigten in Zeiten des demografischen Wandels voraussetzungsvoll ist. Dabei kann es weder darum gehen, heterogene Kompetenzen bzw. Kompetenzbündel, die in diskontinuierlichen Erwerbsbiografien erworben wurden, auf neuartige Weise zusammenzuführen, um daraus quasi „automatisch" Innovationseffekte zu erzeugen, noch wird es ausreichen, altersheterogene Teams zu etablieren, um ältere Beschäftigte innovativ zu halten und Wissenstransfer zu initiieren. Solche punktuellen Maßnahmen sind notwendig und sinnvoll, sie haben jedoch nur eine geringe Reichweite, wenn die Gestaltung gesamtbiografischer Lernprozesse und Erwerbsverläufe vernachlässigt wird.

Um Innovativität nachhaltig zu fördern, wird es neben der sozialen Absicherung von Diskontinuität darauf ankommen,[24] innovationsförderliche Lernbiografien in der Erwerbsarbeit zu ermöglichen. Dies liegt auch im Interesse von Unternehmen, die dies durch nachhaltige Beschäftigungspolitik, Personal- und Organisationsentwicklung sicherstellen können. Ein Weg können überbetriebliche Zusammenschlüsse für gemeinsame Beschäftigung und Qualifikationsentwicklung sein (Lacassagne et al., 2013; Ritter et al., 2013). Es wird dabei darauf ankommen, Strukturen zu schaffen, die auch informellen Kompetenzerwerb ermöglichen.

2.9.5 Zusammenfassung

Die Untersuchungsergebnisse zeigen, dass ältere Beschäftigte auf Grundlage ihres technischen Fachwissens über ein spezifisches Erfahrungswissen im Umgang mit unplanbaren Situationen verfügen, das wichtig für die Gestaltung erfolgreicher Innovationsprozesse ist. Dabei zeigt sich, dass gerade Ältere in der Lage sind, auf einer imaginativen und virtuellen Ebene erfahrungsgeleitet-subjektivierend zu handeln. Wichtig ist dabei, immer wieder aufs Neue unmittelbare Wahrnehmungen über technische Systeme aufzunehmen, deren Funktionsweise zu erleben und in das Arbeitshandeln zu integrieren.

In Projektzusammenhängen zeigt sich die Innovationskompetenz der älteren Beschäftigten darin, dass sie unter zeitlichen Restriktionen und ausgehend von den jeweiligen Kundenanforderungen fähig sind, situative Neukonfigurationen zu entwickeln. Diese zeichnen sich durch Effizienzsteigerungen, organisatorische Änderungen sowie Arbeitsverbesserungen und Arbeitserleichterungen aus. Kennzeichnend ist, dass die älteren Beschäftigten dabei die Realisierbarkeit der innovativen Ansätze in den Dimensionen Zeit, Kosten und Qualität immer schon mit berücksichtigen. In der jeweils aktuellen Arbeitssituation werden Handlungsmuster vergangener Arbeitsprozesse in einem Transformationsprozess

---

[24] Diskontinuierliche Erwerbsverläufe gehen nach wie vor in der Regel mit psychischen Belastungen einher (Hecker et al., 2006) und verursachen spezifische Kosten, auf Arbeitnehmerseite beispielsweise Einbußen in den Rentenanwartschaften (Trischler, 2012), auf Arbeitgeberseite beispielsweise Aufwände in der Personalrekrutierung und Einarbeitung. Zur Diskussion von Sicherheit in flexibilisierten Arbeits- und Beschäftigungsformen siehe auch Kronauer et al., 2007.

erfahrungsgeleitet anschlussfähig gemacht und in innovative Ansätze umgesetzt. Dieser Transformationsprozess ist eingebettet in einen subjektivierenden Modus und wird dann aktiviert, wenn in einer aktuellen Arbeitssituation erfahrungsgeleitet-subjektivierend gehandelt wird.

Die besondere Fähigkeit älterer Beschäftigter in Innovationsprozessen besteht in einer simultanen Aktivierung unterschiedlicher Kompetenzbündel. Aufgrund ihres großen Erfahrungsschatzes ermöglicht ihnen der Rückgriff auf den subjektivierenden Arbeitsspeicher, situationsangemessen und unter Berücksichtigung parallel laufender Anforderungen zu handeln.

Kompetenzen zum erfahrungsgeleiteten Handeln und zum Umgang mit den für Innovationsprozesse typischen Unwägbarkeiten können nicht im klassischen Seminarunterricht erlernt, sondern nur erfahrungsgeleitet erworben werden. Es handelt sich also um ein Lernen im Prozess der Arbeit. Dabei geht es um die Entwicklung von Fähigkeiten zur Bewältigung von Anforderungen, die sich aus einer ganzen Serie von Einzelsituationen ergeben. Daraus entwickeln sich dynamische Erwerbsbiografien, die durch eine Pluralität von Lehr- und Lernformen sowie Erfahrungen in unterschiedlichen Unternehmen und Branchen gekennzeichnet sind.

In der Praxis der Innovationsprozesse entsteht dabei der paradoxe Effekt, dass das erfahrungsgeleitet-subjektivierende Arbeitshandeln umso weniger unmittelbar sichtbar ist, je umfassender es stattfindet und erforderlich ist. So werden diese Kompetenzen zwar genutzt, aber häufig vorschnell als „allgemeines Können" interpretiert und nicht als ernst zu nehmende „professionelle Kompetenz" gewertet.

Die Untersuchungsergebnisse sprechen für eine stärkere Integration der älteren Beschäftigten in die Innovationsprozesse. Wenn ihre Kompetenzen in neue Konzepte der Arbeitsgestaltung eingebracht und für die betriebliche Praxis anschlussfähig gemacht werden, erhöhen sich die Chancen zu einem breit gefächerten Wissensaufbau und -transfer. Allerdings setzt dies die Anerkennung, Nutzung und Förderung sowie eine angemessene organisatorische Einbindung dieser Kompetenzen durch die Unternehmen voraus.

Literaturverzeichnis Abschnitt 2.9

Allmendinger, Jutta; Hennig, Martina; Stuth, Stefan (2009): *Erwerbsverläufe und Weiterbildungsbeteiligung von Wiedereinsteigerinnen. „Perspektive Wiedereinstieg: Die Potenziale nicht erwerbstätiger Frauen für den Arbeitsmarkt",* Bundesministerium für Familie, Senioren, Frauen und Jugend, Berlin. Online unter: http://www.bmfsfj.de/ RedaktionBMFSFJ/Broschuerenstelle/Pdf-Anlagen/wiedereinsteigerinnen-kurz,prope rty=pdf,bereich=bmfsfj,sprache=de,rwb=true.pdf [09.06.2014].

Bartelheimer, Peter (2011): Unsichere Erwerbsbeteiligung und Prekarität. WSI-Mitteilungen, 63, S. 386-393.

Bauer, Hans G.; Munz, Claudia (2004): *Erfahrungsgeleitetes Handeln lernen – Prinzipien erfahrungsgeleiteten Lernens*. In: Fritz Böhle; Sabine Pfeiffer; Nese Sevsay-Tegethoff (Hrsg.): Die Bewältigung des Unplanbaren. Wiesbaden: VS Verlag für Sozialwissenschaften, S. 55-76.

Böhle, Fritz (2013): *Subjektivierendes Arbeitshandeln*. In: Hartmut Hirsch-Kreinsen; Heiner Minssen (Hrsg.): Lexikon der Arbeits- und Industriesoziologie. Berlin: edition sigma, S. 425-429.

Böhle, Fritz (2009): *Weder rationale Reflexion noch präreflexive Praktik – erfahrungsgeleitet-subjektivierendes Handeln*. In: Fritz Böhle; Margit Weihrich (Hrsg.): Handeln unter Unsicherheit. Wiesbaden: VS Verlag für Sozialwissenschaften, S. 203-228.

Böhle, Fritz (2004): *Die Bewältigung des Unplanbaren als neue Herausforderung in der Arbeitswelt*. In: Fritz Böhle; Sabine Pfeiffer; Nese Sevsay-Tegethoff (Hrsg.): Die Bewältigung des Unplanbaren. Wiesbaden: VS Verlag für Sozialwissenschaften, S. 12-54.

Böhle, Fritz; Bolte, Annegret; Huchler, Norbert; Neumer, Judith; Porschen-Hueck, Stephanie; Sauer, Stefan (2014): *Vertrauen und Vertrauenswürdigkeit. Arbeitsgestaltung und Arbeitspolitik jenseits formeller Regulierung*. Wiesbaden, Springer VS.

Böhle, Fritz; Orle, Karin; Wagner, Jost (2012): *Innovationsarbeit – künstlerisch, erfahrungsgeleitet, spielerisch*. In: Fritz Böhle; Markus Bürgermeister; Stephanie Porschen (Hrsg.): Innovation durch Management des Informellen. Berlin, Heidelberg: Springer Gabler, S. 25-44.

Bolte, Annegret; Porschen, Stephanie (2006): *Die Organisation des Informellen – Modelle zur Organisation von Kooperation im Arbeitsalltag*. Wiesbaden, VS Verlag für Sozialwissenschaften.

Brady, Tim; Hobday, Mike (2012): *Projects and Innovation: Innovation and Projects*. In: Peter W. G. Morris; Jeffrey K. Pinto; Jonas Söderlund (Hrsg.): The Oxford Handbook of Project Management. Oxford: Oxford University Press, S. 273-294.

Cicmil, Svetlana; Cooke-Davies, Terry; Crawford, Lynn; Richardson, Kurt (2009): *Exploring the Complexity of Projects: Implications of Complexity Theory for Project Management Practice*. Newtown Square, Project Management Institute.

Ciesinger, Kurt-Georg (2012): *Dem Zufall auf die Sprünge helfen*. Praeview – Zeitschrift für innovative Arbeitsgestaltung und Prävention, 3, S. 16-17.

Dill, Helga; Strauss, Florian (2013): *Junge Branche, alte Hasen*. Praeview – Zeitschrift für innovative Arbeitsgestaltung und Prävention, 4, S. 12-13.

Deutschmann, Christoph (2008): *Kapitalistische Dynamik*. Wiesbaden, VS Verlag für Sozialwissenschaften.

Glasmachers, Viktoria; Hofstadt, Patrick (2012): *Kompetenz-Profiling: Basis für Skill-Management und Personaleinsatzplanung*. Praeview – Zeitschrift für innovative Arbeitsgestaltung und Prävention, 4, S. 24-25.

Hecker, Dominik; Galais, Nathalie; Moser, Klaus (2006): *Atypische Erwerbsverläufe und wahrgenommene Fehlbelastungen*. Dortmund: Schriftenreihe der Bundesanstalt für Arbeitsschutz und Arbeitsmedizin. Online unter: http://www.baua.de/SharedDocs/Downloads/de/Publikationen/Forschungsberichte/2006/Fb1075.pdf?__blob=publicationFile [16.06.2014].

Heidling, Eckhard (2012): *Management des Informellen durch Situatives Projektmanagement*. In: Fritz Böhle; Markus Bürgermeister; Stephanie Porschen (Hrsg.): Innovation durch Management des Informellen. Berlin, Heidelberg: Springer Gabler, S. 69-114.

Hirschi, Andreas (2012): *The career resources model: an integrative framework for career counsellors*. British Journal of Guidance & Counselling, 40, S. 369-383.

Kehl, Verena; Kunzendorf, Martina (2006): *Potenziale diskontinuierlicher Erwerbs-biographien in Bezug auf organisationale Innovationskompetenz*. In: Hartmut Neuendorff; Bernd Ott (Hrsg.): Neue Erwerbsbiografien und berufsbiografische Diskontinuität. Baltmannsweiler: Schneider, S. 81-100.

Keller, Berndt; Seifert, Hartmut (Hrsg.) (2007): *Atypische Beschäftigung – Flexibilisierung und soziale Risiken*. Berlin, edition sigma.

Keupp, Heiner; Dill, Helga (Hrsg.) (2010): *Erschöpfende Arbeit. Gesundheit und Prävention in der flexiblen Arbeitswelt*. Bielefeld, transcript.

Klatt, Rüdiger; Straus, Florian; Carell, Angela; Ciesinger, Kurt-Georg (2012): *Diskontinuität im Erwerbsverlauf als Innovationschance nutzen*. Praeview – Zeitschrift für innovative Arbeitsgestaltung und Prävention, 3, S. 8-9.

Kratzer, Nick; Dunkel, Wolfgang; Becker, Karina; Hinrichs, Stephan (Hrsg.) (2011): *Arbeit und Gesundheit im Konflikt*. Berlin, edition sigma.

Kronauer, Martin; Linne, Gudrun (2007) (Hrsg.): *Flexicurity*. Berlin, edition sigma.

Lacassagne, Marie-Françoise; Steinberg, Silke (2013): *Unternehmenszusammenschlüsse als Unterstützungsinstrument für diskontinuierliche Erwerbsbiografien*. Praeview – Zeitschrift für innovative Arbeitsgestaltung und Prävention, 4, S. 24-27.

Minguet, Guy; Osty, Florence (2010): *L'activité de conception comme bricolage: entre la rationalisation industrielle et l'exploration des possibles*. In: Françoise Odin; Christian Thuderoz (Hrsg.): Des mondes bricolés? Lausanne: Presse Polytechniques et Universitaires Romandes, S. 237-251.

Moldaschl, Manfred (2007): *Innovationsarbeit*. In: Joachim Ludwig; Manfred Moldaschl; Martin Schmauder; Klaus Schmierl (Hrsg.): Arbeitsforschung und Innovationsfähigkeit in Deutschland. München/Mering: Hampp, S. 135-146.

Molzberger, Gabriele (2007): *Rahmungen informellen Lernens*. Wiesbaden, VS Verlag für Sozialwissenschaften.

Neumer, Judith (2012): *Management des Informellen durch Entscheidungen im Arbeitsprozess*. In: Fritz Böhle; Markus Bürgermeister; Stephanie Porschen (Hrsg.): Innovation durch Management des Informellen. Berlin, Heidelberg: Springer Gabler, S. 159-187.

Porschen, Stephanie (2008): *Austausch impliziten Erfahrungswissens*. Wiesbaden, VS Verlag für Sozialwissenschaften.

Rammert, Werner (2008): *Technik und Innovation*. In: Andrea Maurer (Hrsg.): Handbuch der Wirtschaftssoziologie. Wiesbaden: VS Verlag für Sozialwissenschaften, S. 219-319.

Ritter, Wolfgang; Schimitzek, Isabella; Pöser, Stephanie (2013): *Gemeinsame Qualifikationsentwicklung als Synergie für Unternehmen in der ambulanten Pflege*. Praeview – Zeitschrift für innovative Arbeitsgestaltung und Prävention, 4, S. 14-15.

Trischler, Falko (2012): *Auswirkungen diskontinuierlicher Erwerbsbiografien auf die Rentenanwartschaften*. WSI-Mitteilungen, 65, S. 253-261.

Wengenroth, Ulrich (2010): *Innovationsprozesse in Wirtschaft und Gesellschaft – Vorbemerkung*. In: Hagen Hof; Ulrich Wengenroth (Hrsg.): Innovationsforschung. Münster: LIT Verlag, S. 1-5.

Wühr, Daniela (2012): *Innovationsarbeit im Engineering*. In: Sabine Pfeiffer; Petra Schütt; Daniela Wühr (Hrsg.): Smarte Innovation. Ergebnisse und neue Ansätze im Maschinen- und Anlagenbau. Wiesbaden: Springer VS, S. 119-140.

Innovationskompetenz im demografischen Wandel: Zusammenfassung der Erkenntnisse und weiterer Forschungsbedarf

3

Thomas Langhoff, Stefan Schröder

Die Beiträge von Brand et al. (Abschn. 2.1), Rosetti et al. (Abschn. 2.2), Fahrion (Abschn. 2.8) sowie Heidling et al. (Abschn. 2.9) machen sichtbar, wie die enge Verzahnung von Wissenschaft und Wirtschaft zu praxistauglichen Lösungen geführt und Veränderungsprozesse in Gang gesetzt hat. Dabei standen die Gestaltung der Arbeitgeberattraktivität, der altersgerechte Personaleinsatz und die Nutzung des Erfahrungswissens im Mittelpunkt.

Es wurde einmal mehr deutlich, dass eine Fokussierung auf Alter als abhängige Variable allein wenig zielführend ist. Selbstverständlich korreliert Alter beispielsweise mit dem Erfahrungswissen, aber Alter ist dabei nicht das Gestaltungskriterium, sondern Erfahrung.

Hinsichtlich der altersbedingten Veränderung kognitiver Funktionen und ihrem Einfluss auf die Innovationskompetenz konnten Küper et al. (Abschn. 2.3), Hiller et al. (Abschn. 2.6) sowie Ratzmann et al. (Abschn. 2.7) zeigen, dass das kalendarische Alter mit der beruflichen Leistungsfähigkeit nicht systematisch zusammenhängt. Das belegen auch Befunde neuerer nationaler und internationaler Forschung (Liebermann et al., 2013; Hentschel et al., 2012; Ries et al., 2012). Menschen altern auf unterschiedliche Weise, und in jeder Lebens- und Erwerbsphase können unterschiedliche Strategien den Erhalt oder die Steigerung der Leistungsfähigkeit bewirken, auch wenn altersbedingte Probleme vorliegen. Dabei sind insbesondere die Auswahl von Leistungszielen und die Kompensation von Ressourcen zu nennen.

Die Ergebnisse der Verbundprojekte zeigen einhellig, dass eine Kategorisierung nach Alter andere Einflussfaktoren bzw. korrelierende Variablen überdeckt. Es ist zu vermuten, dass andere Diversitäten u. U. einen größeren Einfluss zeigen als Alter: Die Berücksichtigung unterschiedlicher Lebensphasen im subjektiven Urteil der Bewertung der Arbeitgeberattraktivität (siehe Brand et al., Abschn. 2.1), soziale und kulturelle Diversität wie auch beruflich sozialisiertes Erfahrungswissen (siehe Fahrion, Abschn. 2.8; Heidling et al., Abschn. 2.9). Letzteres ist für die Teamzusammensetzung ein bedeutsames Kriterium. Es geht nicht darum, Alt und Jung zusammenzubringen, sondern Mitarbeiter mit unterschiedlichen Erfahrungshorizonten, die in Teams einen selbstgesteuerten Wissenstransfer entfalten. Dabei spielen Teamklima und gegenseitige Wertschätzung eine entscheidende Rolle in Innovationsteams (siehe hierzu auch die Beiträge von Küper et al., Abschn. 2.3; Bröker et al., Abschn. 2.4; Ottensmeier et al., Abschn. 2.5).

Sind die Erfahrungsbestände unterschiedlich und über das Alter breit gestreut, zeigen sich bei komplexen Aufgaben signifikant positive Wirkungen auf die Leistung (Wegge et al., 2008). Das kann mit der Nutzung kognitiver Vielfalt, wie es bei den Ansätzen zur Informationsverarbeitung formuliert wird, erklärt werden (bspw. Lindsay & Norman, 1977). Ebenfalls konnte festgestellt werden, dass bei komplexen Aufgaben, wie sie in Innovationsteams gegeben sind, die Altersdiversität nicht mit Gesundheitsbeeinträchtigungen verknüpft ist (anders als bei Routineaufgaben).

Wertschätzung bedeutet auch, dass das Alter der Teammitglieder gar nicht in der Aufmerksamkeit steht und für die Aufgabenbewältigung unerheblich ist. Man spricht hier von fehlender oder geringer Salienz des Alters (Ries et al., 2010). Wegge konnte in seinen Studien zeigen, dass Alter so gut wie keine Salienz aufweist, wenn Teammitglieder aus verschiedenen Alterskohorten stammen und unterschiedliches Alter eine wahrgenommene Selbstverständlichkeit darstellt (siehe hierzu Schlick, Frieling & Wegge, 2013). Es konnte auch gezeigt werden, dass hohe Salienz das Vorkommen emotionaler Konflikte erhöht und dadurch verstärkt leistungshemmend wirkt. In diesem Zusammenhang scheint der von Hiller et al. (Abschn. 2.6) im Set der Untersuchungsvariablen eingesetzte Rahim Organizational Conflict Inventory (ROCI-II; Rahim, 1983) zur Bewertung von Teamgüten vielversprechend. Bislang wird hierzu meistens der Team Task and Relationship Conflict Scale nach Jehn (1995) eingesetzt. Der ROCI-II sollte zukünftig auch im Kontext weiterer Diversitäten wie kulturelle Diversität oder betriebssozialisationsbedingte Diversität (z. B. erworbene Technikkompetenz) eingesetzt und im Hinblick auf Teamleistung getestet werden.

Interessant ist auch, dass Wegge einen größeren Einfluss von Geschlechterdiversität in Teams mit komplexen Aufgaben (wie es bei Innovationsteams gegeben ist) vermutet als Alter. Geschlechterdiversität zeigt im Vergleich zu geschlechterhomogenen Gruppen mehrheitlich eine bessere Teamleistung und auch einen besseren Gesundheitszustand, sowohl bei Verwaltungsaufgaben wie auch bei Produktionsaufgaben. Das könnte u. a. mit der durchweg besser beurteilten Kommunikationsfähigkeit von Frauen erklärt werden, wie die Selbst- und Fremdeinschätzung bei Beurteilungen überfachlicher betrieblicher Kompetenzen zeigen (Langhoff, Rosetti & Richter, 2015). Die Ergebnisse aktueller Forschung bestätigen also die Beobachtungen der Fokusgruppe, sich eher auf Erfahrung, das soziale Geschlecht und weitere sozialisationsbezogene, noch zu beschreibende Diversitätsfaktoren zu konzentrieren als auf das Alter.

Für eine gelungene Innovationskompetenz ist auch der gewählte Führungsansatz entscheidend. Hierzu haben Bröker et al. (Abschn. 2.4) interessante Erfahrungen mit dem Konzept des Servant Leadership gemacht. Dieser Führungsansatz ist für Teamzusammensetzungen mit komplexen, anspruchsvollen Aufgaben, wie sie in Innovationsteams gegeben sind, weiterzuführen und anderen gegenwärtig diskutierten Führungsansätzen wie „Transaktionale Führung" und „Verteilte Führung in Teams" (hierzu bspw. Hoch et al. 2011: Lang & Rybnikowa, 2014) vergleichend gegenüberzustellen.

Als zukünftige Forschungspfade sind hier die Überprüfung der Wirksamkeit von Servant Leadership auf Produktivitätskennzahlen (z. B. Fehlzeiten, Fluktuation, Servicequalität, Kundenzufriedenheit) und die Analyse langfristiger Auswirkungen zu nennen.

Ottensmeier et al. (Abschn. 2.5) haben sich mit neuen Konzepten der Ressourcenstärkung beschäftigt. Sie fordern angesichts steigender psychischer Belastungen und demografischer Veränderungen eine Wende im Umgang mit den inneren (Gesundheits-)Ressourcen der Arbeit ein. Ihre aktuelle Untersuchung zum Konstrukt der Achtsamkeit (Mindfulness) als protektiver Faktor zur Balancierung von Verausgabung und Erholung kann bereits auf eine mehrjährige Erforschung der Thematik zurückgreifen. Der Vergleich von hohen Werten im WAI-Score (hohe Arbeitsfähigkeit) bei gleichzeitig ermittelten hohen Risikowerten zu kardiovaskulären Erkrankungen im Test „Vitale Erschöpfung" zeigt die latente Gesundheitsgefahr von High Performern, wenn die Balance zwischen Verausgabung und Erholung nicht gegeben ist. Dies spricht für die weitere Beschäftigung mit dem Konstrukt.

Führt man die in diesem Buch aufgeführten Arbeiten der Arbeitsforscher zusammen und spiegelt die Ergebnisse mit dem Stand der Forschung zu altersheterogenen und altershomogenen Teamleistungen, so ergeben sich die in Abbildung 3.1 dargestellten Erfolgsfaktoren

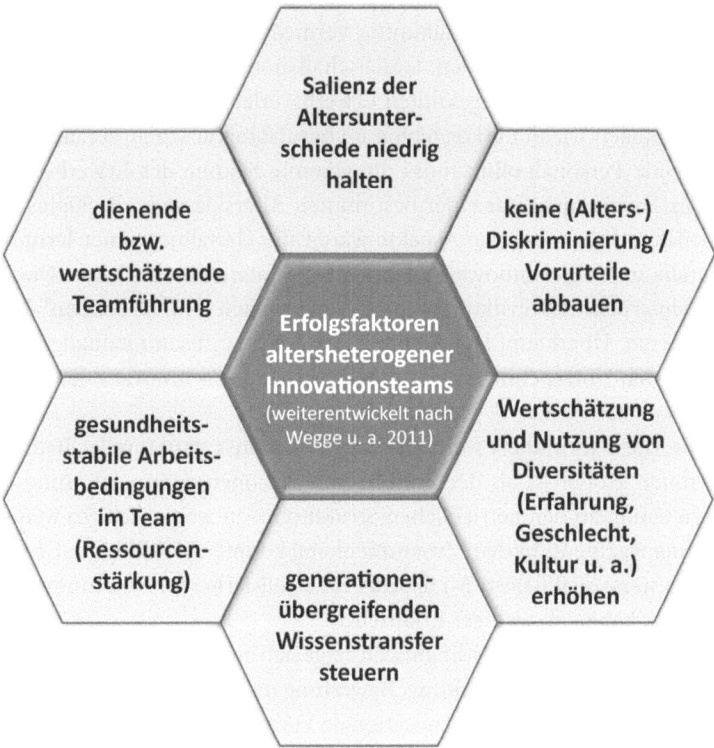

Abb. 3.1 Erfolgsfaktoren altersheterogener Innovationsteams (weiterentwickelt nach Wegge et al., 2011)

Abbildung 3.1 soll vor allem verdeutlichen, dass in Bezug auf Innovationsarbeit der demografische Blick auf Alter bzw. die Altersgruppe der Älteren zu kurz greift. Ressourcenstärkung sollte nicht erst bei den Älteren anfangen, eine Lebensphasenorientierung berücksichtigt den gesamten Erwerbsverlauf. Vorurteile sollten nicht nur in Bezug auf Alter abgebaut werden. Übrigens sind diskriminierende Werthaltungen für eine Teamperformance generell schädigend. Das sollte bei der Teamzusammensetzung berücksichtigt werden (und kann auch mit entsprechenden Tests vorab ermittelt werden).

Diversität kann nützen, wenn sie im Team und von der Teamführung wertgeschätzt wird.

Den Betriebspraktikern sei gesagt (und das ist nichts Neues), dass bei der Zusammensetzung bzw. bei der Führung von altersheterogenen Innovationsteams die Stärken und Schwächen unterschiedlicher Jobfamilien zu berücksichtigen sind und dass man sich an den spezifischen Fähigkeiten und Bedürfnissen der jeweiligen beteiligten Altersgruppen orientieren soll. Für Ältere bedeutet dies bspw. die Berücksichtigung des Bedürfnisses nach Handlungsspielraum, die Anerkennung und Weitergabe der Berufserfahrung oder die frühzeitige Einbeziehung bei Veränderungen. Für Jüngere sind eher zu berücksichtigen die konsequente Gabe von Feedback, die Bereitstellung abwechslungsreicher Aufgaben, Möglichkeiten, sich weiterzuentwickeln, oder die Bereitstellung sozialer Unterstützung.

Der demografische Blick sollte zukünftig vermehrt auf die Integration von Lebens- und Erwerbsphasen gerichtet werden. Gesellschaftspolitisch sollte eine Erweiterung des Demografiediskurses stärker den gesamten Erwerbsverlauf in den Blick nehmen, etwa im Sinne von „Personalentwicklungskonzepten im berufsbiografischen Verlauf". Eine demografieintegrierende Personalpolitik muss die gesamte Spanne des Erwerbslebens einbeziehen und das Thema nicht nur einer bestimmten Altersklasse (z. B. 50plus) zuordnen. Für die Arbeitsforschung wichtige Aspekte wären die Gestaltung einer lernförderlichen Erwerbsbiografie und einer innovationsstärkenden Unternehmenskultur. Dies setzt voraus, dass die Unternehmen Strukturen einer dynamischen bzw. „lebenden" Personalentwicklung etablieren. Überhaupt lässt sich hinsichtlich des Zusammenhangs struktureller Bedingungen in den Unternehmen und der Generierung von Innovationen noch viel Forschungsbedarf konstatieren.

Es kann als These formuliert werden, dass der Einfluss struktureller Bedingungen in den Unternehmen größer ist als der Einfluss von Personenmerkmalen. Innovationsprojekte scheitern häufig an den betrieblichen Strukturen: zu wenig Zeit, zu wenig Geld, zu wenig Projektmanagement. In dem Zusammenhang konnten Heidling et al. (Abschn. 2.9) zeigen, dass erfahrene qualifizierte Mitarbeiter die Realisierbarkeit von Innovationsprojekten mehr im Blick haben als weniger Erfahrene.

Die Bedeutung struktureller Bedingungen zeigt sich auch in der Arbeit von Brand et al. (Abschn. 2.1), die sich mit der Bedeutung, Bewertung und Messung der Arbeitgeberattraktivität beschäftigt haben, quasi als organisationale Voraussetzung für Innovationsfähigkeit.

Der Stand der angewandten Forschung besagt hierzu, dass „die Ansprüche, die ein Mensch an seinen Arbeitgeber stellt, viel mehr von seiner Lebensphase beeinflusst werden als von den Wertorientierungen seiner Generation" (Kriegler, 2012). Das konnten Brand et al. im Verbundprojekt bestätigen und entsprechende Gestaltungslösungen betrieblich umsetzen. Früher konnten Lebensphasen wie bspw. Partnersuche oder Elternschaft viel deutlicher einer Generation zugeordnet werden. Dies ist heute nicht mehr möglich. Heute wird man u. U. Vater oder Mutter, wenn man schon 15 Berufsjahre hinter sich hat. Es ist davon auszugehen, dass zukünftig sogenannte disruptive bzw. diskontinuierliche Erwerbsbiografien die Regel sein werden (siehe hierzu auch die Arbeiten der BMBF-Fokusgruppe „Erwerbsbiografien als Innovationstreiber im demografischen Wandel" (www.demoscreen.de)). Beschäftigte jeden Alters haben unterschiedliche berufliche und private Ziele und Bedürfnisse, und diese orientieren sich an Lebensphasen und nicht an Altersgruppen oder Jobfamilien. Insbesondere vor dem Hintergrund des stetig ansteigenden Bedarfs an Fachkräften, welchem aufgrund des demografischen Wandels eine abnehmende Zahl von qualifizierten Arbeitskräften gegenübersteht, wird der Ansatz der Lebensphasenorientierung auch bei der Gestaltung der Arbeitgeberattraktivität immer wichtiger (Brand, 2013).

Abschließend sei das neue Forschungsprogramm „Innovationen für die Produktion, Dienstleistung und Arbeit von morgen" des Bundesministeriums für Bildung und Forschung genannt, dessen folgendes entnommene Zitat vollends dem Tenor der Ergebnisse und der Diskussion der Fokusgruppe entspricht: „Um künftig die Innovations- und Wettbewerbsfähigkeit zu gewährleisten, ist das Know-how aller – der Älteren und Jüngeren – erforderlich. Betriebe müssen ein demografieorientiertes Personalmanagement entwickeln, um alle Altersklassen und Kulturen künftig an der Generierung und dem Erhalt von Wissen zu beteiligen. Eine besondere Rolle kommt dabei dem bestmöglichen Einsatz von Kompetenzen und Erfahrungen aller Beschäftigten zu sowie deren bedarfsgerechter Qualifizierung über den gesamten Erwerbszeitraum hinweg" (BMBF 2014).

Literaturverzeichnis

Brand, Arne (2013): *Workshopreihe Arbeitgeberattraktivität*. In: Sabina Jeschke (Hrsg.): Demografie Atlas Deutschland. Land der demografischen Chancen. S. 152 ff.

Bundesministerium für Bildung und Forschung (Hrsg.) (2014): *Innovationen für die Produktion, Dienstleistung und Arbeit von morgen*. Bonn. S. 45.

Hentschel, Tanja; Shemla, Meir; Wegge, Jürgen & Kearney, Eric (2013): *Perceived Diversity and team functioning: The role of diversity beliefs and affect*. Small Group Research, 44, S. 33-61.

Hoch, Julia E.; Wegge, Jürgen & Schmidt, Klaus-Helmut (2009): *Führen mit Zielen*. Report Psychologie, 34, S. 308-320.

Jehn, Karen A. (1995): *A multimethod examination of the benefits and detriments of intragroup conflict*. Administrative Science Quarterly; 40, S. 256-282.

Kriegler, Wolf R. (2012): *Praxishandbuch Employer Branding*. Freiburg: Haufe-Lexware.

Lang, Rainhart & Rybnikova, Irma (2014): *Aktuelle Führungstheorien und -konzepte*. Wiesbaden: Springer.

Langhoff, Thomas; Rosetti, Kai & Richter, Götz (2015): *Betriebliche Kompetenzmodellierung im demografischen Wandel*. In: GfA e.V. (Hrsg.): Verantwortung für die Arbeit der Zukunft. Dortmund (Tagungsband in Vorbereitung).

Liebermann, Susanne; Wegge, Jürgen; Jungmann, Franziska & Schmidt, Klaus-Helmut (2013): *Age diversity and individual team member health: The moderating role of age and age stereotypes*. Journal of Occupational and Organizational Psychology, 86, S. 184-202.

Lindsay, Peter H. & Norman, Donald A. (1977): *Human information processing*. New York: Academic Press.

Rahim, M. Afzalur (1983): *A measure of styles of handling interpersonal conflict*. Academy of Management Journal, 26, S. 368-376.

Ries, Birgit C.; Diestel, Stefan; Wegge, Jürgen & Schmidt, Klaus-Helmut (2012): *Altersheterogenität und Gruppeneffektivität: Der Einfluss von Konflikten und Wertschätzung für Altersheterogenität*. Zeitschrift für Arbeitswissenschaft, 66, S. 58-71.

Ries, Birgit C.; Diestel, Stefan; Wegge, Jürgen & Schmidt, Klaus-Helmut (2010): *Die Rolle von Alterssalienz und Konflikten in Teams als Mediatoren in der Beziehung zwischen Altersheterogenität und Gruppeneffektivität*. Zeitschrift für Arbeits- und Organisationspsychologie, 54, S. 117-130.

Schlick, Christopher M.; Frieling, Ekkehart & Wegge, Jürgen (2013): *Age-Differentiated Work Systems*. Wiesbaden: Springer.

Wegge, Jürgen; Roth, Carla; Neubach, Barbara; Schmidt, Klaus-Helmut & Kanfer, Ruth (2008): *Age and gender diversity as determinants of performance and health in a public organization: The role of task complexity and group size*. Journal of Applied Psychology, 93, S. 1301-1313.

Herausgeber und Autoren

AHLFELD, Christian, Lehrstuhl für Industrial Sales Engineering (ISE), Ruhr-Universität Bochum; christian.ahlfeld@ise.rub.de (Abschn. 2.3)

BRAND, Arne, Prospektiv GmbH, Dortmund; brand@prospektiv.de (Abschn. 2.1)

BRÖKER, Laura, Leibniz-Institut für Arbeitsforschung an der TU Dortmund; Laura.broeker@outlook.com (Abschn. 2.4)

FAHRION, Jens, Fahrion Engineering GmbH & Co. KG, Kornwestheim; jens.fahrion@fahrion-engineering.de (Abschn. 2.8)

GÜNNEWIG, Julia, ABC-Logistik GmbH Düsseldorf München; julia.guennewig@abc-logistik.com (Abschn. 2.4)

HEIDLING, Eckhard, Dr., Institut für Sozialwissenschaftliche Forschung e.V., München; eckhard.heidling@isf-muenchen.de (Abschn. 2.9)

HILLER, Madlen, Universität Greifswald, Greifswald; madlen.hiller@uni-greifswald.de (Abschn. 2.6)

KAHLENBERG, Vera, Universität Augsburg, Sozioökonomie der Arbeits- und Berufswelt, vera.kahlenberg@phil.uni-augsburg.de (Abschn. 2.9)

KNICKMEIER, Alexander, Institut für angewandte Innovationsforschung (IAI) e. V. an der Ruhr-Universität Bochum, Bochum; alexander.knickmeier@iai-bochum.de (Abschn. 2.5)

KÖHN, Anne, Dr., Universität Greifswald, Greifswald; anne.koehn@uni-greifswald.de (Abschn. 2.6)

KÜPER, Kristina, Dr., Leibniz-Institut für Arbeitsforschung an der TU Dortmund; kueper@ifado.de (Abschn. 2.3)

KUTH, Christoph, Dr., Witte Automotive GmbH, Velbert;
christoph.kuth@witte-automotive.com (Abschn. 2.5)

LACHMANN, Bernd, KIND Hörgeräte GmbH & Co. KG Hannover;
bernd.lachmann@kind.com (Abschn. 2.1)

LANGHOFF, Thomas, Prof. Dr., Prospektiv GmbH, Dortmund; langhoff@prospektiv.de
(Abschn. 1.1 bis 1.6; Einführung Kap. 2, Kap. 3)

LUDWIG, Bernhard, Universität Augsburg, Sozioökonomie der Arbeits- und Berufswelt,
bernhard.ludwig@phil.uni-augsburg.de (Abschn. 2.9)

MYSKOVSZKY VON MYROW, Theresa, Lehrstuhl und Institut für Arbeitswissenschaft
der RWTH Aachen, Aachen; t.vonmyrow@iaw.rwth-aachen.de (Abschn. 2.3)

NEUMER, Judith, Institut für sozialwissenschaftliche Forschung e. V., München;
judith.neumer@isf-muenchen.de (Abschn. 2.9)

OTTENSMEIER, Birgit, Klinik & Lehrstuhl für Naturheilkunde und Integrative Medizin
Kliniken Essen Mitte, Essen; b.ottensmeier@kliniken-essen-mitte.de (Abschn. 2.5)

PRZYBYSZ, Philipp, RWTH Aachen, Lehrstuhl und Institut für Arbeitswissenschaft der
RWTH Aachen, Aachen; p.przybysz@iaw.rwth-aachen.de (Abschn. 2.6)

RATZMANN, Martin, Universität Bayreuth, Lehrstuhl für Strategisches Management
und Organisation, Bayreuth; martin.ratzmann@uni-bayreuth.de (Abschn. 2.7)

RIVKIN, Wladislaw, Leibniz-Institut für Arbeitsforschung an der TU Dortmund;
w.rivkin@ifado.de (Abschn. 2.4)

ROSETTI, Kai, Prospektiv GmbH, Dortmund; rosetti@prospektiv.de (Abschn. 2.2)

SCHRÖDER, Stefan, IMA/ZLW & IfU der RWTH Aachen University, Aachen;
stefan.schroeder@ima-zlw-ifu.rwth-aachen.de (Einführung Kap. 2, Kap. 3)

SCHUBERT, André, Prospektiv GmbH, Dortmund; schubert@prospektiv.de (Abschn. 2.1
und 2.7)

TERSTEGEN, Sebastian, Lehrstuhl und Institut für Arbeitswissenschaft der RWTH
Aachen, Aachen; s.terstegen@iaw.rwth-aachen.de (Abschn. 2.7)

WALTER, Alexander, Arnold Jäger Holding GmbH, Hannover; a.walter@jaegergruppe.de
(Abschn. 2.2)

WEISS, Reinhard, Dr., Eisengiesserei Torgelow GmbH, Torgelow;
weiss@eisengiesserei-torgelow.de (Abschn. 2.7)

The manufacturer's authorised representative in the EU is Springer
Nature Customer Service Centre GmbH, Europaplatz 3, 69115 Heidelberg,
Germany. If you have any concerns regarding our products, please
contact ProductSafety@springernature.com

Printed and bound by CPI Group (UK) Ltd, Croydon, CR0 4YY

27/04/2026

02097616-0005